佐伯千仭・下村幸雄・丸田隆　代表
「陪審制度を復活する会」編著

陪審制の復興

市民による刑事裁判

信山社

はじめに

二一世紀を間近に控え、現在の日本の現状を憂え、今後の日本の歩むべき進路について、政治・社会そして経済のあり方を考えている人々に本書「陪審制の復興――市民による刑事裁判」を問いたいと思います。我々は市民による刑事裁判である陪審制の復興を主張します。

即ち明治以来、また戦後の長きにわたって継続して来た日本の政治・社会の発展途上国的な官僚主導型の体制を変革するきめ手として、一九二三（大正一二）年四月二八日、法律第五〇号に制定され、一九二八（昭和三）年から施行され、一九四三（昭和一八）年四月一日に〝戦争終了後に再開する〟という約束で停止されたままになっている陪審法を早急に改良・復活することです。

我々「陪審制度を復活する会」は、現在停止状態になっている陪審法を改良・復活し、陪審裁判を再び実施することを目的として、一九九五（平成七）年に結成された市民による団体です。

我々は、陪審制度を復活・採用することに四つの国民的意義があると考えています。

第一に、国民の司法における政治参加です。日本の政治・経済は明治維新以後、今日に至るまで官僚主導型で進められてきました。バブルの崩壊とその後の日本経済の低迷は、小手先の経済対策ではなく、官僚主導型の政治・経済運営を改め、根本的に「民」を「主」とする真の民主主義的制度の実現を我々に提起しています。陪審制度の復活・改良には、実質的な民主主義制度実現の代表的・象徴的意義があると考えます。

第二に、現在の刑事訴訟法の様々な欠陥是正のために、陪審制度の復活改良が不可欠であるという点です。

詳しくは本文をお読み願いたいのですが、「証拠能力」や「起訴状一本主義」といった戦後アメリカから導入されたすぐれた制度が、裁判官による官僚的な運用によって、本来の機能を崩壊させ、有罪指向の誤った裁判となっているからです。

第三に、有罪か無罪かに対する予断と偏見のない陪審員の評決の方が、いろいろな職業的拘束と有罪指向の予断にとらわれた裁判官よりすぐれているという点です。

第四に、陪審制度の復活・改良によって、裁判の迅速化と司法の効率性の向上がはかられ、無罪を獲得するのに甲山事件（二五年）、八海事件（一八年）、松川事件（一四年）のような長大な時間を要することがなくなり、迅速な判決がもたらされることになるという点です。

刑事裁判のあり方は、その国の政治・文化の水準を反映するものです。

本書のおおまかな構成は、以下の通りですが、当会の活動五年目を記念し、また一九九九（平成一一）年七月に設置された司法制度改革審議会の動きに合わせて企画され、早急に問題提起をするべきであると考え出版するものであり、本年三月一七日に日本弁護士連合会が、「陪審制度の提言」を採択し、活動を開始し始めたことにも対応しようとするものです。

第一部　陪審制度とは何か
第二部　シンポジウム「国民の司法参加——陪審制か、参審制か」
第三部　陪審あれこれ
第四部　陪審法の制定と停止の経過
第五部　世界の陪審裁判

第六部　「陪審制度を復活する会」陪審法改正案とそのコメント
第七部　資料

・第一部は、陪審制度の内容の紹介と復活の必要性に関するもので、当会の基本的主張にあたるものです。
・第二部は、一九九八（平成一〇）年一〇月一日に、参審制論者である東京大学名誉教授の平野龍一氏を迎えて、大阪弁護士会で行われたシンポジウムの詳細な傍聴記録です。
・第三部は、当会の会員である弁護士や裁判官、あるいは裁判所速記官、司法通訳人が、現実の裁判の体験やアメリカの陪審制度の見聞などを報告しているものです。
・第四部は、平民宰相と言われた原敬首相が、磯部四郎、花井卓蔵、鵜沢聡明、江木衷などの陪審論者と共に、陪審を提唱していく歴史的経緯や陪審法制定過程における論議、戦前の陪審制度の実施状況、戦後における復活阻止の経過など、従来になかった研究の報告です。
・第五部は、世界の陪審制度の歴史や、現在の状況の紹介です。
・第六部は、当会の「陪審法改正案」を停止陪審法と対照させ、それに関するコメントを付しています。
・第七部は、「オレゴン州の陪審員のためのハンドブック」等の翻訳等の資料です。

本書ではあたかも陪審裁判における陪審員さながら、執筆に参加しているメンバーが自分の立場に立って、多様な意見を率直に述べており、面白く呼んでいただけると思いますので、是非通読をお願いしたいと思います。しかし、面白いなと思われるところから適宜読んでいただいても全く構わない編成になっています。

本書に関するご意見、ご感想を当会までお寄せ下されば幸いですし、ご一緒に活動して下さることを強く希望します。

事務局の向井明代氏には、原稿の清書から校正刷のチェック等に到るまで、文字通り〝縁の下〟での作業をお願いしました。献身的とすら言えるその働きのおかげでどうにか完成に漕ぎつけることができました。ここに記してその労に深謝したいと思います。

最後に本書の出版に当たっては、信山社の渡辺左近氏にお世話をいただきました。ここにお礼を申し上げます。

二〇〇〇（平成一二）年五月

陪審制度を復活する会
事務局　樺島正法（弁護士）

目次

第二部　シンポジウム「国民の司法参加――陪審制か、参審制か」

第四部　陪審法の制定と停止の経過

目　次

第五部　世界の陪審裁判

第一部　陪審制度とは何か

1　陪審制度復活の必要性

(1)　陪審制度の概要

陪審制度とは、刑事裁判および民事裁判において、有罪・無罪の事実認定や原告の民事的請求が成り立つかどうかの事実問題に関して、職業裁判官ではなく国民から無作為に選ばれた人々によって裁判を行うことを中心とする国民の政治参加の制度です。政治には、立法、行政だけではなく司法もあり、国民の司法への参加は、政治参加と言えます。

アメリカの映画やテレビでよく見られるように有罪・無罪の評決を陪審員が評議室で行い、有罪の答申の場合にそれに従って裁判官が刑の宣告を行うのが、典型的な陪審裁判の風景です。いくつかの州では、死刑判決については、有罪・無罪の答申と死刑判決を下すかどうかの両方にわたって、陪審員が評決を下す場合があります。

通常の場合、評決は「有罪」か「無罪」かについてです。その結果は裁判官を拘束し、裁判官は陪審員の評決に従って、無罪評決の場合は無罪判決を、有罪評決の場合は「量刑」[1]についてさらに判断をして判決をしなければなりません。

たとえば、被告人が殺人をした事実が認められれば有罪となります。認められなければ無罪となります。陪審員の評決が有罪の場合、殺人罪については、「死刑又は無期若しくは三年以上の懲役」（刑法一九九条）と定められていますから、どの刑にするかを多くの場合には裁判官が刑を決定して宣告します。それを「量刑」と言います。

民事裁判の場合、アメリカでは契約違反とか不法行為にもとづく金銭的請求に関してのみ、陪審裁判が用いられております。

陪審制度は、市民が裁判官や弁護士に代わって裁判をするのではなく、法的問題は裁判官が、事実問題に関しては陪審員が判断をすることにして、法律家と市民が、役割分担をする裁判制度なのです。言い換えれば、法律家が市民に正しい事実認定を行ってもらうために色々と段取りをするものと言えます。

その点で、法律問題も含めて何もかも市民と法律家が一緒に裁判をする参審制度とは異なります。

(2) 日本における陪審制度

日本にも陪審法があり、施行されていました。陪審法が制定されたのは、一九二三年（大正一二年四月一八日、法律第五〇号）で、施行されたのは、一九二八年（昭和三年）からでした。

戦前の明治憲法には、「司法権ハ天皇ノ名ニ於テ法律ニ依リ裁判所之ヲ行フ」（五七条）とか「日本臣民ハ法律ニ定メタル裁判官ノ裁判ヲ受クルノ権利ヲ奪ハル丶コトナシ」（二四条）と規定されていて、国民は専ら裁判を受けるものであって、自らが裁判する側に立つことは許されないという考えがあり、国民が刑事裁判の審理・判決に関与することに対しては強い反対意見がありました。

しかし、大正デモクラシーの潮流を受け、陪審制度を導入せよという機運が高まり、一八九〇年（明治三三年）には磯部四郎、三好退蔵、花井卓蔵、江木衷等の弁護士による陪審法制定の運動が始まり、一九一八年（大正七年）九月に成立した原敬内閣によって陪審法案が立案され、枢密院に廻されることになりました。

その後、高橋是清内閣、加藤友三郎内閣下での政治的かけひきと修正の歴史を経て、成立・公布されました。

（第四部の「大正陪審法制定記――政治史の視点から」と「大正陪審法制定過程での論議」参照）。

陪審裁判に付された事件総数は四八四件で、そのうち有罪が三七八件、無罪八一件、公訴棄却一件で、無罪率は一七％弱という結果でした。（同じ時期の通常の刑事裁判の無罪率は一・三％ないし三・七％でした。現在の刑事裁判では〇・一％以下です。）

当時の新聞記事などを見てみますと陪審員達も熱心で、真剣に陪審裁判に参加していた様です。

しかし、大正陪審法は当時の時代を背景とした欠陥があり、現代的観点から、是非とも改良するべき点があります。

〔コラム〕　大正陪審法

陪審法の成立した一九二三年と言えば関東大震災の年でした。リンドバーグが大西洋を飛んだのが一九二七年のことで、陪審裁判施行の一年前のことです。

当時の世界の陪審制度も陪審員を男子に限るなど同じ歴史的限界を持っていました。

大正陪審法には、以下の五点の特質がありました。

① 陪審員の資格として、三〇歳以上の日本国民男子であって、引き続き二年以上直接国税三円以上を納付していることとされていたこと（一二条）。

② 陪審員が「有罪」か「無罪」の答申をするのではなくて、裁判官からの「主問」[2]（公判に付された犯罪事実の有無を問うもの）、「補問」[3]（公判に付されたものと異なる犯罪事実の有無を問うもの）、及び「犯罪の成立を阻却する原由となる事実の有無に関する問」に陪審員が「然り」または「然らず」の回答をする方式であったこと（七九条）。

③　評決は過半数主義で、一二人の陪審員の内の七人が有罪に賛成すると有罪に、それに達しないと無罪となったこと（九一条。因みにアメリカなどでは、全員一致に達しないと評議不能・hung jury とされ、審理無効・mistrial となります）。

④　裁判官は、陪審の答申が不当であると認めた時には、一種の拒否権を有していて、「陪審の更新」（陪審員の入替）をすることでそれを行使しました（九五条）。

陪審の更新は理論的には何度でもできることになっていましたが、実際には一回しか行われなかったようです。

⑤　陪審裁判に対する控訴ができず、量刑の不当を含めて上訴審で争えなかったこと。

このうち①、④、⑤の点は改正すべき点ですが、②、③は必ずしも欠陥とは言えず、検討すべき論点といえます（第六部「陪審法改正案」下段の停止陪審法参照）。

陪審裁判は、一九二八（昭和三）年から一九四三（昭和一八）年まで施行されましたが、一九四三（昭和一八）年四月一日の「陪審法ノ停止ニ関スル法律」によって、戦争末期の混乱を理由に戦時中のみ停止し、戦後にまた復活するとの約束のもとに陪審法は一時停止されました。停止法の二条には「陪審法ハ大東亜戦争終了後再施行スルモノトシ其ノ期日ハ各条ニ付勅令ヲ以テ之ヲ定ム」と規定されていました。

戦後、政府は実際に陪審法を復活させるために、右の傍線部分を一九四六（昭和二一）年になって「今次ノ戦争終了後」と改めたり、憲法と同じ頃に公布された「裁判所法」に「刑事について、別に法律で陪審の制度を設けることを妨げない」（三条三項）という特別規定を設けたりしたのです。

しかし、今日に至るも陪審法は改良・復活されていません。

(3) 現在の刑事裁判の問題点

① 低すぎる無罪率

現在の刑事裁判で最も問題なのは、一度犯罪の嫌疑を受け刑事被告人として裁判にかけられると、その殆どが有罪になってしまい、無罪になる可能性は殆どないということです。近年の裁判所の統計をみても、刑事事件全体の無罪は一%以下で、ことに最近のそれは、○・○X%（平成六年は○・○九%、平成七年は○・○八%でした。）という低率で、殆ど無罪はないといってもよい程です。

わが国の刑事事件は殆ど自白事件ですから、それは当然と言えるかも知れませんが、その自白が任意だったかどうかを問題にしなければなりません。他方、本人が否認している事件の無罪率はさすがに高く、この一、二年は二%を越えています。しかし、戦前、重い犯罪の否認事件に限って行われていた陪審裁判の無罪率は一七%だったことを考えると、現在の無罪率は低すぎると言わざるを得ません。このことは現在の刑事訴訟法になってから後にも、無罪を主張して最高裁に上告したにもかかわらず、そこでも理由なしとして上告を棄却された人たちの中で、更にその後の再審裁判でその有罪認定が間違いだったとわかって無罪となり危うく死刑の執行を免れた人たちが、四人もいたという事実を考えると納得していただけるでしょう。

② 現行刑事裁判の問題点

このように見てくると、現在の刑事裁判には次のような問題があると言わざるを得ません。

i　検察官面前調書[4]の過大なる採用――有罪答弁（検面調書に同意すること）の保釈条件化

現在の法律（刑事訴訟法）[2]では、被告人の有罪を立証する証拠として用いられるのは、㋑被告人あるいは証人、鑑定人が公判廷で直接にした供述、㋺被告人や証言者その他の関係者が検察官又は警察官に述べたことを書面にした供述録取書(5)（検察官の作ったものは検面調書、警察官の作成したもので警面調書などと呼ばれる）、㈧検証の結果を記載した検証調書、㈡専門家の鑑定書、等です。そのうちで、実際に裁判上の証拠として最も大きな役目を果しているのは、㈫の検察官の作った被告人や参考人の述べたことを書面にした検面調書（検察官面前調書）です。

法律上は、被告人や証人等が法廷で供述したことが証拠として最も重要なものだという建て前がとられましたが、それと被告人が捜査中、警察官や検察官に述べたことになっている供述録取書、特に検面調書とくいちがうときに、どちらを信用し採用するかという問題が生じます。実際には甚だくいちがうのです。それは狭い代用監獄などで厳しく取り調べられた場合と、法廷で自由に自分を取り戻して供述する場合の内容の相違です。

今日のわが国の刑事法廷では、このような場合は、裁判所は殆ど、検面調書を採り、それと違う法廷での供述は斥けるのです。つまり、捜査中に検察官から有罪と認めた内容の供述調書を取られている限り、裁判官はその方を採って被告人に有罪の判決を下すのです。

被告人がそれに反対して、検面調書は、否認したのに無理にそのように書かれ署名させられたので任意性がないと争うことができることに、理論上はなっているのに、実際にはそれさえ出来なくなっている場合が多いのです。

その大きな原因として、被告人が有罪を認めること、すなわち検事の請求証拠に同意することを保釈の事実上の条件として課している状況があります。大部分の被疑者は、捜査中逮捕され身柄拘束の状況で検事に調べられ、自白調書をとられた上で、公訴提起(6)され、そこでやっと裁判官に保釈請求(7)ができることになるのです。ところが、その保釈の許否を決定する裁判官が、保釈の請求にきた弁護人に対して、「事件が公判に廻ったら、検事の証拠請求に同意しますか」と尋ね、「同意します。」と回答しなければ保釈を認めない場合が、はなはだ多いといわれているのです。それで、さきのような場合にも、殆どの弁護人は前もって検面調書を証拠とすることに同意させられてしまっているので、法廷でも被告人の否認に十分援助できない場合が多くなっているのです。

以上の状況は、憲法および刑事訴訟法で定められている証拠の「証拠能力」と「証明力」の区別の解体を意味します。そして、法廷での「直接証拠」よりも法廷外の「伝聞証拠」を尊重することになります。（一七頁と三五頁参照）。

〔コラム〕二号書面と戦時刑事特別法

戦後の刑事訴訟法下で、驚くべき高い有罪率と低い無罪率の原因として、検察官面前調書の証拠能力を裁判所が殆どの事件で認めることが大きな原因ですが、その制度が実は、太平洋戦争の最も苛烈であった昭和一七年二月から敗戦後の同二一年一月一五日まで続いた「戦時刑事特別法」の定めを現在の刑事訴訟法に横滑りさせたものであることが、佐伯千仭氏によって指摘されています。

戦前の刑事訴訟法では、供述者の死亡、疾病その他の理由による供述不能とか、訴訟関係人に異議がない場合などの例外的場合を除いて警察官面前調書は勿論、検察官面前調書も一切、法廷での証拠能力を認められませんでした（三四三条など）し、陪審法でも同様でした（七二条など）。

それが、「戦時刑事特別法」によって、「地方裁判所ノ事件ト雖モ刑事訴訟法第三四三条第一項ニ規定スル制限ニ依ルコトヲ要セス」（二五条）として、それまでは「法令ニ依リ作成シタル訊問調書ニ非ザル供述録取書」として証拠にできなかった検察官聴取書などを証拠として裁判することを認め、さらにそれまでは認定した事実について、どの証拠によって認めたかを説明する証拠理由も、単に「証拠の標目」を示すだけで良いことにしてしまったのです。
この戦時中の特例が二つとも、現在の刑事訴訟法にこっそりと移されたのでした（三二一条一項二号など）。
陪審制度の復活・導入によって解決されるべき証拠法上の課題は、この検察官面前調書の証拠能力を除去することにあります。

ii　検察官の手持ち証拠(8)の不開示

現在の刑事訴訟法では、旧刑訴法の時代と違って、検事の公訴提起の後であっても、弁護人は、検察官が捜査中に収集したり、作成したりした証拠類の開示を求め閲覧・検討することができません。旧刑訴法の時代には、公訴提起あるいは予審終結(9)と同時に一切の証拠物、証拠書類は公判裁判所に送られ、弁護人は自由にそれを閲覧・謄写（コピー）し、検討した上で、被告人のための防御方法を検討・考究することができたのです。

それでこそ、検事と、被告、弁護人の当事者対等といえるのですが、現在では国家が強制力を用いて犯罪捜査をし、証拠を手中に収めながら、公判の裁判になってからも、それらの証拠の全部をその手中に握ったまま、相手方の弁護人に開示しないでもよいということになっています。ですから、裁判の結果が検察側に有利に終わってしまうという傾向は、防ぎようがないのです。この点で、刑事事件で被告人を追及する検察官と、その検察官の攻撃に対して被告人を擁護しようとする弁護人の立場は、旧刑事訴訟法の時代ほどの対等性さえ失われているといわざるをえません。私たちは、長年、この証拠開示についての不平等を改め、この点でも当事者対等を実現するために戦っているのです。

iii　有罪・無罪の証拠と情状に関する証拠の混在

刑事訴訟法二五六条には、起訴状一本主義(10)という制度が定められ、被告人の前科とか職業、家庭環境などに対する予断を排除して、純粋に有罪・無罪に関する証拠のみによって有罪か無罪かを決定することになっていますが、近時、起訴状に堂々と被告人の職業や所属団体などが記載され、この原則が崩壊しています。それだけでなく、事実認定する訴訟手続と刑の量定を審理する訴訟手続とが分離していないために、被告人の悪い情状に関する証拠が提出されて事実の認定が被告人に不利な方向に影響するということがあります。

iv　無罪獲得のために長期裁判

最近、無罪が確定した「甲山事件」は、無罪獲得のために二一年間かかりました。戦後間もない頃の「八海事件」とか「松川事件」なども無罪獲得のために長大な時間がかかりました。その原因はひとえに、無罪判決に対する検察官の上訴制度のためです。第一審から始まって控訴審（高等裁判所）、上告審（最高裁判所）まで上がっても、また破棄差し戻しをされて地裁からやり直しといったサイクルが、理論的には何度でも繰り返すことができるのです。しかし、憲法三九条の「何人も」「同一の犯罪について、重ねて刑事上の責任を問われない。」という規定は、アメリカ連邦憲法の無罪の評決に対する二重の危険禁止（double jeopardy）＝検察官上訴禁止(11)の規定を導入したものであり、現在の刑事訴訟法は憲法違反の疑いがあります。陪審裁判の導入によって、この長期裁判の問題が解決されます（二一〇頁参照）。

〔コラム〕甲山・八海・松川事件

① 甲山事件　一九七四年（昭和四九年）三月、西宮市の知的障害児の施設、甲山学園で園児二人が浄化槽から水死体で見つかり、うち一人に対する殺人の容疑で保母の山田悦子さんが逮捕されて一旦嫌疑不十分で釈放されますが、再逮捕されて起訴され、神戸地裁で無罪となります。しかし検察官が控訴して、大阪高裁で破棄差戻し判決があり、山田さんは上告しましたが、最高裁で棄却、神戸地裁の差戻し審で再度、無罪となりました。しかし、ここでも検察官が再控訴し、一九九九年（平成一一年）九月二九日に大阪高裁で控訴棄却となり、大阪高検が上訴権を放棄して、事件発生から二五年後に山田さんの無罪が確定しました。

② 八海事件　一九五一年（昭和二六年）に山口県の村落、八海で発生した強盗殺人事件。吉岡の単独犯行でしたが、彼の自白により阿藤氏ら四人も共犯とされ、山口地裁岩国支部で阿藤氏は死刑、他の四人は無期懲役となりました。広島高裁は吉岡、阿藤両被告の控訴を棄却し、他の一名を懲役一五年、他の二名を懲役一二年にしました。全員上告しましたが、吉岡被告は上告を取り下げて服役し、第一次上告審（最高裁第三小法廷）は原判決を破棄して広島高裁に差し戻しました。その後、第一次差戻し審は無罪でしたが、第二次上告審で破棄差戻し、第二次差戻し審は再び阿藤氏を死刑、他の一名を懲役一五年、他の二名を懲役一二年に処しました。しかし、第三次上告審（最高裁第一小法廷）は、一九六八年（昭和四三年）一〇月一九日、原判決を破棄し、遂に阿藤氏ら四人の無罪が確定しました。この間、一八年を要しました。

③ 松川事件　一九四九年（昭和二四年）八月に東北本線松川駅の近くで発生した列車転覆事件（三人死亡、五人負傷）。当時、国鉄では人員整理が行われており、これに反対していた労組員に嫌疑がか

けられ、国鉄労組福島支部と東芝松川工場労組のメンバー合計二〇名が起訴され、福島地裁で全員有罪（死刑五名、無期懲役五名等）、仙台高裁も一七名を有罪としましたが、最高裁大法廷は七対五で破棄して、仙台高裁に差し戻しました。第二次控訴審で全員無罪になり、検察官が上告しましたが、最高裁第一小法廷は上告を棄却しました。事件発生後、一四年かかって無罪が確定しました。

(4) 陪審制度復活の必要性

① 戦争による停止

わが国にも約六〇年前の戦争末期までは、陪審裁判が行われていました。重い犯罪で被告人が否認し争っている刑事事件については、限定はされていましたが、一般市民の間から選ばれた一二人の陪審員がその公判審理に立ち会い、証拠調べの経過をよく観察した上で――必要があれば陪審員が被告人や証人を直接尋問することさえできました――自分達だけで被告人が有罪かどうかについて評議・評決して答申し、裁判官はその答申に従って有罪、無罪の判決を下すことになっていたのです。

しかし、戦争が激化し、度々の空襲により鉄道等の交通網も混乱してきたので、戦争末期（昭和一八年四月一日）に、戦争中は陪審を停止し戦争終了後に再開するという約束で一時中断されたのです。だから戦後は当然それがまた再開されねばならなかったのですが、戦後の政府は、戦災であちこちの陪審法廷等が焼けたことなどで早急な再開は困難だというような理由でその再開を引き延ばし、それがズルズルと五〇数年後の今日に及んでいるのです。ですから、本来ならば、陪審裁判は、今日までに当然復活させられていなければならなかったはずのものです。（第四部の「大正陪審法は失敗したという議論について」参照）。

②　復活の阻止

敗戦後の政府は、このように陪審裁判の復活は後回しにして、もっぱら犯罪対策として、その鎮圧と捜査のための警察と検察庁及び裁判所の組織強化、特に、警察機構の拡大強化に力を注いできました。

犯罪があると、まず警察組織が動いて、犯人の逮捕と証拠の収集に努めます。この警察の捜査が終ると、被疑者は事件の一件記録(12)と共に検察庁に送られますが、身柄は殆ど警察が「代用監獄」と呼ばれる警察署の留置場に預かったままで、検察官が更に被疑者を調べ直し、有罪と思えば被告事件として裁判所に公訴を提起し、そこで裁判所の裁判が始まるしだいです。このように犯罪の捜査から裁判所で事件が裁かれるまでの間は、被疑者は警察、検察官の支配下におかれるのが大部分です。その間、弁護人を依頼することはできますが、その弁護人との面会（接見）も、捜査中は取り調べ担当の警察官、検察官の許可が必要で、彼らが捜査のため必要と思えば、弁護人との面会や書類等の授受の場所、時間等を制限することができます。争いのある事件の場合になると逮捕、勾留期間中一、二回、それも一五分とか三〇分というような時間を限定され実際には弁護のための自由な接見が阻止されてしまう場合が少なくないのです。最近、各地の弁護士会では「当番弁護士(13)」の制度を発足させ、これに対応しようとする動きが出てきましたが、弁護士会がそこまでしなければならぬようなところまで追い込まれたという現実が直視されなければなりません。

以上のように戦前の陪審裁判の復活は怠り、逆に捜査官憲による犯罪の捜査から、公訴の提起、及びそれに続く警察――検察庁――裁判所と引き続く公務員間の組織運営等は最大の熱意をもって拡大強化されていったのです。その間に、どこにも市民の積極的介入の余地がないような犯罪の捜査、訴追、裁判組織ができあがってしまったのです。

それらを推進した人たちの考えでは、警察、検察、裁判所と国家機関の間で次々と事件が引き継がれていく間に、前の段階に手落ちがあっても、それを次の段階でチェックされて是正されて行くはずでした。しかし、実際には、警察と検察官との間も、戦前のような警察に対する検察のコントロールは困難になり、警察から送ってきた被疑事件を受け取った検察官があまり厳重にチェックして、裁判所に公訴を提起しないと、警察が検察官の思うようにうごかなくなったりするので、警察に迎合してチェックが甘くなります。更にまた裁判官と検察官との間でも、公判前の段階で検事が、被告人の保釈に対して「不相当」の意見を述べた場合、公判が開始される前の保釈担当の裁判官（強制処分係）の裁判官がそれに追随する場合が多いのです。そして、検察官は、保釈を申請に来た弁護人が、公判に廻った後で検察官の証拠申請に同意すると言わないと、保釈に対して反対をするのです。関係機関相互間の連携があまりにもよくて機関相互間のチェック・アンド・バランスが十分に行われていないことが目立ちます。

公判の裁判になってから後でも、検察官は、旧刑訴法の時代と異なって、収集した証拠を公判開始後もおさえていて、争いのありそうな事件の弁護人にはその開示を拒否して開示しないのが普通で、被告人の防禦が阻止されることが顕著なのに、それについては最高裁まで是正の方策を講じようとはしませんでした。それなのに、被告人を処罰する方向に向かっては、さきに述べたように身柄拘束中の被疑者の保釈請求の際に保釈担当の裁判官が公判になってから検察官がする証拠申請に同意することを条件にして、公判における検察官の有罪判決獲得に協力していることを考えれば、今日の刑事裁判は犯罪の捜査のための被疑者逮捕からその保釈による身柄釈放に至る全過程が、専ら裁判における有罪判決の宣告に向かって直進しているのだといわざるを得ないのです。

このような現在の日本の刑事裁判の現実は決して健全とはいえません。

③　復活の必要

このような刑事裁判は、いつ刑事被告人の立場に立たされるかも分からない一般市民の立場から速やかに改められる必要があります。

私たちは、その改革は、戦後五〇数年間不当に眠り込まされてきた陪審裁判を再生・復活させることにより実現されるだろうと思います。それは、五〇数年以上前の法律ですから、勿論時代に合わなくなっている部分も少なくありませんから、それらの点が改められねばならぬことは勿論ですが、我々が再現されねばならぬと考える陪審裁判の概略は次のようなものです。

ｉ　陪審裁判でも、裁判の実際の進行を担当するのは裁判官と検察官と被告人及び弁護人ですが、検察官は捜査により収集した証拠物、証拠書類の一切を、公判前に、弁護人に開示し十分に検討する機会を与えなければなりません。現在の刑事訴訟法は、この点についての規定が極めて不十分ですが、戦前の大正陪審法――陪審法だけでなく、旧刑事訴訟法も、検察官は公訴提起と共に手持ちの証拠物、証拠書類は全て裁判所に提出することになっていて、弁護人はそれらを閲覧・謄写し、十分に弁護の準備をすることができることになっていましたし、多くの外国では現在でも殆ど全部の証拠が開示されているようです。この全面的証拠開示によって被告人と検察側との力の不均等が改めてなくなり、対等の訴訟当事者として対立することになります。

ⅱ　陪審員は自由な市民からおそらくクジで選ばれることになると思われますが、良心に従ってその任務を務めることを宣誓した上で、公判裁判――それは、裁判官の指揮のもとに、おそらく検察官と被告人、弁護人との当事者訴訟の形で進行し、陪審員はその始終を注意深く見守り、場合によっては陪審員自らも裁判長の許可を受けて、証人や被告人に質問することも許されてよいと思います。

(5) 陪審裁判の復活の国民的意義

陪審制度を復活・改良することには、四つの国民的意義があると考えます。

① 一つは、国民の司法における政治参加の意義です。

日本の政治・経済は、明治維新以来、官僚主導型で進められて来ました。官僚の力は、第二次世界大戦の敗北にもかかわらず生き延び、戦後は、戦前にも増して大きな力を発揮し、「官僚制度は姿なき独裁政治」であるとか、「官僚は権限は行使するが責任を回避する。」とか批判されて来ました。最近のバブルの崩壊と長期にわたる日本経済の低迷は、小手先の経済対策ではなく、官僚主導型の政治・経済運営制度を改め、根本的に「民」を「主」とする「民主主義」の制度を実現すべきであるという課題を提起してはいないでしょうか。そうでなければ、日本は二一世紀において世界から大きく取り残されていくと思われます。

陪審制度を復活・改良することは、司法制度に対する市民参加の制度を実現して行くことであり、実質的な民主主義制度実現の代表的・象徴的意義を有すると考えます。

② 二つは、証拠能力に対する判断や情状[14]に関する判断と、有罪か無罪かについての判断を裁判官と陪審員で分けることが、証拠の正しい扱いや事実認定にとって不可欠であるという点です（三五頁以下参照）。

刑事訴訟法には戦後アメリカから導入された「伝聞証拠（裁判所が直接取り調べない間接的に伝え聞く証拠）、違法収集証拠（違法な捜査によって得られた証拠）あるいは任意性のない供述（取調官の暴行や脅迫或いは長時間にわたる違法な取り調べの結果得られた自白など）の排除原則」があります。これを「証拠能力」と言っています。

また被告人の有罪・無罪を判定するのに、その被告人の前科とか職業・家庭環境・性格などに関する予断・偏見をもつことではなく、純粋に有罪か無罪かに関する証拠によって判断するべきであるという原則もあります。起訴状一本主義という制度はそのために戦後新設されました（刑事訴訟法二五六条）。そして有罪であると決まってから、職業・家庭環境・性格などに関する証拠を調べて、量刑に関する判断を行うのです。

陪審制度では、「証拠能力」の有無を、陪審法廷の前に裁判官が取り調べて、法廷で陪審員に見せるか否かを判断し、証拠能力がないと判断されたものは、陪審員に見せず、その内容を知らせません。また、量刑に関する証拠は陪審員による有罪の評決がなされた後で、一般に裁判官が取り調べて、量刑を決定するのです。証拠能力のない証拠や量刑に関する証拠を知った陪審員は、「先入観あり」ということで理由付忌避の対象となります。

陪審制度のない裁判官裁判だけの現在の制度下では、証拠能力の有無も、有罪か無罪かに関する証拠の証明力の有無も、有罪か無罪かに関する証拠も、量刑に関する証拠もすべて、ひとり裁判官だけが取り調べてそれらに関する判断をするのですから、「証拠能力」の制度も「起訴状一本主義」もすべて、その本来の機能が崩壊しているのです。

陪審制度を復活して、証拠能力に対する判断や情状に関する判断と有罪か無罪かについての判断を裁判官と陪審員で分担することが、証拠の正しい取り扱いや事実認定にとって不可欠です。

③　第三に、有罪か無罪かに対する陪審員の予断と偏見のない評決の方が色々な職業的拘束と有罪指向の予断に囚われた裁判官より優れているという点です。

裁判官は勿論、司法試験に合格し、色々と法律的知識と訓練を得ているのですが、生活上の経験法則が大変限定されています（**コラム**参照）。

また、裁判官の有罪指向は、最高裁の統制によって制度的に決定されています。本来無罪であるべき者を有罪にしたからといって、左遷された例など聞いたことがありません。ある事件を有罪とするか無罪とするかを判断する場合、自分の裁判官としての出世はどうなるかと考えない裁判官は希有であると言ってよいでしょう。退職間際の裁判官が時として良い判決をする話とか、無罪指向の裁判官が職制上の不利益を与えられた例は沢山あります。

佐伯千仭氏が、『陪審裁判の復活』（第一法規）という本の中の、「刑事裁判における自由心証主義の頽廃とその対策―陪審裁判の復活の必要―」という論文で、多くの誤判の例をあげて、最高裁の裁判官を中心として「自由心証主義の頽廃」の強い傾向があることを指摘しています。裁判所は「論理の法則の適用から解放されているのだ」とか、裁判官は「真偽を判定する神通力あり」といった議論です。

まず、被告人は、「合理的な疑いを越えた」有罪の確信がなければ、無罪とされなければならないのが、刑事裁判の大原則です。「疑わしきは罰せず」ということです。

とすれば、証拠を厳密に検討し、証拠が被告人の有罪を、「合理的な疑いを越えた」程度にまで証明しているかどうかを調べるのは当然のことですが、「論理の法則の適用から解放されている」とか「真偽を判定する神通力あり」などというのは、放言に等しいものです。

このように、官僚的に統制された裁判官の幾重にも形成された「有罪指向」を脱却して、陪審員による真摯で、先入観のない評決が必要です。

〔コラム〕　岩手の放火事件

この事件は戦前の陪審裁判の事例ですが、東京の「陪審裁判を考える会」の集会でドラマの形で再現され、当事件の弁護人であった佐藤邦雄氏の報告講演もなされた事件です。当会の代表の一人である下村幸雄氏が、枚方市で行った講演録の「人権ぶっくれっと五九」に詳しく紹介されていますが、ここでは概容を紹介しておきます。

①　昭和一一年九月三〇日の夜、岩手県の農村で、ある家が全焼しました。その時に、三一歳の消防団員で、大工の武田金作という人が、現場近くから離れるのを、第三者に目撃されます。そこで、犯人だという風評を立てられました。金作は消防団員ですから、近くにあったポンプ小屋まで駆けつけていたのですが、現場近くから逃げて行ったと見られたのです。

そこで、まもなく金作は警察に逮捕され、翌日に放火を自白します。当時は予審という手続きがありましたが、予審判事の前でも自白をしました。自白の内容は、「被害者が、二年前に家を建て替えさせてやると約束したのに、それをしてくれない。それで家を焼けば建てかえると思って放火をした。」「その晩、仕事が終わった後、居酒屋で酒を五合ほどひっかけて、ほろ酔い機嫌でついやってしまった。」とのことでした。

②　現住建造物の放火の罪で起訴されます。

しかし、陪審裁判が始まって、金作は罪状を否認します。そして「当夜、現場近くでかねて関係のある寡婦と路上で会っただけである。当日は、彼女から長男が北海道から帰っているので今日はだめだと言われていた時に、現場から火事が出たのである。彼女との関係が発覚するのを恐れて、そして巡査に殴られ、たたかれたので自白した。」との主張をおこないました。

裁判長は、「そんなばかなことがあるか。放火という大罪を犯すほうが恥ずかしいことではないか。」「妙な男だな、おまえは。三つの子どもでも、やらんものはやらんと言うぞ。」などと言いました。

そして、その寡婦は、金作との関係を否定し、「その晩、金作と偶然行き会ったのは確かなんだけれども、立ち話などはしなかった。」という証言をしました。

陪審員は評議の末、裁判官の「金作が放火をしたのか否か」に対する「問い」に対して「然らず」の答申をしました。

それに対して、裁判官は合議の末、「陪審の答申を不当と認め、さらに他の陪審に付す」との決定をします。いわゆる陪審の更新です。

③　二度目の陪審法廷では、寡婦は前回の証言を翻して、金作の言うとおりの本当のことを言ってくれました。そこで再度の陪審も無罪の答申をしました。

④　裁判官の有罪指向の「論理」よりも、民衆である陪審員の生活に根ざした直観力の方が正しいことが証明されました。これは戦前の事件ですが、裁判官の有罪指向は今日でも全然変っていません。

④　第四に、裁判の迅速化と司法の効率性の向上という観点があります。陪審裁判は、事実審理を市民である陪審員が行うのですから、仕事を抱えている彼らの陪審員をつとめる期間をできるだけ短くするために、集中審理方式がとられることになります。準備公判手続において十分に争点の整理を行い、証拠調べの効率的手順を計画・準備して、証人調べなどは、まる一日行うことによって、迅速な審理がなされることになります。

陪審制度においては、事実審理は第一審だけであり、無罪判決に対する検察官の上訴制度がありません。第一審で無罪となった者は、そのまま無罪となります。迅速なる無罪判決が期待でき、他方において有罪判決も迅速に下されることになります。

〔註〕

（1）量　刑

刑の量定のこと。殺人罪の場合を例にとれば、刑法一九九条で定められた三年以上一五年以下の懲役刑、無期懲役、死刑の中から、裁判官が懲役一〇年の宣告刑を選ぶというわけです。

（2）公判・公判廷

公判とは、公判期日に裁判官、検察官、被告人、弁護人が公判廷に集まって行う訴訟手続きで、公判廷は、公判の行われる公開の法廷です。陪審制度では、陪審員を中心とした手続となります。それに対して、陪審の公判を準備する手続を公判準備手続（停止陪審法では非公開）とか準備公判手続（当会の陪審法改正法案では公開）と呼んでいます。

（3）犯罪の成立を阻却する原由となる事実

例えば、正当防衛や心神喪失のように犯罪事実が認められても無罪となる事実です。

（4）検察官面前調書

検察官が参考人や被疑者を取り調べ、その供述の要領を記載した書面です。ここでは特に参考人調書をさしています。法廷の外で作成された文書ですから、直接の口頭の証拠ではなく、伝聞証拠です。

（5）供述録取書

聴取書のことです。参考人や被疑者の供述を記録に取った書面です。

（6）公訴提起

検察官が裁判所に対して犯罪事実を記載した起訴状を提出して被告人の処罰を求めることです。

（7）保釈請求

起訴後の段階で、被告人に一定金額の保証金を納めさせて、釈放する制度を保釈といい、裁判官が決定します。この保釈を裁判官に請求することです。

（8）　検察官の手持ち証拠

捜査によって集められて検察官の手もとにある証拠物や証拠書類。現行法では検察官はその全てを裁判所に提出せず、手もとに多くの証拠を保管しています。戦後の刑事訴訟法で、「全面証拠開示」と言われているのは、検察官の手もとに保管されている証拠の全部を弁護人が閲覧・謄写をする権利があるとする主張です。その検察官の手もとの証拠の中に、松川事件の時の被告人のアリバイ証明となった「諏訪メモ」など、被告人に有利な証拠がある場合が少なくないことが、戦後の刑事裁判の歴史の中で証明されてきました。しかし、最高裁の判決は、その必要がないとして、その権利の実現を阻んでいます。

（9）　予審終結

旧刑事訴訟法で認められていた予審手続は、公訴提起後、事件を公判に付するかどうかを決定することを目的とした手続です。同時に証拠を収集し保全しました。予審終結は、ここでは公判に付する決定のことを言います。

（10）　起訴状一本主義

検察官が裁判所に対して起訴状だけしか提出できない制度のことです。裁判官に事件と被告人に対する予断と偏見を与えないようにしている戦後の刑事訴訟法の制度です。旧刑事訴訟法では、一件記録を同時に提出していました。

（11）　無罪評決に対する検察官の上訴禁止

二重の危険の禁止のことで、アメリカ合衆国憲法五条の「……何びとも、同一の犯罪について重ねて生命または身体の危険にさらされることはない。」との規定により、無罪判決を受けた被告人に対する検事の上訴は許されません。

二重の危険は、日本国憲法の英文草案の中にも規定されていましたが、問題のある訳によって用語が抹消されています。憲法三九条は、「何人も、実行の時に適法であった行為又は既に無罪とされた行為については、刑事上の責任を問われない。又、同一の犯罪について、重ねて刑事上の責任を問われない。」ですが、もともとの英文は“No person shall be held criminally liable for an act which was lawful at the time it was committed, or of which he has been acquitted, nor shall be placed in double jeopardy."（二重の危険の状態におかれてはならない）となっていました。

(12)　一件記録

その事件の証拠物や捜査書類等の記録

(13)　当番弁護士

弁護士が被疑者らの求めによっていつでも出動して被疑者に面会してアドバイスができるように、弁護士会が当番を決めて待機させる制度です。捜査段階での国選弁護人制度がない点を補充する制度です。

(14)　情　状

前科、前歴または生活史、家庭環境、生活状況、被害弁償、示談等、刑の量定の基礎に関する事実を指します。

（執筆分担：(3)・(4)は佐伯千仭、その他の本文は樺島正法、コラムと註は下村幸雄・樺島）

2　陪審裁判の内容

ここでは、巻末に掲載した当会作成の陪審法改正案（以下「改正案」と略す）の規定に基づき、陪審裁判の実際について解説していきます。

(1)　陪審制度を採用すると裁判官による裁判はなくなるのか

陪審裁判を選ぶか、裁判官による裁判を選ぶかは、被告人自身が選択することができます。このことが案外知られていません。また、陪審裁判は、刑事では被告人が否認した場合に限られます。

改正案では「死刑又は無期の懲役若しくは禁固に当たる事件」を法定陪審事件とし、「長期一年を越える有期の懲役又は禁固に当たる事件であって地方裁判所の管轄に属する」事件を請求陪審事件としていますが、「被告人は、公判廷における陪審選定手続開始前は何時でも事件を陪審の評議に付することを辞退し」または請求陪審の請求を取り下げることができます。

市町村長が陪審候補者名簿を調整し、それにもとづいて、地方裁判所長が三六人の陪審候補者を選定して通知をします。陪審員は一二人ですが、辞職、欠格、無条件忌避などで、人数が減少する場合があるので、三倍の人数を陪審候補者として選定するのです。

〔コラム〕アメリカの制度の例

(1)　アメリカでは、陪審裁判に対する国民の権利が憲法の修正五条や六条などに規定されており、法定刑が六ヵ月以下の軽犯罪より重い重犯罪について、陪審裁判が受けられます。

(2)　陪審員は、選挙人名簿や運転免許証をもとに作成された名簿からコンピューターに入力されたリストの中から、裁判所職員が無作為に選択して、陪審候補者に通知します。

当会の視察団が、アメリカの陪審を見学に行ったとき、朝早くから大きな部屋に二〇〇人位の陪審候補者が集められていました。中には自分達が何をするのか分からずとまどっていたり、眠たいなと思っている顔もありました。彼らに対して、裁判官や裁判所職員が陪審員に色々説明をしていました。ビデオの映画が作られていて、陪審制度の意義や仕組み、陪審員の役割などについて大変分かりやすく、面白いものが上映されるのが通常です。

大部屋に集まっている時の人々の表情は必ずしも明るくないのですが、陪審法廷で見る陪審員の表情は真剣そのものになっています。裁判所からの説明などの過程で陪審員の義務に対する自覚が形成されるのだと思います。

(3)　連邦、州によってまた刑罰の重さによって、無条件忌避の許される人数が異なります。重大な犯罪であればあるほど、その人数は増大します。

改正案六四条では、「陪審を構成する陪審員と補充陪審員の員数を超過する員数については、それぞれの半数を忌避することができる。」とされてます。陪審選定手続は、二四人以上出席したときは、除外および忌避手続が行われます。

(4)　陪審選定のための予備質問（voir dire）という制度があり、そのために相当の時間が費やされますが、改正案ではありません。

(5)　無条件忌避制度の下で、検察官がこの制度を使って、黒人等の少数民族を排除するという現象が生じました。それを裁判所は検察官の自由であるとして支持していたのです（スエイン対アラバマ州事件・一九六五年）。その後、一九八六年のバトソン対ケンタッキー事件の連邦最高裁判決を契機として、それが規制されるようになりました。

(2)　陪審員を決める手続

陪審員の定員は一二名ですが、それ以外に「一人又は数人の補充陪審員」を設けることができます。これは、陪審裁判の途中で陪審員の誰かが病気になったりして、欠員が生じる場合に備えてのものです。

陪審候補者は、裁判所からの通知を受けると裁判所に出向いて行くのですが、直ちに裁判となるのではありません。また、当日出向いて行った人が全て陪審員となるわけではありません。

陪審員は、「病気その他やむを得ない事由により招集に応じられない場合」に裁判所の許可を得て、辞職することができます。

(3) 陪審員の忌避について

陪審候補者に対しては、理由付忌避と無条件忌避（専断的忌避）の制度があります。元々、英米法に由来する制度です。

理由付忌避は、陪審候補者が事件の被害者やその親戚であったり、裁判官や検察官であったりして、その事件に対して公正な判断ができない場合にそれを理由としてなされる忌避制度です。陪審改正法案では、理由付忌避としてではなく、その実質が一五条の除外事由として規定されており、それに関する六二条の手続規定が定められています。

それ以外に無条件忌避あるいは専断的忌避の制度があります。裁判の経験のある方で、裁判官の顔つきを見ているとどうも、自分にとって不利なことを考えているのではないかと思うことがあるでしょう。どうもこの陪審候補者は、自分にとって有利な判断をしてくれそうにないという印象で、無条件で（専断的に）除外するという制度で、人間社会の実情を反映して面白い制度です。

(4) 陪審法廷以前に行われる手続

陪審員及び陪審候補者が決定される以前に、裁判官、検察官弁護人及び被告人だけで公判前手続あるいは公判準備手続が行われ、一般の傍聴が許されます。

法律問題が整理された後、事件は初めて陪審裁判に廻されます。

例えば、警察官が違法な逮捕や取調をした結果、出て来た自白であったり、違法に入手した証拠物件であるから、陪審法廷で取り調べるべきではないと申立をするのです。裁判官は、陪審員がいない法廷で、その証拠の入手過程を調べて、陪審法廷で取調べができるものであるかどうか審査します。ある証拠を陪審法廷で取調べができるものであるかどうかを「証拠能力」と言います。この考え方は、英米法の基本的な考え方で、戦前の日本の刑事訴訟法にはなかったものです。

「証拠能力」についての審査を職業裁判官が行い、陪審員は証拠能力があると認められた証拠について、被告人を有罪とするに足りる説得力があるかどうかを審査します。それを「証拠の証明力」と言います。公判前に裁判官が「証拠能力」についての審査を行い、陪審法廷で陪審員が証拠能力を認められた証拠の証明力についての審査を行うという両方の手続がきちんと分かれていることが、陪審裁判の明快にして優れたところです。

日本では戦後、「証拠能力」についての優れた制度が採り入れられたにも関わらず、陪審制度を復活して来なかったために、職業裁判官が証拠能力と証拠の証明力の両方を審査するという不合理な事態になっています。陪審裁判では、陪審員が証拠能力のない証拠を見たり聞いたりすれば、「予断あり」ということで理由付忌避の対象となることを考えれば、どれほどこの制度に欠陥があるかが分かると思います。

改正案では、この公判前の手続を「準備公判手続」として規定しました。停止陪審法には「公判準備手続」として規定されているものですが、非公開であるという重大な欠陥があるために、公開の法廷と致しました。

陪審裁判は、市民である陪審員による事実認定を中心とした手続と、その前の裁判官、検察官、弁護士といった法律専門家が法律問題を中心として処理する手続とに分かれているため、陪審裁判になると法曹関係者の役割は減少するどころか、市民に正しい事実認定をさせるためにいっそう増大するのです。この点に注目する必要があります。

〔コラム〕　アメリカの公判前手続(1)

アメリカの刑事裁判では陪審法廷の前に、罪状認否手続(2)（arraignment）——被告人による答弁（plea）が行われます。被告人が有罪答弁（plea of guilty）をした場合などは、裁判官の判決か答弁取引(3)（plea bargain）に流れ、無罪答弁（plea of not guilty）をした場合に陪審裁判（jury trial）が始まります。陪審裁判が始まる前に、陪審裁判をどの様に行うかについての協議や申立が行われます。その中でも重要なのが、公判前の公訴棄却の申立（motion of dismiss）や証拠排除の申立（motion to suppress）です。前者は、公訴提起の仕方に重大な違法がある場合に陪審法廷に廻さずに公訴棄却をして欲しいという申立であり、後者は、陪審法廷で、使用されるべき証拠に関する当事者からの異議の申立です。

註

（1）公判前手続

陪審裁判で、陪審員による法廷が始まる前に、行われる手続のことで、被告人による罪状認否、公訴棄却の申立、証拠の証拠能力の判定などの専門家だけの手続きのことです。陪審改正法案では、準備公判手続として規定されています。

（2）罪状認否手続

起訴後、被告人を裁判所に出頭させ、公開の法廷で起訴事実を告知して被告人の答弁を求める手続。被告人が有罪（guilty）と不抗争（nolo contendere）の答弁をした場合は、犯罪事実の認定の手続は行われず、刑の量刑手続に移行します。

（3）　答弁取引

被告人側と検察官側が交渉して、事件の処理について合意することです。被告人側が起訴された犯罪より軽い罪を認めたり、数個の起訴事実のうち、一部だけを認めたりして取引を行います。答弁取引には裁判所も関与して採否を決めます。

(5)　陪審法廷の進め方

ここでは、アメリカの例をもとに、法廷の進め方を説明して行きます。

陪審法廷は、裁判官の法廷と異なり、裁判官や検察官そして被告人、弁護人などの法廷関係者が待っている法廷に陪審員が入場するところから始まります。

〔コラム〕　アメリカの場合

“all rise for jury”（陪審員入場、全員起立）と廷吏が告げ、陪審員が厳粛に入場するのです。裁判長をはじめ法廷関係者一同、起立して、陪審員の入場を迎え、彼らが所定の位置に座るまで、起立しているのです。

まさに、市民から選ばれた者が、法廷の主人公であることを示すデモクラシーに則ったルールです。

アメリカではしばしば、証拠調べの冒頭に、検察官、弁護人、被告人そして当日の証人が、全員一列

ロスアンゼルス　SUPERIOR COURT
CRIMINAL COURT　DEPERTMENT 129

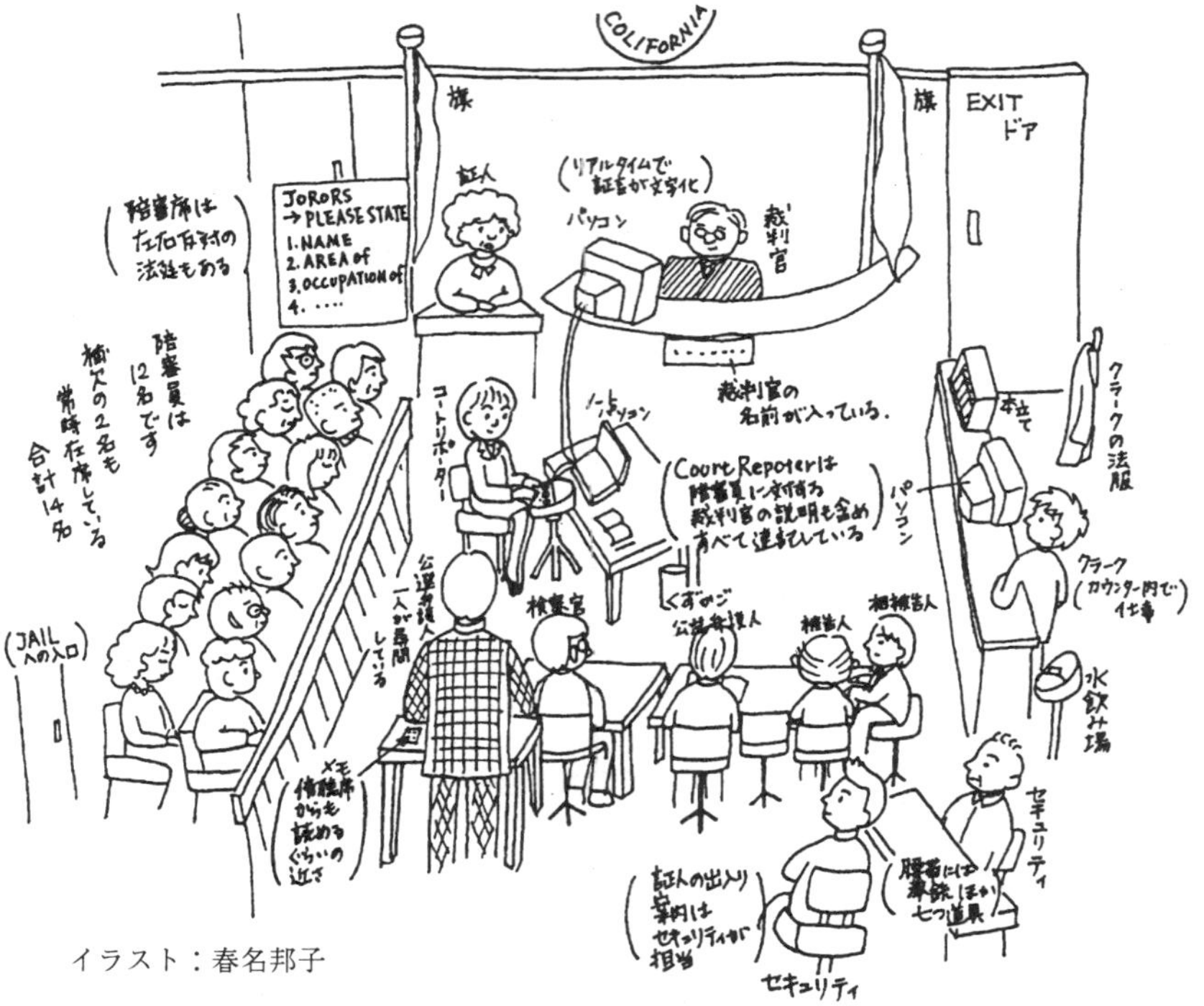

イラスト：春名邦子

に並んで、自己紹介をします。これも裁判官の裁判にはない風景です。

証拠調べが始まりますと、陪審員の表情は真剣になって行きます。彼らの考えや感じ方が刻々と表情に出るので、彼らの個々の表情や集団全体の雰囲気を観察するだけでも興味深いのです。ボストンでは、証人に対して思わず質問を発する陪審員がいて、それを裁判長が「失礼ですが」と言って、止めさせる場面がありました。アメリカでは一般的に、証人に対する質問権はないものとされています。また、メモを取ることも禁じている州が多いのです。

アメリカの陪審見学で気づいたことの中に、法廷での検察官の態度、表情が日本の検察官とは対照的に異なるということがあります。日本の法廷では検察官達は厳めしくて、しかめっつらの表情に終始しておりますが、アメリカではにこやかで、愛想の良い感じなのです。どちらかと言えば、弁護士の方がブスッとしています。陪審法廷で検察官が、現在の日本の様な態度、表情をしていては、陪審員から反発されて良い仕事はできないのでしょう。「国民に対するサービス」という観点があるかないかの相違、デモクラシーの差が出ています。

アメリカでは、裁判官の説示の内容が不当であることが、よく上訴理由になります。停止陪審法では、裁判官の説示に対する異議は否定されていましたが、改正案では、異議制度を認めました。

裁判官は、起訴されている罪の内容とか検察官と弁護側の主張の対立点あるいは有罪の認定のためには、「合理的な疑いを入れない」確信が必要であることなどを正しく、分かりやすく説明しなければなりません。しかも、法廷における証拠に関して、この証拠は信用できるとかできないとか言ってはならないのです。

アメリカでは裁判官の説示に関して、詳しいマニュアルが出来ています。また、説示の内容などについて、裁判官は両方の当事者である検事と弁護人を手元に呼んで、陪審員に聞こえない様にして協議をしています。

以上の陪審公判では、速記が大変重要な役割を果たします。アメリカでは評議の最中に陪審員が、ある証人の証言がどうだったのかの詳細を知りたい時に、速記者を評議室に呼んで問題の箇所を読み上げさせています。

イラスト：山口淳子

それから、陪審員の宣誓手続が開始されます。裁判所書記官が陪審員に対して、右手を挙げて所定の宣誓文言を読み上げさせます。陪審員は全員起立して右手を挙げ、宣誓文を読み上げます。陪審員の元になっている英語の「juror」という言葉は、元々のラテン語で、「宣誓する者」という意味です。

改正案の六九条でも、宣誓手続が規定されています。「良心に従い公平誠実にその職務を行う」ことを誓うのです。

証拠調べが終わりますと、最終弁論の段階になります。検察側、被告側が証拠調べの結果、起訴されている罪が証明されていないとかの事実上の問題や法律上の問題について、弁論をするわけです。

このシーンがアメリカの裁判の映画によく出て来ます。陪審裁判では、検察官も被告人・弁護人も市民に対する説得という難問にチャレンジしなければなりません。

その後、裁判官の陪審員に対する説示が始まります。改正案の七九条では以下の様に規定されています。

「前条の弁論が終結した後、裁判長は、陪審に対して、犯罪の成立に関して法律上の論点及び問題になる事実を説示し、評議したうえで、被告人が有罪であるか無罪であるかを答申することを命じなければならない。但し、取り調べられた証拠の要領やその信用性、及び被告人の罪責の有無に関して意見を表示することはできない。」

裁判官と両当事者との協議は、証拠調べの段階などでもたびたび行われ、その時、法廷ではのブザーを鳴らし、場合によっては判事室へ行く場合もあります。

その後、陪審員の評議が行われ、有罪評決の場合、裁判官は改めて情状の審理をしたうえで量刑を言い渡し、無罪の答申の場合はそのまま無罪判決を言い渡します。

(6) 陪審員の評議の方法や評決の方法

アメリカの映画「十二人の怒れる男」などで見られるように陪審評議は、評議室でなされます。陪審の評議に先立って、陪審長が選ばれます。

評議が終わるまで陪審室は遮断され（改正案八三条）、重大事件の場合は「隔離」と言って陪審員が家にも帰されない場合があります。家に帰される場合でも、事件についての会話は禁止されます。

「有罪」か「無罪」かを答申するのを「一般評決」、裁判長からの個別の事実ごとの質問に対して回答する評決を「個別評決」といいますが、停止陪審法は「個別評決」方式をとっていました。「犯罪構成事実ノ有無」に関する質問を「主問」として、「公判ニ付サレタルモノト異リタル犯罪構成事実ノ有無」を「補問」

として、更には正当防衛や心神喪失などの「犯罪ノ成立ヲ阻却スル原由ト為ルヘキ事実の有無」に関する質問を「問」として、それに対して陪審員が「然り」とか「否」とか回答することになっていました。

アメリカでは現在、「一般評決」制度を採っており、改正案では、一般評決制度に変えました（九一条）。「一般評決」制度の下においては、ジュリー・ナリフィケーション（jury nullification）といわれる事態が生じることがあります。「陪審による法の無視」と言われているのですが、正確な訳とは言えません。「形式的な法の無視」「実質的な法の重視」とでも言うべきものです。被告人が起訴状に記載されている行為をしたことには相違ないのですが、正義とか違法性などを実質的に考えて（あるいは感じて）罪に問うべきではないと陪審員が判断して無罪評決をおこなうものです。公正でかつ人情味があり、しばしば感動的なものです。（詳細は、当会の代表者である丸田隆氏の『アメリカ陪審制度研究―ジュリー・ナリフィケーションを中心に』法律文化社刊を参照）。

停止陪審法では、過半数すなわち、有罪とするためには一二人の陪審員の内過半数である七人の有罪賛成を必要とし、それに達しない場合は無罪とするとしていました。改正案では、一〇人の有罪賛成を必要とし、それに達しない場合は無罪となります。被告人の保護を厚くしたのです。全員一致、一一対一という意見もありましたが、最終的に一〇対二と決定しました。

アメリカでは、全員一致制がとられていて、それに達しない場合は無罪ではなくて、「評議不能」（hung jury）とされ、審理無効（mistrial）となります。検察官が、被告人の刑事責任を問うためには、再度起訴しなければならないわけです。

(7) 陪審の評決の裁判官に対する拘束力

裁判官は陪審の評決に拘束されますが、停止陪審法には「更新制度」というものがありました。陪審の答申を裁判官が拒否する場合、陪審を入れ換えるという制度です（九五条）。新しい陪審の答申を裁判官がまた気に入らなければ、理論的には何度でも更新できたのですが、実際にはその更新は一回が限度でした。

この制度は、明治憲法で、裁判は天皇の名代たる裁判官が行うという建前に合わせた制度だったのですが、改正案ではこの制度を廃止しました。裁判官は陪審員の評決結果に絶対的に拘束されるのです。

陪審員が有罪の評決をすると、裁判官が具体的な量刑を決めて被告人に宣告します。その時に審理の対象となるのが、先程述べた「情状」に関する資料なのです。

(8) 陪審裁判の証拠法上の特質と利点

以上見てきたように、陪審裁判は、陪審員からなる手続とそれに先立つ準備公判（法廷前）手続、公判手続、そして陪審の答申がなされた後の量刑の手続という三段階、大きく言えば陪審の手続と専門家の手続の二つに分かれます。陪審公判の段階で、被告人が有罪か無罪かに関する証拠のみを取り調べ、量刑に関する証拠は原則として排除され、陪審が有罪の答申をした場合にはじめて裁判官が情状に関する証拠を調べて、量刑の判決をします。事実認定について、被告人に関する不当な予断と偏見を排除するという考え方に基づいているのですが、日本の現在の裁判では、両方の証拠が漫然として提出され、裁判官は大いに「汚染」された状態で、不当な有罪認定をしています。

さらに、前にも述べましたように、陪審裁判では、裁判官が陪審法廷の前に、証拠に関する「証拠能力」

の有無を検討して陪審の事実認定に供するか否かを裁定し、陪審員は「証拠能力」のある証拠のみに基づいて、事実認定をするのですが、裁判官のみによる裁判では、この二つの役割を一人で行うことになります。この点でも、裁判官は汚染されることになります。

(9) 証拠能力のない証拠と陪審法廷における取り扱い

証拠能力のない証拠には、大きく言って二つがあります。一つは、違法に収集された証拠であり、もう一つは「伝聞証拠」と言われるものです。

違法に収集された証拠については前に述べましたので、ここでは、「伝聞証拠」のことについて述べます。「伝聞証拠」とは、間接に伝え聞いた証拠という意味です。裁判は、このような伝え聞いた証拠ではなく、直接に口頭で聞いて調べなければならないという原則があります。これを「直接主義」「口頭主義」「伝聞証拠の原則的排除」と言います。

改正案七一条に「証拠は、別段の規定がある場合を除くほか、公判廷において直接口頭で取り調べたものに限る。」と規定されています。停止陪審法の規定を一層厳格にしたのです。これは、伝聞証拠排除の原則を規定したものです。

刑事裁判の場合、捜査段階で警察官や検察官が被告人や証人を取り調べた調書などが「伝聞証拠」の典型です。陪審法廷ではこれらの証拠は排除されて審理されます。日本の現在の裁判では、検察官の捜査段階での調書が盛んに採用されて、不当な有罪認定の原因となっており、いろんな誤判事件で、捜査段階での被告人、証人の供述調書を信用するか公判での供述を信用するかが問題となっています。

先にも触れましたように、近年日本の、無罪率は一九八四（昭和五九）年から一九八七（昭和六二）年で〇・二％とか、〇・三％とかの驚くべき低率で、一九〇八（明治四一）年から一九二三（大正一二）年までの一六年間の最高六・九％（一九一六（大正五）年）、最低三・五％（一九一九（大正八）年）と比べるとその低さがよく判ります。

その原因の多くが、捜査段階での被疑者や証人の捜査官面前調書、特に検察官面前調書を裁判所が盛んに採用することにあります。検察官の面前調書が殆ど、裁判所によって採用されているので、この弊害が大きくなっています。しかし、陪審法廷では、この様な捜査段階での調書を認めることは証人の死亡等のほか殆どありません。直接・口頭の証拠調べが行われます。

改正案においては、現行の刑事訴訟法を一層厳格にして証拠に関する条文を作りました。

⑽　陪審判決に対する上訴

陪審の無罪評決による無罪判決に対して、検察官は控訴が出来ません。有罪評決に対しても、上訴はできません。有罪か無罪かの事実審理は、第一審限りであることが陪審制度の特徴です。

アメリカの陪審制度でも、証拠能力に関する取扱いを誤ったとか、陪審に対する裁判官の説示が適当でなかったといった、手続的理由による上訴しか認められないのです。例えば、有名なミランダ判決は、被告人に対する長時間の取調べの結果得られた供述調書を裁判所が採用したことを被告人が争って、連邦最高裁にまで上がって行った事件の判決です。

〔コラム〕　ミランダ判決

一九六六年に起こった強姦と誘拐に関する刑事事件で、被告人の名前がミランダと言います。警察官はミランダを二時間ほど調べて自白調書をとり、その自白の許容性が認められて彼は、第一審で有罪となるのですが、連邦最高裁で、破棄され、第一審に差し戻されました。そしてこの判決に基づいて有名な「ミランダ警告」というものができました。①あなたには黙秘する権利がある。②あなたが供述したことは何によらず、法廷において不利に取り扱われる場合がある。③あなたには弁護人の立会いを求める権利がある。④あなたに弁護人を頼む経済力がない場合、尋問に先立って弁護人が公費で選任される。これらのことを警察官が容疑者を逮捕する時に告知しなければ、取調べの結果得られた調書などの証拠に許容性がないとされるのです。

停止陪審法では、検察官も被告人も共に、つまり有罪でも無罪でも、一切控訴をすることができませんでした（一〇〇条）。戦前の陪審制度が、今一つ振るわなかった原因の一つと考えられます。

改正案では、「刑の量定についてはこの限りではない。」として例外を認めました（一〇一条）。従って、改正案では、控訴審で有罪・無罪を争うことはできませんが、刑が軽いとか重いとかに関する不服申立は出来ます。

また、改正案には上告理由として、「有罪判決に重大な事実の誤認を疑うべき顕著な理由がある場合」（一〇三条）を付け加えました。陪審制度としては異例の規定と言うべきかもしれませんが、陪審裁判にも誤判はあり得ますから誤った有罪判決に対する救済方法を設けました。

(11)　参審制度について

陪審制度と並んで市民が司法に直接参加するもう一つの制度が参審制で、職業裁判官と市民とが一つの合議体を組んで一緒に裁判を行う制度です。

例えば、ドイツでは軽い犯罪について職業裁判官一人に市民二人が参審員となり、重い犯罪については職業裁判官三人に市民二人が参審員として加わって、裁判にあたるという具合です。陪審制が英米法系の国々で行われているのに対して、参審制度は広くヨーロッパ大陸で行われています。一七八九年のフランス革命によって大陸に輸入された陪審制が、国家・官僚優位の風土の中で次第に参審制化したのです。ただ、オーストリアとデンマークは、重い犯罪について陪審制を残し、軽い犯罪についての参審制と併存させています。スウェーデンは一三世紀から独自の参審制をもっており、第一審だけでなく第二審にも参審制が採用されています。

参審制は刑事事件だけでなく、少年事件や行政事件・労働事件等でも採用されていますが、ここでは刑事事件について述べることにします。

陪審員のように市民なら誰でもよいというのではなく、一定の有識者（人格、能力、経験等において裁判に適応のできる人）が選出されますが、その際、政党や団体の推薦が大きな影響を与えるようです。任期制をとっており、たとえばドイツでは四年で再任は可能ですが、再々任はできないことになっています。もっとも、フランスでは、重い犯罪を扱う重罪院において、三名の職業裁判官と抽選で選ばれた九名の市民（陪審員と呼ばれる）とで裁判が行われるという独自の参審制であり、彼らはこれを陪審（jury）と呼んでいます。

職業裁判官と参審員は同等の権利義務を持つとされますが、職業裁判官が裁判長を務めて裁判を主宰し、まず被告人、次いで証人を職権的に尋問して行きます。裁判長は予め捜査記録を読んだ上で、これに基づいて訴訟を進めていくのです。審理は直接主義・口頭主義の原則に従って行われ、審理が終われば合議をして、犯罪事実の認定、法律の適用、刑の量定を多数決または三分の二の特別多数で決めます。

陪審制では裁判官と陪審員との役割が分離しており、裁判官は訴訟の進行役、陪審は事実を判断する役ですが、参審制では両者が一体となって裁判をし、参審員は法の適用、刑の量定にまで関与します。その大きな差異は簡単にいうと、以下の点です。

① 民主性において陪審制の方が参審制にまさります。なぜなら参審ではプロの裁判官が全体を主導することになりがちであり、その役割としてはむしろ裁判（官）に対する市民の監視機能が強調されています。

② 陪審では有罪無罪の事実認定（罪責決定）手続きと刑の量定の手続きとが明確に分離されていますが、参審では二つの段階が分かれていません。

③ 陪審裁判では当事者主義と伝聞法則の禁止などの厳格な証拠法則が支配するので厳密に事実認定手続きが行われますが、参審裁判では職権主義がとられ事実審理と量刑審理が分離していませんので、被告人の悪性格を示す情状証拠が犯罪事実の認定に影響するなど、事実の認定に厳密性が欠けることになります。

④ 現在の参審論者の想定する参審制度では、国民の間に現在の調停委員を上回る新たな特権的階層をつくり出すことになりかねないと思われます。事件毎に新たな参審員を選定するのではなく、ある期間にわたって参審員を務める人達を国民の中から選定するのですから、そうならざるを得ないと考えます。

⑿ 参審制論の弱点

参審制は市民が裁判の全体に関与し、職業裁判官（或いは専門の裁判官）と一緒に仕事をすることでありますが、その裁判事務の大半は法律の解釈、適用に関する専門的問題の処理であって、《事実の認定》（有罪・

無罪の決定）はその一部分に過ぎません。しかし、参審員は法律については素人であって、その大部分が法律の解釈、適用である裁判事務の全体について、専門家たる裁判官と並んで一日中一緒に仕事をすることになりますが、その仕事は裁判官のいいなりになるほかないでしょう。しかも朝から夕方まで続けられます。難解なかような法律問題の処理に終日つき合わされることはおそらく苦痛で退屈極まるものでありましょう。

これに対し、陪審裁判における陪審員の任務は自ら理解できる事実認定――専門家によってわかりやすく整理・評価された証拠が被告人に有罪であることが証明されているといえるかどうかを判断し、決定するだけです。そこには参審員でつき合わされるような厄介な問題はないのであります。

（執筆分担：(11)は下村幸雄、(12)は佐伯千仭、それ以外はすべて樺島正法）

第二部　シンポジウム「国民の司法参加——陪審制か、参審制か」

1　はじめに

一九九八年一〇月一日、大阪弁護士会は「国民の司法参加を考える連続集会」の第一夜に、上記のタイトルでシンポジウムを行った。司会の安富巌弁護士は挨拶の中で、一九二八年の一〇月一日は陪審法が施行された日で、それを記念して「法の日」となっており、これを機会に国民の司法参加を考える連続集会を開くことになった経緯を明らかにした。

以下、傍聴記録をもとに当日の模様の概略を記していきたい。

2　開会の挨拶

大阪弁護士会副会長・高村順久

現代社会においては、世界の政治・経済のグローバル化が非常に顕著となっているが、わが国の司法は五〇年前とほとんど変わっておらず、戦前から今日までキャリアシステムの裁判官によって行われており、一貫して国民が司法に積極的にかかわることがないという点で世界でも極めてまれな国の一つと言える。

国民の司法参加という点では、いわゆる法曹一元制度を採用するという道があり、これと同時に陪審・参審制度も検討されなければならないわけで、特に陪審制度は戦前に実施され、それなりの実績を上げていた。戦争のために停止されて現在に至っているが、刑事裁判において陪審制度を採用することは、わが国の司法を民主的に前進させる可能性を持っており、また国民の法意識にも大きな影響を与えることになると思う。

また、諸国で行われている参審制度も、国民が司法をより身近に感じる契機になり、キャリアシステムの弊害が現に露呈している今、もっと積極的に検討される必要がある。

先進国の中で、陪審・参審も、あるいは法曹一元も採用していない国は、日本と韓国だけではないかというふうに言われているが、社会が急速に国際化していく中で、いつまでもこのような制度を墨守していく必要はないと思う。

3　「参審制度」基調報告

東京大学名誉教授・平野龍一

一年ほど前から、参審研究会を作り、参審制を実現するにはどうしたらいいかということを考えており、一度大阪の弁護士の方々ともお話しする機会を頂きたいということをお願いしていたので、こういう形で対応して頂き大変恐縮している。

専ら職業裁判官だけで裁判をするという国は世界にほとんど例がないということで、裁判官・検察官のＯＢの方にお伺いしても、なにかやらないといけないと思ってはいるが、具体的に何をしたらいいかということについては意見が分かれ、日本弁護士連合会でも委員会を作って一〇年くらいになるが、まだはっきりした結論は出ていないという状態である。

ところが最近、刑事司法の改革については実現のステップを踏むようになり、少年法についても議論しており、被疑者国選弁護についても裁判所と弁護士会の協議会が始まっているから、次は、やはり参審・陪審の問題であり、来年一杯ぐらいで議論を詰めていく必要があるのではないかという気がする。

参審・陪審の問題は、公衆の司法参加という面もあるが、それと同時に日本の刑事手続の変革という意味もある。これまでの手続が、被疑者を長い間勾留して自白をさせ、自白調書あるいはその他の参考人の調書を公判廷に提出して裁判するというのが基本的なやり方で、これを精密司法と呼んでいるが、いい面もあるが裁判が長期化する面もある。調書を最小限にして、事件の核心だけを的確に判断するというふうに切り替えるために陪審・参審を採る必要があると思う。

陪審・参審のどちらがいいかという問題だが、もちろん陪審のほうが民主的な制度としては徹底しており、ロマンがある。それに対して参審というのは、何となく一般の人が裁判官に加えてもらうというような感じがあり、ロマンがない。しかし陪審というのは制度というよりも、イギリスやアメリカの文化の中でできてきたものである。

特に、アメリカでは絶対的な権力というのはないけれども、司法では最後は陪審が決めている。シンプソン事件のような民事事件で犯人だということが分かった事件でも、陪審が無罪だと言ったら仕方ない。逆にローゼンバーグ事件などのように、陪審が有罪と言ったらやはり有罪なんだと考えるほかない。

こういうものを日本に入れるということは難しい。弁護士会では、陪審制度でも、事実認定が間違っておれば控訴を認めないと具合が悪いというお考えのようだが、これは陪審に対する信仰みたいなものが崩れてしまうわけで、本来の陪審とは少し違うのではないかと思う。今の裁判と同じように、あくまで何が正しいのかということを追求しようという考えは、陪審にはそぐわないではないか。

参審はかなり多くの事件に関与していくことから、日本の刑事裁判全体を変えていく効果があるが、陪審裁判は特殊な事件のみに限定されるため、裁判全体を変えるという効果はあまりないと考え、参審員が裁判官と一緒になって裁判をする参審制度を広い範囲で用いることを考えた。

全体的に見ると、日本国民はあまり改革能力のない国民なのではないだろうか。改革するにしても、小規模なものでないと実現性がないように思われる。私はなんとか参審だけはやりたいと思って、一〇年計画でやっている。大阪弁護士会の方が陪審というのなら、二〇一〇年までに陪審ができなかったら弁護士を辞めるというくらいの覚悟で陪審を議論して頂かないと、いつまでも何もできないのではないか。だから、陪審ということでも結構だが、責任を取るつもりで議論してほしい。

4　「陪審制度」基調報告

大阪弁護士会・下村幸雄

私の話を三題噺的に題を付けるとすると、新憲法、新刑訴法、陪審制ということになる。陪審か参審かという問題について、我々が法律家としてまず考えなければならないのは、現に法律として残っている陪審法の存在である。制度的欠陥や時代的制約にもかかわらず、陪審はよくその機能を果たした。しかし、一九四三（昭和一八）年に陪審法を停止する法律が制定されてその施行が停止され、戦争終結時には再施行することとされていたのに、今日まで放置されてきたのである。陪審の評決に拘束力を持たせるなど、陪審法の欠陥を修正して陪審制を復活し、再導入することこそ我々の出発点でなければならない。アメリカ占領軍による戦後改革で、新憲法による人間の尊厳に立脚した民主的司法制度が目指されたけれども、陪審と法曹一元は司法官僚と保守勢力の抵抗によって実現しなかった。法曹一元とは、陪審と結び付いて英米系の国で発達してきた制度で、弁護士や検察官など当事者法曹を経験した者の中から、優れたものを裁判官にする制度である。日本の刑事裁判は有罪傾向の強い官僚裁判官だけによる裁判になってしまっている。我々はこの不十分に終わった戦後改革を徹底するという視点に立ちたいと思う。

適正な手続を重視し、当事者主義を採る新刑事訴訟法は、陪審を予定しており、陪審が実現されておれば、アメリカ映画で見るような生き生きとした証人尋問中心の事実審理が行われ、公判中心の刑事裁判になっていただろう。そして民衆の常識が裁判に反映され、民衆の法や裁判に対する理解と関心が深まっていたと思う。しかし、陪審がなかったために刑事裁判は、捜査官の作った自白調書や証人の検事調書などを中心にした調書裁判ということになってしまった。これらの捜査書類は原則として証拠能力がなく、証拠にできないけれども、裁判官は頓着なしに証拠に採用して、その内容を信用してしまう。

そして、裁判官はこれらの供述書類を法廷ではなく、自分の部屋で読んで有罪心証を固める。半当事者主義であり、半職権主義である。裁判官は訴訟を主宰するだけでなく有罪無罪の判断をしなければならないので、できるだけ捜査書類を見たい。証人尋問や被告人質問でも検察官を助けたい。刑の量定もするので、被告人の悪性格を示す情状証拠が提出されていれば、有罪・無罪の事実判断に悪い影響を与えることになる。誤判が生まれるのは当然である。陪審制になれば、訴訟の進行を主宰する役と有罪・無罪を判断する役が分離されるので、裁判官は犯人処罰の重圧から解放され、適正な判断で証拠を採用することになり、その証拠が信用できるかどうかは陪審員による適切な判断によることになる。また審理が事実審理つまり事実を認定する手続と、量刑審理つまり刑を量定する手続との二段階に分かれるから、陪審員が情状証拠で有罪の心証を採ることもない。

素人の参審員が裁判官と一緒に裁判をする参審制では、裁判のやり方は今と変わらない。証拠能力の判断はもちろん、証拠が信用できるかどうかの証明力の評価についても裁判官がリードしてしまうだろうし、情状証拠が事実判断に影響するだろう。フランス革命以後、イギリスの陪審制がヨーロッパ大陸へ輸入された。しかし、捜査記録を裁判所へ引き継ぐ職権主義、犯人必罰の実体的真実主義、更には官僚的裁判官制度というものと、陪審制はマッチしなかった。素人に有罪・無罪の判断を任せられないということで、素人の中に裁判官が入り込んでいく。そして素人の数を減らし、裁判長が捜査記録を読んで公判を主宰し、参審員と裁判官が一緒になって裁判をするという参審制が生まれたのである。参審制は、本質的に官僚主導の裁判制度であるのだ。

次に参審論者からの陪審批判論に答えたいと思う。まず素人は誤判をするという素人の判断力に対する疑問である。たかが素人裁判じゃないかというものだ。これは民衆不信であり、民衆蔑視である。しかし、民衆の常識と知恵からくる陪審員の新鮮な緊張感をばかにしてはいけないと思う。陪審は素人裁判ではなくて、「玄人」と「素人」が一緒に作る裁判である。だから、陪審制度の問題は陪審員にではなく、法曹にあるのである。

検察官が証拠を隠したり、弁護人が無能だったり、裁判官が証拠の採用や説示を間違ったりするから、陪審が判断を誤る。陪審には無罪傾向があり、このことは実証済みである。つまり陪審員は「疑わしきは被告人の利益に」という刑事訴訟の鉄則に忠実に、簡単に自白調書を信用しないから、自白調書への依存度が少なくなって、誤判が減少するということは確かである。

第二に、判決の事実認定に理由がついていないから誤判の救済が困難だと言われる。しかし、新刑事訴訟法は有罪判決に証拠の標目を要求するだけである。どの証拠で有罪にしたかぐらいのことは、陪審審理の過程から明らかである。陪審というものは、もちろんイエスかノーかであり、そこに陪審のよさがある。核心司法という言葉は陪審のほうへ頂きたいと思う。理由を付けないで無罪の評決のできることこそ陪審の最大の長所である。裁判官の有罪方向への説示に抵抗して、敢然と無罪の評決をするところに、陪審の真骨頂がある。冤罪事件の多くが、一審で早期に無罪が確定するということが重要だと思う。

誤判の救済は別の問題である。陪審員も誤判を犯すから、もちろんその救済は必要である。現にイギリスにおいては被告人に対して、陪審の有罪評決が誤っている、あるいは不満足であるという控訴理由を認めており、控訴審裁判官の心証によって誤った評決を破棄することができる。しかしこのような裁判官による誤判の救済が、陪審制の意義を失わせるとは考えられていない。他方ドイツでは、地裁の参審判決に対しては、法律問題についての上告しか認められていない。この問題は陪審の文化性というようなものではないのである。

第三に、陪審は信仰だから輸入できないという論議がある。これは平野先生の言葉として伝わっているところである。しかし陪審は制度であって、信仰ではない。仮に信仰であったとしても、信仰もまた輸入できることは仏教で証明済みである。そしてそのように言われるのであれば、参審も信仰、民主主義もまたしかり、ということにならないだろうか。先生は文化は移植できないというようにも言っておられるが、日本はいわゆる雑種文化の国で、外国文化を取り入れては消化してきた国であるから、御心配には及ばないと思う。ドイツやフランスが陪審の移植に失敗したと言われるが、フランスは陪審員九人、裁判官三人という独特の民主的な参審制を作ったし、オーストリアやデンマークは今でも、重罪については陪審制を維持している。

第四に平野先生は参審制への移行のほうが現実的だと言われる。しかし、参審制のほうが実現しやすいということで、このような重大な問題を決めるのは適当と思えないし、民衆の視点からはそうは言えないのではないか。参審制のほうが現実的なように見えるのは、使い勝手がいいということで、現在の裁判官と検察官に歓迎されるということと、特にドイツ法を勉強された刑事法学者の大陸法への郷愁と回帰ということではないか。

最後になったが、陪審か参審かというのは、民主主義と自由主義の問題である。民衆の自由を守り、民主的司法を実現するためには、陪審と法曹一元の両方が必要である。日弁連は九八年秋の司法シンポジウムで、法曹一元、つまり判事補制度の廃止を打ち出そうとしている。経団連や自民党もこれに好意的であり、時代は変わってきている。刑事陪審制の実現こそが次の課題だと思う。参審制は一見、民主的な制度のように見えるが、参審員はお飾りにすぎず、ほんの端役である。参審員は人数と選び方に大変難しい問題があり、日本で裁判官の言いなりにならない参審を作るのは、難しいことだと私は思う。参審になれば法曹一元も要らないということになるし、刑事訴訟法の改悪や運用の後退も懸念される。

しかし、陪審になれば刑事訴訟法はより当事者主義的に運用され、検察官の手持ち証拠の全面開示の方向への改善などの進展が期待される。法曹一元が実現すれば一層そうなることが予測されるのであって、陪審か参審かという問題の提起の仕方は間違っているのである。

この問題の今日的な解決は、陪審の復活・再導入以外にはない。これが終着点である。このことについて、最後に佐伯千仭先生の論文を引用して終わることにしたい。

「陪審か参審か」という問題の建て方は間違っている。この問題の重点は、「わが国にも既に戦前から実定法として存在している『陪審法』が、先年の戦争末期にその施行を停止されたまま今日まで放置されているのを復活させ再施行することにあるのであって、いまさら新しく陪審制を導入することではないのである。ましていわんや陪審制の代わりに参審制をとり入れることなど実は問題とする余地がない——そのためにはまず陪審法を廃止せねばならぬ

――と考えるからである。陪審問題の今日的課題は、厳存しながら、戦後不当に施行停止のまま放置されてきた陪審法に戦後大きく変わったわが国の裁判制度や刑事訴訟法と調和するような修正を加えたうえで、それを現在のわが国の司法制度、刑事裁判の組織の中になだらかに再導入するように努力することでなければならない。」（佐伯『陪審裁判の復活』二〇一頁）

5　「陪審制度」基調報告へのコメント

平野龍一名誉教授

改革ができないから、戦前の陪審法を復活せよという。復活というと抵抗が少ないというところをねらって、「復活するに過ぎないんだ」とおっしゃるのだと思うが、大正陪審法は天皇制陪審であって、裁判は天皇の名においてこれを行うという制度下でできたものである。従って陪審員は、基本的に意見を言うだけで、採用するかどうかは裁判官の自由だという考え方である。だから戦前の制度を復活するというのは、天皇制の復活につながると思う。

もし陪審制度を採用するにしても、憲法の下でどうあるべきかということで考えるべきではないか。現行憲法でも裁判を受ける権利は奪われないと規定されており、裁判所は裁判官で構成し、裁判官の任期は一〇年ということになっているわけだから、恐らく陪審も参審も憲法違反だということになるだろうと思う。

だからまず憲法を改正して、陪審・参審を認めることにすべきであって、戦前の復活というようなことは考えるべきではない。

6　質疑応答

(1)　憲法と陪審法の歴史的経緯

繁田實造・龍谷大学教授

平野先生は、陪審制を採用するには先に憲法改正を考えないといけないということをおっしゃったわけだか、裁判所法の三条三項では、陪審裁判というものを認めている。この規定は憲法を無視して書かれた規定なのか、お聞きしたい。

平野

現在の憲法の下でやれば、かつての陪審法のように陪審は意見を述べるだけあって、それを採用するかどうかは裁判官の自由であるという陪審はできるというのが裁判所法の言っているところであって、本当に陪審員の意見が通るという制度を作るためには憲法を改正しなくてはいけない。

繁田

普通、陪審というのは、大正陪審法下での制度のような日本的なものを言わないのではないか。一般に我々が常識で陪審というときは、やっぱり英米で行われている常識的なものを頭において言っていると思う。裁判所法は、特殊な陪審ということを言っているのか、あえて規定を設けたということからみると、先生のお考えには疑問が残る。

佐伯千仭・立命館大学名誉教授・弁護士

日本の陪審法は廃止されたのではない。戦争末期の一九四三（昭和一八）年四月一日の「陪審法ノ停止ニ関スル法律」で、陪審法は戦時中に限って「其ノ施行ヲ停止ス」るが、「大東亜戦争終了後再施行スルモノトシ其ノ期日ハ各条ニ付勅令ヲ以テ之ヲ定ム」とはっきり定められているのだから、戦争終了後の政府は、当然その再施行を開始する義務があったのだが、戦後の歴代内閣はどれもそれを実行しないで来た。そのまま戦後五〇年も経過してしまい、国民のなかには、日本にもかつて陪審裁判が行われていたということを知らぬ人さえ少なくないようになってしまった。

次に、陪審法が憲法違反かどうか、そのことは大正陪審法が制定された際にも当時の明治憲法の下で問題になった。しかし、それが斥けられて陪審裁判が実現したのである。しかも現行憲法の下では、先程、繁田教授が指摘されたように、その憲法と相呼応して制定された裁判所法の三条三項に、はっきりと「刑事について、別に法律で陪審の制度を設けることを妨げない」という明文がおかれている。しかし、実は既に大正陪審法が存在し、再施行の日を待っているのだという事実を考え併せると、陪審制度が憲法違反などというような議論の出て来る余地はないように思われる。

そこで私は、平野先生を含めて、陪審制の復活に反対し、参審制を主張しておられる方々に、戦争終了後は陪審制度を復活するという約束だったのが、敗戦後既に五〇年以上経過するのに、それを復活しないでほったらかしにしている事実をどう説明なさるのかをお尋ねしたい。

平野

なぜ復活しなかったのかというと、復活する必要がなかったから五〇年が過ぎたのである。今になって復活しろというのは三百代言ではないだろうか。

佐伯

三百代言という言葉は、平野先生にお返ししよう。「陪審法ノ停止ニ関スル法律」は大東亜戦争中は陪審裁判を停止するが、その戦争が終了した後には、また再開するということを国民に約束すると共に、政府にはその義務を課した法律である。戦後の政府に復活するかどうかの決定を委ねた法律ではない。

もし、戦後の政府が復活するかどうかを自らが決定したいのなら、まずこの「陪審法ノ停止ニ関スル法律」を廃止してかかるのが筋道だろう。しかし、戦後のどの内閣もそんなことはしていない。戦後の各政府はむしろ、この法律の存在を肯定し前提とした上で、例えばその法律の「大東亜戦争終了後施行スルモノトシ……」という附則三項の規定中に「大東亜戦争」という戦時中の用語が用いられたことについて、占領軍の「太平洋戦争」という用語に遠慮したのか、終戦の翌年一九四六年の三月二三日に勅令一六一号で、わざわざ「大東亜戦争」を「今次ノ戦争ト改ム」と規定したりしている。

このように戦後の日本政府も「陪審法」及びそれに連なる「陪審法ノ停止ニ関スル法律」に拘束されているのであって、御説のように、「復活する必要を認めなかったからほうっておいたのだ」というような説明で片づく問題ではない。

平野　戦後五〇年間、私どもは陪審制を復活する必要はないと考えてきたのだ。そうでなければ、なぜ復活しなかったのだろうか。五〇年間の我々の考えは重いということを十分尊重すべきであって、ただ文字の上で停止だから復活しろというのは三百代言と言わざるを得ない。

佐伯　三百代言はあなたのほうだ。あなたは、復活の必要を感じなかったと言われるけれども、それはあなた方だけだ。国会では、敗戦直後から陪審法を改正して復活せよという意見が強く主張されていた。国会だけではなくて、枢密院でもそういう意見が強かった。しかも、これに対して政府は明確な答えをしないで来たのだから、「必要がなかった」というような答弁では済まない。あなたのような意見は、まずこの「陪審法ノ停止ニ関スル法律」を廃止した後に述べられるべきである。

井上洋子弁護士　下村先生は、「陪審の無罪傾向は日本でも実証済みである、陪審員は簡単に自白調書を信用しない」と言われたが、この結論に至った理由あるいは実態というものを簡単に説明して頂きたい。

下村

大正陪審法下での無罪率は一七〜八％と言われている。陪審にかかるのは放火事件が多かったが、放火事件の証拠は自白調書が中心である。それを無罪にしている所からも推定できると思う。

丸田隆・関西学院大学教授

日本のデータで言えば、刑事事件において、放火罪や殺人罪の事件でも陪審裁判では明らかに無罪率が高いという傾向は出ている。陪審員は簡単に自白調書を信用しないというのは、天皇制憲法下の旧刑事訴訟法でも証人調べというものをやっていくから、弁護側が調書の矛盾を突けば、それが陪審員に伝わる。捜査官を法廷に呼び出すことによって、結局は自白調書の再点検が行われる。そういう意味で、陪審員は調書を信用しないということがあると思う。

ところで、平野先生に質問したい。先生の御説明は非常によく分かったが、私はほとんど納得はしていない。まず文化論の議論というのは、ちょっと待って欲しい。つまり陪審についてそれを文化である、信仰であるというのは、その人の思いこみである。自分の生きてきた経験に基づいておっしゃっていると思うが、例をあげれば、現にロシアで陪審制度が行われている、スペインで始まろうとしている。そういうことを考えたときに、文化だから難しいというふうに言うのはどうかと思う。日本に合うような形にすれば良く、日本人はそれが得意である、これが文化論に対する反論である。

平野先生のレジュメの中に「いずれにせよ、事実問題として、我が国で陪審が採用される可能性はほとんどゼロである」という確信に満ちたコメントを述べられているが、これはどういう情報なり考えでおっしゃっているのか教えて頂きたい。

平野

陪審がアメリカの法文化の産物であるということは、もう少し詳しく言わなくてはいけないかもしれないが、例えばアメリカの法廷で弁護士は非常に闘争的である。陪審の審理で勝つか負けるかということで決まるから、闘争心というものが培われた。また実体法についても陪審が判断しやすいような法律になっている。

東京の三弁護士会で、市民の陪審を三組と弁護士の陪審を一組作って模擬陪審の実験を行ったが、未必の故意があるか、傷害致死であるか、正当防衛であるか、過剰防衛であるかということについて意見が分かれ、陪審は全員一致だから四組とも判断不可能になった。だから日本で陪審を採用するなら、刑法を全面的に改正して陪審が判断できるような刑法にすべきである。

また、例えばオウム事件を陪審でやるとすると、一〇〇日、二〇〇日と連続して開廷されるということになり、日本の弁護士が刑事裁判をそんなに毎日やっていられるだろうか。長くとも一〇日続けてやることは現在の弁護士の業務形態からは難しいのではないかと思う。

それから証拠の点についても、やはりアメリカでは弁護士が非常に有力であって、証拠開示と言ってもごくわずかしか行われていないが、弁護士が参考人に会って反論する。ところが日本では弁護士の方は警察官・検察官の調書を見て、それを少しでも薄墨色にすることをやっておられるわけで、もし陪審制になった場合、検察官に完全に圧倒されてしまって弁護士が防御できなくなってしまう可能性のほうが大きいのではないかなど、いろんなことが考えられる。

そういう点を考えて、私としては陪審というのは絶対に実現しないと言っていいだろうと思う。陪審制を求めることは民主的であるように聞こえるが、それは一種の遊び、マスタベーションにすぎない。

樺島正法弁護士

平野先生は報告のレジュメの中で、「事実問題として我が国に陪審制が採用される可能性はほとんどゼロだと言ってよい」と言われており、今も絶対に実現しないとおっしゃったが、「我々は今まで、復活する必要はないということでやってきた」というときの「我々」とは、先生を含めどういう方々か。つまり、内閣で陪審制度を復活しないと決めたわけでもないし、一体、国のどこの機関のことだろうか。復活するかしないかという議論はなされたのか。司法省の官僚たちが、復活する必要はないということを、どこかで決めたのではないのか。

なぜあなたが、復活する可能性が少ないとか絶対にしないとか、決めつけているのか、その理由を聞きたい。単なる予測を言っているとは思えない。陪審制度は復活しないと断言しているように聞こえる。その辺りちょっと突っ込んで伺いたい。

平野

第一の点は、国会が復活させなかった。国会が復活する必要がないと考えてきたからだと解釈せざるを得ないのではないか。第二の点は、私の個人的な考えもあるが、いろんな人の意見を聞いて、陪審制度が採用されることはほとんどないと思う。あるとすれば、一〇年あるいは二〇年という先の話だということだ。

(2) 検察審査会と日本人の国民性

豊川義明弁護士

陪審問題は弁護士の運動を見ていても、随分がんばって陪審制復活という形で活動している方々がおられるが、残念ながらいまだ弁護士会全体の運動にはなっていない。そういう状況を踏まえ、日本に陪審制度を実現するということが近道なのか、それとも、下村先生は厳しく批判されたわけだが、司法の民主化という点で参審に向けて一歩前進させるべきではないかという判断の問題だろうと考える。

確かに、日本の弁護士の証拠収集能力の問題があることは間違いないと思う。しかしながら我々も努力をしてきている し、現に仮処分など、一定の事案の中ではかなり集中して審理をするという方向になっている所もあるから、集中的な形で審理を行うという方向性も十分可能ではないかと思う。

もう一つは検察審査会制度についてであるが、市民が、捜査側が不起訴に達した件について検察審査会において問題があると判断する場合がある。戦後五〇年で、市民的な力量も変わってきているのではないかと思っているが、平野先生はこの点をどう考えておられるのか。

平野

いわゆる傾斜的公平の理論ということを言われている方があるが、現在では裁判官がある程度、弁護側の援助をしている。それを全然なしにして専ら検察官と弁護士が向き合った場合、「武器対等」と言っても弁護人が強力な捜査権力に対して闘うことはかなり困難であると思う。傾斜的公平の理論と、裁判所が弁護人をある程度カバーしてくれるという制度が残らないといけないのではないか。裁判所が職権で証拠調べを行うか、全く禁止すべきかということを議論していく上で、今おっしゃったことは大変重要なことだと思う。

検察審査会については私も何回か参考人として出て、実によくやっておられると思うが、本来、検察審査会は不起訴相当、不起訴不当ということを判断すべきであるにもかかわらず、現在は不起訴不相当ということしか言えない。結局起訴しろとは言わない。だから陪審でも無罪不相当とは言っても、有罪ということは言えないのではないか。日本人というのは決断力のない国民性なのではないかという気がする。

佐伯

日本の国民はそれほど愚かではない。検察審査会でも、不起訴不相当として起訴を求めることもあるし、それが間違うこともある。しかし、検察審査会の市民を見ていても、日本の国民は非常に民主的に前進していると思う。

熊野勝之弁護士

平野先生が日本人は決断力がない人間だとおっしゃられたが、私もある意味ではそうだと思っている。一番決断力がないのが、残念ながら現状では職業裁判官ではないかと思っている。だから、絶対に無罪になるような事件でも罰金刑にして、なお執行猶予を付けるとか、そういうことはしょっちゅう行われ、刑事弁護を担当した者はだれでも経験していると思う。

法曹一元になっても、どんな場合にもこの問題は常に付きまとってくる。結局、どんな人が陪審員であれ裁判官であれ、判断するについては、憲法七六条で言われているところの、良心に従って独立して職権を行使するという「独立」がどれだけ保たれるかに帰着するのではないかという気がしている。

事実をどう認識するか、それに基づいてどう判決を出すかという場合、陪審員なり参審員なり裁判官なりが、彼らを管理する機構からどれだけ独立できるかという問題があると思う。例えば五〇年かかって日本の裁判所が作り上げてきた——たとえば任官から二一年たてば給料の差が年間で一〇〇〇万、退職までの間に最低一億円は差がつくというような機構を作り上げてきた——所で、裁判官が自由・独立に良心を行使するということは非常に困難になっている。こういう司法制度を抜きにして、参審と陪審のどちらがいいかということは論じられないと思う。

法曹一元になったからと言って、そんなに簡単にいいほうに行くとは考えていないが、司法制度の根幹とセットで考えなければいけない。つまり陪審で一回限りに選ばれて、昇進も給料も何も関係ない所で判断するという制度の方がはるかにベターではないか。参審で継続的に任じられて、職業裁判官が真ん中にいるというのは、ほとんど市民としての独立がないのである。

刑事裁判というのは、無罪の人を有罪にしないというのが最終的な目的だと思うが、そのためには陪審の認識力・決断力と、職業裁判官や参審の裁判官の認識力・決断力とどっちがいいかということで比較しないといけない。そのへんが平野先生のお話しからは聞きとれなかった。

下村

平野先生のおっしゃった検察審査会の不起訴不相当という結論は、審査会に決断力がないということではなくて、捜査が不十分なために起訴相当というふうに結論できないことに起因している。だから、もう少し捜査をして起訴か不起訴かを考えるという、むしろ知恵のあるやり方ではないか。決断力とは全く関係ないと思う。

平野

検察審査会でも証拠を集められる。現在の証拠で起訴すべきか、不起訴とすべきか判断することを法律が規定しているわけで、もう少し捜査しろという規定はどこにもなく、法律違反である。

下村

法律違反をしているわけではなく、法律の精神に非常に忠実なのだと思う。そういう慣行を作ったからと言って、それが検察審査会法に違反するということは決してない。裁判所は幾らでも法律に規定のないことをやっている。

審査会に決断力がないということは考えたことがない。検察審査会の不起訴不相当の慣行を陪審制度に対しても類推して、陪審も無罪不相当というような評決をするのではないかと言われたが、そんなことはあり得ないことだ。

平野

先程もいったが、東京三弁護士会の模擬陪審がそうだった。四組に答申をしてもらったら、結局無罪も困るけれども、なぜ有罪にしていいかも分からないということで、有罪という答申も出てこなかった。

下村

模擬陪審だから時間の制限もあるし、その時の結果を分析して、個々の陪審員がどういう考えを持っていたかなどの報告をすることが模擬陪審の目的であって、実際の陪審で結論が出ないということはあり得ない。

陪審では有罪か無罪かしかないのであって、その中間のものがあるわけがない。

平野

有罪ということがなかなか答申できないので、無罪は困るけども、どちらにするかということで無罪にする。

下村

それはそれで、いいのではないか。

平野
四組が全部答申できないということだから、刑事事件については、ほとんど有罪にできないという可能性さえある。

下村
それは、全員一致制の場合のことをおっしゃっているのだと思うが、その場合でも、誇張にすぎると思う。今の停止陪審法は過半数主義だから、そういう事態は生じないと思う。

平野
私は過半数制はひどいと思う。一二人のうちの七人が有罪を支持すれば、五人の人が無罪と言っても有罪になるというのは陪審の精神に反する。少なくとも三分の二なり、あるいは全員一致ということは陪審制を採用している大部分の国で行われているルールであって、陪審の言うことは間違いないということで考えないといけない。そのためには全員一致が必要だと思う。

(3) 司法改革と陪審・参審

丸田
平野先生が確信に満ちて、なぜ参審でなければならないかということをおっしゃっているのを聞いていたが、恐らくご本人の中に何らかの形づくられたものがあって、陪審は文化であるといわれるのだと思う。しかし、それは先生の個人的な考えであって、陪審は制度であるから、いい制度を導入すればいいのである。いい制度とは何かという議論をすべきであって、文化的に駄目だというのは、一市民の声としても、それは違うと言いたい。

「日本人というのは改革できない国民である、決断できない人間である」と先生が言うときの「日本人」とはだれなのか。先生の親類か友人か、一体だれのことを言っているのか。先生御自身のことではないのか。

日本人は改革ができると思う。変わって来ていると思う。だけど、政府は変われるチャンスをくれなかった。だから今、陪審制度が問題になっている。五〇年間、何もしてこなかったというけれども、今の制度が破綻して来ているから、何かをしなくてはいけない。五〇年ずっと何も変わらなかったから、一〇〇年ずっとこれでいいんだということではない。五〇年後以降に、どういうふうにしていくかという問題に直面しているから、参審がいいのか陪審がいいのかを論議しているのだ。

だけど平野先生の主張は、参審がよくて陪審が駄目だと言い切ってしまう中で、実は日本人自身を信じられないとおっしゃっているのだ。そうすると、先生が前提とされている参審制度も、裁判官と一緒に座る日本人は駄目だということにならないのか。唯一「賢く正しい」官僚だけが日本を動かすことができるだけで、ほかの人間は駄目だということになって、参審論自体が論理矛盾をおこしている。

平野

今日、少年審判の改革がやっとあそこまで到達した。それから被疑者国選弁護の改革は一〇年たってやっと、法曹三者協議が始まった。改革のために努力なさった経験があれば、いかに改革というものが困難であるか理解されるはずだ。自分が何もしてない人に限って簡単に改革ができるようにお思いになるが、私はこの一〇年間、一生懸命に刑事司法の改革に努力してきて、それがいかに抵抗の強いものかということを身をもって経験したわけである。この経験の中で、陪審ができるというのは夢であって、到底実現できないというのが実感である。

もし陪審ができるという方があればやってごらんなさい。一〇年なり二〇年なりで、できたかできなかったかを自分で反省してごらんなさい。それだけの覚悟がなければ、調子のいいことは言わないで頂きたい。

桐山剛弁護士

私も、一九九〇年に日弁連が司法シンポで陪審・参審という問題を取り上げて以来活動しているが、どちらかが「分かった、一本化しよう」ということにはならない論点だ。陪審や参審に興味関心を持っている人が議論を深めることはもちろん大事だが、論議を広げていかないと実現に接近しない。

そこで陪審賛成論者と参審賛成論者がお互いに認めあってはどうか。そのことが議論と運動を発展させる方向ではないかと思う。法律問題にとどまっている限りは、どちらも絶対に実現しない。政治問題化させて、日弁連や司法改革を唱えている我々の案が国会で多数を占めるという力関係を作らない限り、実現できない。

最後は多数決でどちらかにするということでいいのか、という問題だと思うが、九七年にデンマークで陪審制度と参審制度を併用している国が実際にあるということを見てきたので、日本流の併用というのも十分考えられると思う。

併用すると両方の議論ができるし、併用で良かったのかどうかという議論も可能なので、政党との連携ということを含めて、陪審論・参審論の両方が手を組んで活動していく必要があるのではないか。

平野

あれもこれもという考え方は良くない。どちらかに決断すべきであって、参審だと決断して頂きたい。それでなければ絶対に実現できない。陪審、陪審と言っていれば楽しくていいならそれで結構だが、本当に改革したいのであれば今、参審と決めるほかはない。

森野俊彦判事

現職の裁判官として、陪審がいいか参審がいいか、運動論を述べるのは適当でないかもしれないが、折角の機会なので、少し踏み込んで意見を述べたい。家庭裁判所で調停実務に携わっている経験などに照らすと、裁判官は、仕事に熱心になるのはいいが、いったん自分の意見が正しいと思ってしまうと、なかなかこれを変えようとしないものである。参審制になった場合、一人の職業裁判官、二人の参審員という構成を想定しても、どうしても職業裁判官の影響は強くなり、裁判官が反対意見の参審員を説得するという傾向になりがちである。もっぱら裁判官だけで裁判を行う現状からみると、市民が参加する参審を導入することは（裁判官に比して参審員の数が多ければ多いほど）、改善にはなるであろうが、民主主義の本来の姿としては、やはり陪審が一番望ましいのではなかろうか。

実現の可能性を問題にして、是非を論ずることが相当でないとはいわないが、東京三弁護士会の参審制度要綱を読んでみると、基本的に全部の事件を参審にし、被告人はこれを辞退できないとしており、その手当を考えると、陪審と参審とで実現の困難さに決定的な差があるとは思われない。そうすると、参審の方がやりやすく陪審は駄目とはいちがいに言えないのではないか。

たとえば、我々は東西ドイツの分断された状況を当たり前と考え、誰も、一日で、「ベルリンの壁」が崩れるとは思ってもみなかった。その壁が崩れて、今は変革の時代となっているわけで、このように裁判所のある制度を変革すべきものとみて問い直す場合には、論理的に、どちらが民主主義に根ざしたものか、かつ、国民にとってどちらが望ましいものか（国民はどちらを望んでいるか）の視点が最重要だと考える。

一〇年間で実現しなければ責任をとれというのは、いささか極端で、建設的な議論にはならないのではないか。

田中惟允

既に、世の中は変わってきていると思う。私は五五歳の市民だが、私以下の年齢層は戦後教育を受けて社会人になっている。しかし私達は一市民の立場では、今の日本の裁判制度については実際、何がなんだか全然分かってないというのが現実の姿ではないか。全てが専門家によって運営され、結論が出されて、裁判官がどういう考えを持っていて、日常どういうことをやっているのかということすら分からない。だから参審制になると「我々は専門家だから、これはこうなんだ。この制度の中ではこう考えるのが妥当なんだ」というふうに言われたら、一般の市民は「そうですか、なるほどおっしゃるとおり」ということで全てが処理されてしまうだろうという感じがして仕方がない。

陪審制度であれば、いろいろ段階があるかとは思うが、少なくとも市民の立場で事実認定の議論がなされた上で結論が出されることになると思う。そういう意味では、やはり陪審制を実施したほうが、国民の中で法律というものがどのように規定されており、どう守るべきで、社会の中でどう生かされるのか、大きく言えば自分たちがどう生きるべきなのかというようなことも含めて考える機会になる。陪審制度は、戦後の民主主義教育を受けた成果を具現化できる制度ではないかと思う。

だから、私としては陪審制で決めて頂きたいという希望を持っているが、平野先生のお話を聞いていると、「私たちは専門家で高潔なんだから、私達が正しいのだから、参審制がいい。職業裁判官の下で裁判するのがいいのであって今の法律制度を変えるのは難しい」というような結論になるのではないか。先生の考えをお聞かせ頂きたい。

平野

それは全く観念論だと思う。現実をご存じない。

田中

だけど、普通の市民の人はそう思っているのではないか。

平野

観念論にすぎない。

佐田季男

今日は参審か陪審かいうことで、東京大学の名誉教授から極めて論理的な納得の行くお話が頂けると思っていたら、こんな感情論というか、主観的な説得力のないお話は初めて聞いた。

私は、色川幸太郎先生から日本の法制度の発達についての本を頂いて、陪審法があったが国家総動員体制のために人手もなくなり交通も不便になるなど、いろんな事情で停止状態になっていたことを勉強した。それで戦後は当然復活するものと思っていたら、今ごろになって参審か陪審かという議論になっているのはおかしいと思っていた。

下村先生の報告の最後のところで佐伯先生の結論がでてきて、私の勉強したことは正しかったのだと今更のように確信を持った。

(4)　陪審論と参審論

松本健男弁護士

九七年の春アメリカに行って陪審法廷に入った時に感じたことは、日本の法廷と全く違い民主主義というか民衆の息吹があったということだ。例えば裁判官は真ん中に座っているが、陪審員が入ってくる時には裁判官も起立し、陪審員が座ってから訴訟の指揮を執る。民衆が法廷の主宰者であるということを強く感じた。

陪審の必要性との関連で言えば、私の担当している狭山事件では証拠としての脅迫状の問題がある。被告の石川氏は学歴が低く、ちゃんとした文章が書けるはずがないにも拘わらず、脅迫状にはきちんとした漢字も書いてある。それを最高裁も含めて職業裁判官は、被告の書いたものだと認定しているのはとんでもない事実誤認だと思う。

職業裁判官には分からなくても、民衆である陪審員は、誰が考えても石川氏が書けるはずがないということを直感的に理解できる。このような現実から考えても、陪審制度というのは非常に大事ではないか思う。平野先生は、民衆のレベルは高くなっていないと思っていらっしゃるが、私はそんなことはないと思う。平野先生の考え方は、日本の民衆を非常にばかにしている。

石渡照代速記官

このところ裁判所では外国人事件が増えており、以前、ある裁判では入廷してきた被告のナイジェリア人から、陪審員はどこかと聞かれる場面があった。

陪審裁判や速記制度を勉強するためにアメリカに三回行って、いろいろ見てきたが、先ほどからのお話を聞いていても、陪審制というのは世界の流れだと感じる。世界の人たちが日本にきて裁判を受ける機会も非常に増えているし、国会に法律案を上程するというような具体的な運動をしていく時期ではないかと思う。

太田由美子書記官

裁判所に対する批判というものが非常に強いと思う。裁判官がどうして閉鎖的になっていくのかということを考えることが非常に重要で、それに対するアンチテーゼとして陪審・参審を取り上げるべきだろうと思う。裁判官は非常に閉ざされた世界にいて、各種のアンケートからも窺われるように、権威的で意見を聞かない、社会常識がないというイメージを与えている。確かに、個々人は良心的な裁判官が多いが、制度として閉塞状態になってしまっている。この状況に対するアンチテーゼとしては、陪審制のほうがいいのではないかと思う。

井上

弁護士の中で参審制に賛成していらっしゃる方に、参審制の積極的なメリットを教えて頂けないか。

桐山

参審論者ではないが、この問題をどう実現するのか、我々の力がどれぐらいあるのかということを考えると、こんな議論をいつまでもしていてはいけないという観点から、陪審・参審併用論の考えをもっている。

先程も言ったが、併用されているデンマークに行ったとき、「陪審と参審の両方をやっているが、どちらがいいと思うか」と質問をすると、刑事事件専門の女性弁護士は、「二人の子供のうち、どちらを取るかというのと同種の質問だ。両方とも大事だ」という答えだった。もう一人の刑事事件専門の弁護士からも「やはり陪審制が刑事裁判のバックボーンになっており、両方維持すべきだ」という答えが返ってきた。

陪審制は陪審員を集めなくてはいけないので人数も多く必要で、全ての事件を陪審制で行うのは負担が多過ぎるから参審制を併用しているという説明であった。確かに、実現しやすい、手軽であるという面から見ると参審制にもメリットはあるので、陪審制が背骨になっていれば、その下での参審制も生きてくるのではないかと思う。

石松竹雄弁護士

現在の刑事訴訟法というのは、公判中心主義といい伝聞法則といい、大変優れた法律だと思っている。しかし施行当時はまだ良かったが、だんだん悪くなって行って、今では徹底的に悪くされている。刑事裁判に関与するものが、直接主義・公判中心主義というものを駄目にしてしまっているという事態の下で、いったい陪審制度を実現する力があるだろうかというのが私の疑問である。

裁判官の時も弁護士になってからも、日に日に悪くなっている刑事裁判の現状を放置しておいて、現在の法律もよく使えなくて逃げてるんじゃないか、はっきりいえば陪審制に何か救いを求めているのではないかというのが、私の反省でもあるが、そういう気持ちを持っている。現行刑事訴訟法さえ正しく運用することができないような状況の下では、陪審制を復活し、うまく運用させることは望むべくもないという気持ちが一方にある。

陪審制はもともと、王の裁判所と人民との権力闘争の中で生まれたもので、権力と人民との緊張関係がないときにはなかなか実現できないものだという認識を持っている。

そういう点から見た場合、日本の裁判官は非常に権力的であるように映るが、実は非常に弱い面があって、裁判官が個人として確立されておらず、まさに大勢に順応している。私自身も反省しているが、決して強いものではなかったと思う。今の裁判所は体制側に対しても弱いが、マスコミに代表される世論に対しても非常に弱く、要するに時流に乗っていて、そのために比較的に国民との間に矛盾を起こさないという面がある。現実に裁判を経験した一部の方は強い裁判批判を持っていらっしゃるが、たとえば私が裁判官をしているときと弁護士になってからの評価を比較すると、世間では弁護士のほうが評価が低い。それが現状だと思う。

理念としては陪審制度のほうがよいと思っていたが、実現しやすい方向ということで、当面参審制を採用することに賛成だということを、七~八年前に書いた。参審制の利点として挙げた細かい点を今ここで改めて申し上げることはしないが、一つだけ指摘しておくと、先ほど言ったように裁判官というのは決して強い存在ではないから、特に職業裁判官の数より素人裁判官のほうが多い場合、素人に分かる言葉によって素人を説得するということは、やはり大変な仕事だと思う。

参審員が入るだけで裁判所の中に大きな新風を持ち込むものだと考えていたが、最近になって陪審の運動というものがかなり進んできて、その情勢の中で見ていると、いずれ市民の司法参加という方向で立法が動かざるを得ない時代になるかもしれないという感想を持っている。

しかし、その時には日本では必ず法務当局が立法をリードして参審制度ができると思うし、その場合の参審制度は骨抜きの制度になる危険性が非常に高いという気がしている。それでは今の時点で、私自身が運動としてどうするのかと言われると、いいかげんな参審制を作られると困るので陪審制を貫いて、平野先生が言われるように一〇年ではできないかもしれないが、陪審制一本にしぼって運動を進めたほうがいいのではないかと思っている。

それほどはっきり陪審制度に踏みだしたわけではないが、一応将来に向けては陪審制度を視野において論文も書いており、その背景には大まかな運動に対する考え方の変化もあると思う。

平場安治・京都大学名誉教授

官僚司法をどこかでぶち破らないといけない。平野氏は参審は実現性という点で望ましい、陪審は問題にならないというお考えのようであるが、私もたとえば少年事件については、陪審よりはむしろ参審のほうがいいと思う。

しかし、私の少ない法廷経験から見ても、職業裁判官が支配したのでは随分落ちこぼしがあると思う。正しい裁判はしているが、果たして弁護士の言うことを、どこまでまじめに聞いているのかという感じがする。

私は、あまり確信的な陪審制度論者ではないが、一般の刑事事件については陪審制のほうに与みしている。

豊川

平野先生が文化の問題を指摘されて、「文化は移し変えられない。ドイツやフランスが陪審の移植に失敗したのはよい例だ」と言われるのが私にもよく分かるのは、日本の裁判は戦前も今も、やはり「お上」によって与えられた裁判であるということだ。

国民から見て、だれに裁かれるのかという問題を見た場合、刑事で有罪か無罪かという判断をされるときには、官僚よりも「隣の人」に判断してもらうほうがいいんだと、国民自身が判断・決断することが必要だ。

平野先生の御意見は変わらないと思うが、法曹一元についてのアンケーを行ったときの結果を紹介しておくと、裁判の当事者や法廷傍聴運動の傍聴者も含めて市民の六～七割は、社会経験や常識のある弁護士のほうがキャリアの裁判官よりもましだと言っている。弁護士がそんなに評価されているとは思わないが、少なくともキャリアの裁判官がいいと考えた人は、五％程度しかいなかった。これを見た時、市民の中に今のキャリア裁判官では駄目だという意識が確実に広がっているのではないかと思った。

陪審はラジカルな制度であるから一挙に実現まではどうかと思うが、しかし目指すならば陪審を目指し、民事は参審で行くということで大同団結できないかと思う。

東京の平野先生の周りには強固に陪審はノーだという方が多くて難しいと思うが、陪審問題について、もう一歩御検討願えないかと思っている。

樺島

平野先生のおっしゃることは、「陪審でも参審でもいいんだけれども参審のほうが実現性が高いから、とりあえず参審からやったらどうか」というお話に見えて、実は「陪審は駄目なんだ」という意見だろうと思う。

文化論とか国民性というようなことをおっしゃるが、要は「素人ばかりで判断させると何をするか分からん」という民衆不信があるのだろうと思う。それは、戦後の民主主義の観点からいくと、やはり間違っている。現在の日本は官僚主導型の国家運営が問われており、それを脱却できるかどうかという所にぶちあたっていると思う。

裁判の局面においても、官僚主導型を残すかどうかという同じレベルのことが議論されているのであって、そこの所をよく考えて頂きたい。一〇年頑張ってできなかったら責任を取れというお話だが、参審論を主張して陪審論のじゃまをするのは、一〇年間やめて頂きたい。弁護士会で参審か陪審かを議論しているのは大きな損失であり、運動を阻害していると思う。だから先生には陪審論に鞍替えして頂くか、黙って頂く必要がある。その間に陪審を復活できなかったら責任を取る。これが陪審論サイドからの回答である。

平野

私は陪審論の方に黙って頂きたい。私は、一〇年待ったら参審はできるが、陪審は絶対できないと思う。もっと学者らしい言葉を使うべきだと思うが、私には今やらなくては駄目だという非常な切迫感があるのだ。刑事司法の改革を一生懸命やってきたが、参審・陪審の問題は今、参審と決断しない限り、永久に実現できないという堅い信念をもっているのであるから、ぜひ陪審論をやめて頂きたい。

井垣康弘判事

陪審・参審の討論の和解案を提示したいが、法律家たちでボランティアの組織を作り、活動してはどうかと考えている。具体的に何をするかについてだが、一つは中学校での模擬裁判の指導役となること、もう一つはティーンコート実施への援助を考えている。

なぜこういう提案をするかというと、私自身は家事調停の改革で手続の公正さを目指して同席手続を提案しているが、なかなか進展しない。当事者というものは同席すれば喧嘩するに決まっている、そんなばかなことはできないという厚い壁に阻まれており、家事調停の改革程度すら容易ではない。

そこで発想を転換して、中学生の間にボランティアが入って教育していけば、一〇年たてば日本人も変わるという期待が持てるのではないかと思う。是非真剣に検討して頂きたい。

7 閉会

これで質疑応答が終わったが、最後に基調報告者である下村氏は、日本も陪審か参審かを必ず採用することになる。それがやはり世界の流れであり、日本だけが職業裁判官のみで司法制度を維持するということは不可能であり、そう遠くない時期に採用されるのは間違いないと思うから、ここ一〇年ぐらいで参審が実現しなければ陪審制度は永久に採用されないということは決してないと思うと述べ、平野氏は陪審は絶対復活しないと思うと繰り返した。

その後、司法改革推進センター大阪センターの辻公雄委員長がシンポジウム閉会の挨拶を行い、「陪審・参審の問題にどのように取り組んだらいいのか結論付けはできないが、そう遠くない時期にどちらかに決まるのであるから、今は本格的に活動しなくてはならない時期であるのは間違いないと思う。特に自民党が調査会において、司法のビジョンというものを出してきたし、国会で審議会を作って司法問題が乗るのは確実である。司法の官僚化、刑事裁判の形骸化の打開のために、陪・参審問題を大きな運動として展開していかなくてはならず、その方法をいろいろと検討して、一番いい方法を選んでいくべきだと考えている」と述べて閉会した。

（文責・樺島正法）

第三部　陪審あれこれ

陪審制度のもとにおける裁判官

和歌山家庭裁判所判事　森野俊彦

1　はじめに

仮に日本において陪審制度が採用された場合、その制度のもと、裁判官の地位、役割はどのようなものになるだろうか。これが私に与えられたテーマですが、それを論じる前に、現職の裁判官である私が、陪審制度に興味を覚えるようになった経緯について若干触れて見たいと思います。

私は、ずいぶん前から、漠然とした形にせよ、広い意味での市民の司法参加についてそれなりの関心をもっていました。その段階では、陪審はまだ、市民の司法参加を実現する形態の一つの選択肢にすぎませんでした。それが、自分の担当している刑事事件と関連して、もう少し具体的なもの、現実的なものとして陪審のことを考えるようになったのは、ある刑事事件—ある地方というか、田舎といってもよい町議会議員選挙に立候補して当選した議員の選挙違反事件—がきっかけでした。詳しい内容は忘れましたが、町民の方々に当選を得る目的でお酒等を配ったという買収事犯で、買収された者、つまり供与を受けた二〇数名の農民や町民の方々は、選挙違反を認め、いずれも略式命令（罰金）が確定していました。さて、当選議員の方は、これを認めるとたちまち当選が無効となり議員をやめねばならないので、当然ながら争いました。

この種事件は、いわゆる百日裁判とされていて迅速審理が要請されますが、とことん争われますと、そう簡単にはいきません。裁判官としては、被告人が争うと、有罪の心証を抱いているわけではありませんが、どうしても、引き延ばしではないかという憶測を抱いてしまいます。それはともかく、私が、事前の打ち合わせで、弁護人に対して、審理を迅速に行いたいとの要望を告げますと、幸いにも、弁護人は、さきほどの受供与者の検察官に対する供述調書はすべて同意するが、そのかわり、各受供与者個人個人について証人尋問を請求したいというのです。通常、こうした調書を全部不同意とされると、検察官の方から犯罪立証のためその調書に代えて証人尋問を申請しなければなりませんが、調書が同意の結果採用されるとその必要がありませんから、検察官も弁護人の方針に歓迎こそすれ、反対はしません。

かくして、裁判官である私は、受供与者が、被告人が選挙の当選目的のために酒類を持ってきたものであることを承知のうえで酒類を受け取った旨述べている調書を、証人尋問の前に読むことになりました。そうした後で、次々と証人尋問を行っていったのですが、調書で事実を認めていた人たちは法廷では、異口同音、そういう趣旨ではなかったと被告人に有利な証言をしていきます。ここで、検察官が適切な反対尋問をしてその証言を減殺（＝を証明力を低下させること）し調書の方が信用性が高いということを示してくれればよかったのですが、検察官は、調書が証拠として採用されていることに安心したのか、本気で証人の証言を弾劾しようとしないので、反対尋問が必ずしも効を奏さないのです。

そこで、私は、例えば証人の一人が被告人と一緒の車に乗ってきて証言台に立つことは、被告人に有利に発言するつもりで来たことが一目瞭然で感心できないとか、公務員であった者に対しては、選挙目的でないというのであればどうして裁判でちゃんと争わなかったのか、罰金刑を軽く考えていないかなどと言って、証人を追及し、その結果、被告人に有利な証言部分の信用性を相当程度減殺してしまったのです。

私は、その当時、「疑わしくは被告人に有利」という刑事裁判の原則をもちろん承知していましたが、一方で、裁判は真実を明らかにすべきものだという信念ももっており、自分としては正しい裁判をするのだという意気込みで、訴訟指揮をしたつもりでありました。結局、私は、被告人に有利な証言は到底信用できず、受供与者の検察官に対する供述調書の方が信用できるとして、被告人に対し有罪判決を下しました。当の被告人は、私の法廷での迫力に負けてしまったのか、選挙違反の事件としては珍しく控訴せず、有罪が一審で確定してしまいました。その判決の確定を知って、私は、本来なら、被告人が私の下した結論に承服したものと素直に喜んでいいはずだったのですが、そういう気持ちになぜかなりませんでした。その事件の結論の当否はともかくも、自分で思い通りの訴訟指揮をしたうえで実体的判断を下してしまったことに、少なからず後ろめたさを覚えたのです。そして裁判官が審理の最初から終わりまで終始中立公平な状態のまま訴訟指揮ができればいいが、いったん有罪的心証を抱いた後に、公平な立場を維持するのは結構難しいと切実に感じました。あとから振り返ると、「悪魔のささやき」を聴いたごとく、証人を弾劾してしまったのではないかと思いつつ、もし、これが陪審なら、その困難さを克服できるのではないかと感じ、陪審に興味を持ち始めました。

その後、私の陪審裁判への関心は、徐々にではあるが強くなっていきましたが、折から、平成七年（一九九五年）八月、「陪審制度を復活する会」が発足されたことを知り、私は喜んでその会に入って、現職裁判官としての節度を守りつつ、活動を続けてきました。そして、平成一〇年夏、有志の方々とアメリカのシカゴを訪れ、陪審裁判を実際に見ることができ、裁判所と市民の距離の近さを実感するに及んで、日本でも陪審裁判を是非実現させたいとの思いを深くするに至ったのです。

2　陪審制の採用と裁判官の仕事の変容

陪審制とともに、車の両輪あるいは、コインの裏表といわれるのが法曹一元制度（裁判官以外の法律職特に弁護士を経験した者のなかから裁判官を選任する制度）です。法曹一元が実現すれば、陪審制度における裁判官の役割を論ずる意味や視点もおのずと違ってくるでしょうが、ここでは、法曹一元は採用されずに陪審制だけが採用された場合を想定します（法曹一元なしの陪審制は、戦前の日本とオーストリアしかなく、はたして「理想的な陪審制」といえるかどうかは、問題がありますが、少なくとも判決に民意が反映されること、すなわち裁判自体に市民が参加することの意義は、ことのほか大きいと思います。）。

日本で、特に刑事事件において陪審制度が採用された場合、同時にアレインメント（罪状認否手続）の制度を採用すべきかどうかが問題となります。私は、争いのある事件こそ本来の予定された丁重な手続で審理すべきであり、争いのない事件はそれとは別の、簡易な手続で十分という考えをもっていますので、陪審制度が採用されれば、遅かれ早かれ、アレインメント制度が必要になってくると思われます（なお亀山継夫「刑事司法の再構築に向けて」『松尾浩也古希記念論文集下巻』一八頁・有斐閣を参照。矢口元最高裁長官も、同趣旨の発言をされています。京都弁護士会編『法曹一元』一五三頁・文理閣）。そうすると、刑事裁判官は、自白事件からは解放され、争われる事件だけにタッチすることになります。そして、陪審裁判では、基本的に「判断者」ではなくなり、マネージメントを行うことになりますが、すべての事件が陪審裁判になるわけではありませんから（重大事件をすべて法定陪審事件にするにせよ、被告人は陪審を辞退することができますし、一方、それ以外の事件で陪審を請求することも可能です。実際どの程度の事件数になるか、それを現時点で予測するのはかなり困難です。なお、陪審が実施された場合の件数を試算するものとして、四宮啓「選択的陪審制度とその実現のための前提条件」『月刊司法改革』二〇〇〇年二月号、三五頁・現代人文社）、職業裁判官による裁判（ベンチトライアル）では、旧来の「判断者」の立場が残存することになります。

したがって、「陪審制が採用されると、本来の裁判官の仕事はなくなる」というのは、正しくありません。なお平野龍一東大名誉教授は、この点に関連して、参審論の立場から、「陪審は採用されたとしても、比較的少数の事件にだけ用いられ、そうすると、少数の陪審事件でだけは特別の手続が採られるが、他の多くの非陪審事件の審理は、現在のままの手続で行われる、という可能性が大きい。二つの違った手続が併存することになり、訴訟手続全体の変革にはならないかもしれない」「参審は、かなりの数の事件で用いられ、（現在の手続とは違った直接主義・口頭主義が徹底されたものとなるから）、刑事手続全体の改革という点では、陪審よりも大きな意味を持つことになる」とされます（『ジュリスト』一一四八号、五頁）。しかしながら、参審制は参審制で別の問題があり、私自身は、司法への市民参加を真に実現するのは参審では不十分で、陪審をおいてしかないと考えています。この点は、第二部シンポジウム・下村幸雄弁護士の「陪審制度基調報告」等を参照して下さい。

3　陪審裁判における裁判官の役割

(1)　陪審裁判自体の重要性を知らせる責務

陪審裁判を支える中核は、なんといっても陪審員であり、陪審裁判の審理は、その陪審員選定手続から始まります。

私が初めて実際の陪審裁判に接したのは、シカゴの裁判所（クック郡巡回裁判所）ですが、いまだにその時のことが脳裏に焼き付いています。私たち陪審見学旅行のメンバーが朝九時ころ裁判所に着きますと、陪審員候補者が集められている大きな部屋に案内されました。既に四〇〇人位の陪審員候補者が集められ、二グループに分かれてビデオにより陪審員の意義や、陪審員選定手続の概要、守るべきマナーなどについて説明を受けていました。私は、そのような数の人々＝普通の市民が、裁判の当事者ではなく、また社会の耳目を集めている裁判を一目みようとやって来た傍聴人希望者としてではなく、裁判を行うべき者として集まっていることに、目が点になるほど驚きました。そして、裁判所が「孤立」したものではなく「市民とともにある」という感じを強く受けました。

実をいうと、そのときには気がつきませんでしたが、陪審裁判は陪審候補者が召集される日以前から始まっているのです。そして、そこでは裁判官が重要な準備作業を行っています。当事者双方と来るべき陪審裁判に向けて、主張を整理したり、争点を明確にしたり、召喚予定証人のリストやその他の立証計画を提出させて、調整します。ときには、陪審員候補者を召喚する前に行うべき法律事項についての弁論を開いて必要な判断を下します。すなわち、公訴棄却の申立てや、自白や証拠物等、当事者が提出予定の証拠が陪審の前に出すことが許されるかどうか、などについて当事者の弁論を聴いて、判断するのです。さらには、陪審員候補者に記入してもらう質問書の内容について、当事者の意見を参考に決定し、一方で、裁判所の陪審員担当者と打ちあわせ、いつ何人くらい陪審員候補者を召喚するかを決定します。我々は、陪審の審理が実際行われている場面については、テレビや映画で見聞きする機会が多いのでそれなりに承知していますが、裁判官のこうした裏方の作業は存外見落とされがちです。しかし、その任務は重要で、こうした作業こそ陪審裁判を支える基礎といって過言ではありません。

いよいよ、陪審員選定手続です。この手続において、裁判官が、公正な陪審員を選ぶため、陪審員候補者に質問をする「ボワー　ディアー」という手続きを行い、さらには、その後当事者が特定の陪審員候補者に対して行う「理由付き忌避」が正当かどうかを判断します。選定された陪審員が当該地域の住民構成を正しく代表させることが陪審の基本的要件とされており、したがって、陪審員選定手続における裁判官の役割は極めて重要です。陪審制を知らない日本の裁判官としては、当初は戸惑いつつ行わざるを得ない任務と思いますが、私は、個々の陪審員選定手続もさることながら、より重要な役割は、陪審裁判の持つ重要性を陪審員候補者ひいては広く一般市民に知らせることであると思います。陪審制度が採用される所以は、陪審裁判の持つ直接参加性、つまり民主主義指向という側面であり、陪審制度をとおして、主権者がみずからの裁判にも責任の一部を負うというのが大事なのです。いきなり呼び出された市民のなかには必ずしもその点に対する理解が十分でない人たちもいるに違いありません。裁判官は、そうした市民に対して、陪審員の任務が民主主義の中でもっとも重要な機能の一つであることをやさしい言葉で説明しなければなりません。裁判官には、適正な裁判を主宰するという仕事だけでなく、より多くの市民に裁判体験を通じて市民としての自覚と護憲意識を培って行く責務があるのです。

われわれが陪審見学旅行の際、垣間見た僅かな経験でも、アメリカの裁判官が、陪審員選定の際に、何とか陪審義務から逃れようとする陪審員候補者に対して、陪審義務の重要性を力説している場面に遭遇し、心を打たれましたが、日本でも、そうした作業が一番大事な仕事になると思います。そうなると、裁判官自体が「民主主義」に対して深い理解と、それがよきものであるとの「体験」が必要になってくると思いますが、はたして、われわれ裁判官がそれらを持ち合わせているのか、ちょっと心もとないです。

ところで、裁判官が、陪審員候補者たる市民に対して、いくら陪審裁判の重要性を説明しても、日本の市民がそれを理解し、意欲や熱意をもって陪審に取り組まなければ、せっかく陪審制度が実現しても、すぐに破綻することになります。陪審制の採用に懐疑的な人達はよく、この点について、例えば、「陪審員として長期間拘束されることに一般市民は理解を示すのか」と指摘し(朝日新聞の九九年五月二七日の特集記事など、なお特別座談会「司法制度の改革の視点と課題」中の中山隆夫判事の発言『ジュリスト』一一六七号、九六頁等参照)、これまでの長期裁判や、現に行われている裁判を引き合いに出して、陪審制で審理することは不可能ないし困難ではないかと強調されます。陪審制度のもとでは、今の刑事裁判のやり方をそのまま踏襲するわけではなく、裁判の長期化を防ぐための工夫・方策も当然にとられます(少なくとも訴因の絞り込みと事前全面証拠開示が必要です)が、陪審制であればすべてうまくいくということまでいうつもりはありません。仮に、陪審制度を採用して実施に移した後に、結局陪審がうまく機能できなかったということになれば、それは裁判官だけの問題ではなく、陪審制度を選択したその国の国民の問題になると思います。そのような失敗を招かないために、法曹三者のみならず、国民のひとりひとりが、「市民参加」の典型たる陪審の意義を十分に認識する必要があると思います。

(2) 法廷及び訴訟手続きの主宰者としての裁判官

陪審の審理において、裁判官が、法廷を主宰することにはかわりはありませんが、刑事裁判の本質的要素である有罪無罪の判断は、陪審員が行うことになります。すなわち、主役は陪審員となります。別稿の「陪審法廷の進め方」にもありますように、陪審員が法廷に登場するとき、廷吏の「オール、ライズ、フォオ、ジュリー」（陪審員入場、全員起立）の声とともに全員が起立して陪審員を迎えますが、まさにこれを象徴しています。したがって、裁判官は、手続主宰者にとどまることになりますが、日本における裁判官による刑事裁判の場合、登場する検察官及び弁護士（その助言を得ている被告人も）は当然ながら手続を十分知っているとの前提があるので、手続を説明することはない（もちろん黙秘権告知などの重要なことは省略できません）のに比べて、陪審裁判の場合には、陪審員に対し、裁判制度一般についてのみならず、当該事件に特有の事実問題、法律問題についてわかりやすく説明する必要があります。証拠調べに入ると、当該証言が陪審員に理解されているかどうか常に留意しなければなりません。また尋問している当事者の反対側の当事者から突然異議が出ることがあります。裁判官は即座に、かつ的確に、その異議を認めるかどうかを判断しなければなりませんし、場合によっては、異議がなぜ出され、どうしてその異議を認めたか、あるいは却下したかを説明しなければなりません。

結論的にいえば、陪審裁判における裁判官の仕事は、現在の裁判官の仕事から「実体形成をする」作業をとればいいことになりますが、以上みたように決して楽ではないのです。一方、人によっては、「実体形成をしない」で訴訟指揮だけするのは面白くないという人もいるかもしれませんが、実は、ここに一番の問題があるのです。四宮啓「刑事訴訟実務の課題」（『ジュリスト』一一四八号、一八二頁）が指摘されているように、今の刑事裁判では、有罪無罪を最終判断で判断しなければならないからこそ、我が国の裁判官は、当事者主義の理念に反してまで、介入権を行使し、証拠収集を行うのです。つまり実体判断をしなければならないことが、当事者に公平であるべき手続の運営にさまざまな影響を与えてしまうのです。私が、先に経験したようなことは、裁判に熱心になればなるほど陥りやすい陥穽なのです。

日本の裁判官が、果たして、アメリカの裁判官のような訴訟指揮ができるでしょうか。これは、むしろ裁判官だけの問題ではなく、検察官や弁護士にも投げかけられる疑問でしょうが、この点は、やってみるしかありません。いつか、丸田隆教授にその点をお聞きしますと、同教授は「その点は日本の裁判官は優秀で、大丈夫です。制度をとりいれれば、日本人はできるのです」と楽観的に話しておられました。

訴訟進行も、陪審員の都合が最優先します。陪審員が退屈するような訴訟進行は許されません。たとえば陪審員の一人があくびをすれば、直ちに休廷されることが多いし、昼休みも一二時から一時半ころまでとられることが少なくありませんが、これも陪審員のことを思ってのことです。シカゴでも見聞しましたが、裁判官は、当事者や証人の質問や答えがわかりにくかったり、声が小さいと、陪審員に聞こえないではないかと、たちまち機嫌が悪くなって、代理人や証人を強い調子でしかっていたのがきわめて印象的でした。

一方、裁判官は、有罪無罪の判断から解放されることに伴い、真に公平な訴訟運営者になることができるし、そのようにならなければならないのです。四宮弁護士の経験でも、陪審員の前での裁判官の質問は、当事者の質問を適切に言い直す場合に限られており、独自の質問を発することはなかったとされています。

(3) 当該事件におけるもっともふさわしい解決の提案者

陪審審理が、証拠調べを経て、両当事者の最終弁論がなされて終了しますと、裁判官は、当該事件に関して法をどのように適用すべきか、どのような事実が認定されればどのような結論を導かねばならないか、について陪審に説示しなければなりません。誤った説示をしますと、それだけで陪審員が誤った結論を下す可能性が大きいですから、裁判官の役割は極めて重要です。日本の裁判官は、現在、具体的には、そのような任務を帯びていませんが、基本的に「法の適用」に属する仕事ですから、それなりの研修なり訓練は必要にせよ、その役割は十分に果たしえると思います。むしろ、事件全体を見たうえで、当該事件においてもっともふさわしい解決を探る役割が重要だと思います。

言葉が熟しておらず、理解しにくいかもしれませんが、この点は、日本の民事裁判における裁判官の役割（但し、日本の場合、和解的解決の枠内なのでおのずと限界がありますが）と共通していると思います。

たとえば、陪審評決が有罪であっても、無罪判決を下せるという権能があたえられれば、それがその一つです、陪審裁判を続行中であっても、答弁取引を勧めたりして、当該事件のもっともふさわしいというか「落ち着きのある」解決を提案することが許されます。裁判官の権能でもあり、やりがいでもあります。これも、日本の裁判官だからできないというものでもないように思えます。

そのような例として、ハワイで見聞した陪審審理で、家庭内暴力で起訴されたサモア人のカソリック牧師の事件が、なかなか面白かったです。家庭内暴力で起訴され有罪になると国外退去になるので、単純に認めるわけにいかず、陪審審理となったのですが、証人として出た被害者の妻の証言が必ずしも確信にみちたものではなく（さりとて暴行があった事実自体は否定しないので、有罪の可能性は高い）、このまま国外退去させるのはしのびないとして、裁判官は、検察官側に司法取引を勧告し、結局、単純暴行罪、三ヵ月の拘留、一年間の保護観察という司法取引が成立しました。

なお、アメリカの民事陪審の場合に、評決が「証拠の重みに反して」なされたと裁判官が判断する場合、当事者の申し立てに基づき、全く新しい陪審員で審理をやり直すことを命じることができたり、損害賠償を命じた評決額が不当に過度であると裁判官がみなしたときは、（再審理を命じることも可能であるが）普通は、原告が損害賠償額の減額に合意することを条件に、損害賠償額を減額することができるようで（丸田隆『アメリカ民事陪審制度』三四頁・弘文堂）、これも、当該事件のもっともよい解決の提案者たる役割といえましょう。

(4) 法曹の先輩としての教育者としての役割

これは、陪審裁判というより、法曹一元のもとでの裁判官の役割かもしれませんが、陪審裁判を担当するには、相当の経験が必要で、裁判官は、多くの場合、代理人よりは先輩の法曹として登場します。そして陪審裁判では、当該代理人のやり方、質問の巧拙等により、勝敗が決まってくることがないではありません。日本において、陪審裁判を実施した場合、少なくとも、初期段階では、後輩の弁護士を指導するという教育的機能が必要となってくるように思います。もっとも、裁判官自身も、当初は手探りでするのですから、そのような余裕はないかもしれません。

4　終わりに

以上、陪審制度のもとにおける裁判官の役割について記述しましたが、私は、陪審制を専門的に研究したわけでもなく、アメリカの陪審裁判もほんの少し垣間見た程度ですので、思い違いや誤りがあるかもしれません。

また、陪審裁判における裁判官の役割については、陪審制度に詳しい四宮啓弁護士が、既に、「陪審裁判にふさわしい裁判官とは」という副題のもとに「陪審裁判と法曹一元」という論文（丸田隆編『日本に陪審制度は導入できるのか』四七頁から、特に五三頁以下・現代人文社）で論じられております。本稿は、内容にせよ同論文に多く負っていることをお断りしたいと思います。

今あらためて、陪審制度を考えてみますと、なるほど事実認定の部分は陪審が引き受けることになっているものの、裁判官は、陪審員の選定、証拠採否の判断、訴訟指揮、陪審員に対する説示等によって、さまざまな形で陪審に対するコントロールを行っています。浅香吉幹教授がいわれるように、陪審制とは陪審によるトライアルを指すものというより、陪審と裁判官によって行われるトライアルであるといえます（『現代アメリカの司法』二四頁・東京大学出版会）。裁判官の役割は、極めて重要ですし、矜持をもってなすべき仕事だと思います。私は、丸田教授のお誘いで、関西学院大学で行われた学生による模擬陪審（民事陪審）の裁判長役を仰せつかり、「陪審裁判」を疑似体験しましたが、本当の陪審を主宰することができれば、もう思い残すことはありません。その実現を祈願して、このつたない一文を書きました。

陪審制と速記
そしてリアルタイム反訳

裁判所速記官　石渡照代

おおよそ三〇年間、私は裁判所速記官として法廷に立会い、そこで話される供述や証言を速記技術を用いて調書にするという仕事をしています。法廷を舞台にした映画、最近の邦画では「39＝刑法第三十九条」や、テレビドラマで、法廷場面のとき、裁判長席の下に座って、じっと前を向いたまま何をしているのか分からないような若い女性が映し出されますが、実はあれが速記官で、ソクタイプという特殊なタイプを用いて速記をしている、その仕事を長い間してきました。

そんな私が昨年、アメリカの裁判所の中での速記者の役割と、速記者の養成や裁判所外での活躍分野などを調査するためにサンフランシスコ、ロサンゼルス、シカゴを中心に三度訪米しました。主な目的であった速記者の実情についてはいろいろと学ぶことが多く、一冊のパンフレットにしましたが、そのとき訪れた裁判所で見たアメリカの裁判制度＝陪審員による裁判が、司法の場における民主主義の実現としてしっかりと根ざしている様子に触れるという機会を得ましたので、そのことを少し書いてみたいと思います。

まず、法廷に裁判官や書記官・速記者など裁判所の職員と、検察官・弁護人・被告人がそろったところに、全員起立の中、陪審員が入ってきます。正に市民による裁判が始まる瞬間の快い緊張が走ります。日本の裁判所でも裁判官が入廷する折りに、起立、礼の習慣があります。これは私は法廷という厳粛な場に威儀を正して参加するというふうに理解して起立、礼をしていますが、アメリカのそれは陪審員の入廷の折り行われるわけですから、裁判に関わるすべての人が民主主義に対して敬意を表す象徴的な出来事のようで感動しました。

そして審理が開始されると、検察官や弁護人は大変に分かりやすく証人尋問を展開していくわけです。英語力のない私にでも、何が問われている事件だということさえ通訳してもらえれば、この証人によって何を証明したいのかが理解できるのですから、すごいことだと思いました。それはやはり陪審制を採っているからに違いありません。刑事でも民事でも、その法廷の中で行われることにすべてをかけて、ある事実の存在を証明したり、あるいはなかったことを証明し、その判断を陪審員に委ねているわけですから、とにかく素人に分かるように尋問することが優先されるのでしょう。（片や日本ではどうでしょう。専門家どうし、専門用語でのやりとりで、肝心の被告人にすら分かっていないのじゃないかと疑わせる場面があったり、そしてまた、法廷で「取り調べた」とされる書類の束の提出も多々あり、直接、口頭で行われることになっているはずの法廷が形骸化している現状がよく見受けられます。）

アメリカの陪審法廷では、先ほど紹介したようなやりとりのすべてが速記者によって正確に速記されます。そして必要に応じて陪審員の評議の場に、証言内容を確認するため速記原本の読み返しに速記者が出向いたり、または書面化されて調書として提供されています。私が傍聴した法廷ではステンチュラというタイプを用いたリアルタイム速記で、速記符号がその場で反訳されてパソコン上に表示されていました。そのパソコンとケーブルでつながれたモニターが、裁判官席、当事者席にも置かれることによって、証言のポイントをチェックしたり、検索したり、リアルタイムで確認することが可能になっているのです。このように正確性と迅速性が兼ね備わったリアルタイム速記はアメリカの陪審裁判にとっては不可欠と言える存在になっていると言えるようです。

更にアメリカで徹底していると感心したのは、裁判の場におけるバリアフリーの考え方です。既に紹介したリアルタイム速記は、瞬時に文字化されてパソコン上に表示されるわけですから、そのパソコンを当事者席に置くだけでなく、陪審員席にも置いて見せることを考えているというのです。ウィスコンシン州ミルウォーキー連邦地裁裁判官は、聴覚障害のある陪審員がそのことのために陪審員になれないということのないように、このリアルタイム速記で文字表示されたものを陪審席に設置し、きちんと情報保障できるようにしていると話してくださいました。

実は私たち速記官有志グループでも従来使っていた速記タイプに「はやとくん」というコンピューターソフト（元速記官である遠藤基資氏による開発ソフト・特許出願中）を使うことによってリアルタイム速記を試みています。速記符号からコンピューター上で日本語の漢字仮名まじり文にすることは、英語のそれとは違い難しさはあるわけですが、バージョンアップを重ねるに従い、正確な文字変換率の向上と、タイムラグの解消が実現できつつあります。

私たちは今ボランティアとして、この「はやとくん」を使って、ろう学校の教育現場や、また聴覚障害者の研究会や集会などに出かけ、リアルタイムで字幕表示をしたり、またケーブルテレビでのライブ放送字幕も手がけています。

しかし、肝心の裁判の場で、たとえば被告人に聴覚障害がある場合の被告人質問すら、この「はやとくん」を利用して被告人への情報保障をより充実させようという願いは阻まれています。なぜかというと、最高裁は法廷で「はやとくん」を使用することは、各速記官の申請を受けて許可はしているけれど、それは調書を作るためであってリアルタイム表示することは認めていない、としているからです。

アメリカだけではなく、陪審制や参審制は世界的な流れだということもいろいろな機会に聞くことがあります。私の経験によっても、被告人が外国人の事件に立ち会ったとき、その被告人が入廷するやいなや、「陪審員はどこですか」と発言したのにびっくりさせられたことがありました。もちろん弁護人は、日本では陪審員はいないんだよと説明はしましたが、当の被告人が一番驚いたことでしょう。

日本においても司法の場に市民が参加する陪審制度が実現すれば、もっと裁判所に国民の関心が向くでしょうし、国民サービスとしての司法のあり方が広く議論できることにつながることでしょう。市民感覚からすれば、おかしいと思われることが市民感覚で議論され、市民の納得するサービスの実現が可能になるに違いありません。そのサービスの一つとして私たちの持っているこの速記技術が活かされ公正で迅速な裁判の実現、そして更には障害者への情報保障にも活かせていきたい、そうなることを願っている私たちです。

陪審勉強会ツアーに参加して

弁護士　岡田義雄

1　アメリカ西海岸で

一九九七年三月二九日から四月六日までの間「陪審制度を復活する会」のツアーでアメリカ西部海岸のロスアンゼルス、サンフランシスコの裁判所やローファームを訪れてアメリカの刑事陪審制度のごく一部ではありますが垣間見て、それなりに勉強をしてきました。

ロスアンゼルスでは（三月三一日）ミューニシパル・コートとシューペリア・コートを見学、傍聴しました。シューペリア・コートでは実際の陪審員がいる法廷で裁判官による説示までを私なりに観察しました。

サンフランシスコでは（四月二日）陪審法廷を傍聴、その後モリソン&フォースター法律事務所を訪問し昼食ミーティングで話をしましたが、前年ニューヨークで訪問した法律事務所でもそうでしたが何しろたくさんの弁護士を抱えて、どんな事件をしてどうやって飯を食っておられるのかなあと感心した程、多くの弁護士とその広さには—僕は田舎もんですから—びっくりするだけでした。ミーティングの内容については、英語の分からない僕はチンプンカンプンで、樺島君がしてくれる通訳のような事で分かったような分からないような、あんまり立ち入った話をせず、まァとにかくアメリカの法律事務所はどんなとこかと—若いのにみなスカッとしたスーツを着こなしたブルジョア弁護士の卵のような人ばかりでしたので、それに見とれただけでした。結局、日本の法律事務所でもアメリカの法律事務所でもやってることはまあまあにたりよったりであるなァと感じて、ごちそうだけよばれて帰ってきました。

サンフランシスコでは、裁判所の手配、陪審法廷の案内準備、法律事務所への訪問について、日系三世のアメリカ人、ミナミ君が一生懸命になって我々のために準備していただいたそうで、これからも我々「陪審制度を復活する会」のためには大いに協力していただける人であり、非常に親切でまじめな壮年弁護士でした。ところが、いかんせん、彼は日本語が分からず、僕としてはいろいろ直接話を聞きたかったのですが、己の無能さから残念ながら樺島君らの端々の通訳だけでがまんせざるを得ないことが残念でなりませんでした。

2　陪審法廷――これぞ民主主義

陪審法廷を傍聴させてもらいましたが、陪審員一二人の法廷での対応は、僕にはきわめてまじめに取り組んでおられる姿がありありと浮かんで、陪審員の人達が陪審員控室でどんな議論をされているのか中に入って聞きたいという欲望はどうしても押さえ切れませんでした。それくらいに陪審員の人達の緊張度はその人たちの目、態度にありありと浮かび、アメリカ建国以来の制度として定着しているのだなあと、非常にうらやましく思いました。特に、顔の色も、皮膚の色も、顔かたちもいろいろな人種の人達が一体になって陪審員を務められていることを見て―実際の内情はまだまだアメリカにも差別が根強く残っていることは知っておりますが―司法における民主主義の一つの柱として僕自身、みなさん仲間といっしょに佐伯先生を筆頭に陪審制度復活の勇気がムラムラと起こったことを報告しておきます。陪審制度は弁護士、裁判官、検察官がそれぞれの位置立場で、陪審員の人々に聞いてもらい理解してもらいするのですから、真剣勝負です。

（今の日本の法廷がそうでないとはいいませんが）捜査側の強制取調、拷問等は、必ず今の日本よりは少なくなり、捜査側も自分の権力的思考や行動をつつしむことは明白だと思います。一二人のジュリー・ウーマンやジュリー・マンの厳しい目がじっと注がれる法廷に事件がさらされるのですから、これこそ民主主義といえるでしょう。大変感激しました。

それにひきかえ、日本の法律（手続きそのものではなく法廷と言う場所）は東京―特に、最高裁判所―を筆頭に全国の法廷がいかに密室で空気の通らない場所であるかということを本当に残念に思いました。大阪の新庁舎ができたときに、なぜ、もとあった、そして法律が毅然としてあるにもかかわらずあの陪審法廷をぶっつぶした根拠は一体、最高裁判所の連中が何を考えているのか、そして法廷そのものも例えば傍聴にきた人ばかりか実際に法廷の重要な一員としてあるべき証人が現在のような法廷で一体自分の記憶したり思っていることを平常心で答えられるかどうかと言えば、全くその逆であること、あんな法廷で本当の裁判は全く不可能に近いとまで僕の胸はムラムラとしました。大阪の新庁舎ができた時から法廷の構造そのものに不満をもち、あるところにもチョッとした文章を書かせてもらったこともありましたので、九六年・九七年とアメリカの法廷の構造を見て、肌で感じて、これでは相当がんばらにゃいかんと、とりすまして弁護士、判事、検事でございますと、いばった顔をしておっては日本の裁判の公正と正義はこのままでは絶対によくなっていかない、行政の言うとおりの戦前のような法廷になってしまう、裁判の独立なんかくそくらえ、本当の意味で僕は心の中ででっかい声でどなりちらしておったのが、今度のアメリカ訪問の僕にとっての一番のショックであり、かつ、収穫でありました。

アメリカの法廷に行って見てみましょう、法廷の裁判官のそばにはジュースかミネラルウォーターのビンがありますし、書記官、速記官の前には同じようにジュース、ミネラルウォーターのビンなどがおいてあるばかりか、法廷の壁にはおそらくそこの法廷の裁判官かあるいは書記官の好みと思われますがいろんなカレンダーがつるされています。そして、一方陪審員席は緊張した陪審員が目の色を変えて検事をにらみつけ弁護人の顔をじっとみております。（このような状態は、陪審員の人達が意識してしているのではなく、自然に裁判官、弁護人、検事、そして証人の顔を見たり声を聞いたりしながら判断材料にしている姿は本当にうらやましい限りでありました。）

我が国の法廷でそのような姿はどこに見られましょうか。残念でなりませんでした。

3　陪審法廷と速記

九七年のアメリカ行きの中には速記官の石渡さん、仁木さん、春名さんら—昔なじみの彼女らでしたので安心して話ができてよい旅になりました—速記官の人達が合計五名、大阪だけでなしに川崎、八王子、等などからも来て、参加しておられました。彼女らは、我々とはもう一つ別のアメリカのステノグラファーの研究ということも、大事な目的であったし、日本の裁判、特に将来の陪審法廷にそなえての速記官がいかにあるべきかということを勉強にこられていましたので、非常に九七年旅行は中身の濃いものでした。

速記官の皆さんはアメリカのステノグラファーの現場を見て本当に残念であったろうと思うし、我々弁護士もこのように証言がその場で画面に文章になって現れてくるものを目の当たりにして見て、日本の速記官の技術とコンピューターの技術が合致すればすぐにでも日本でもこのようにその場で証言調書ができあがるはずであるということを実感して、彼女らも我々も今からでも我が国の技術をただちに発揮して法廷でその場ですぐに証言調書が読め、そして、今やっているような「ああいうた」「いや、こういうた」というようなことのない法廷、まさにこれこそ迅速、公正な裁判ができる根底であると信じるのですが、速記官のみなさんと僕ら弁護士がいっしょにリアルタイム速記をすぐにでも完成して我が国に広めていかねばならないということを語り合いました。

僕らももちろんがんばりますが、速記官の五人のみなさんの活躍を一日も早く実らしてほしいものです。

最高裁判所は今、速記官をなくして録音からの反訳一辺倒ということを言い出していますが、もしそうなら彼らは一体どこの星の人でしょう。これは絶対に許してはなりません。反抗すべきことであります—裁判の迅速、公正のために—。

僕のつたない経験上、ある民事事件でテープからの反訳をしました。ところが、僕はそのとき被告側でしたが、原告側も反訳をしました。両方の反訳は決して合致しませんでした。そこで、裁判所も裁判官、書記官いっしょになって反訳しました。残念ながら三つの異なった反訳文ができあがりました。つい先年の経験です。最高裁判所は一度、どの証言でもいいですから一五名の裁判官が一遍、全員それぞれ反訳した反訳文を一ヵ所にあつめてみてごらんなさい。この反訳文が完全に一致した場合には僕は最高裁判所に対して敬意を表しましょう。しかし、僕は自信をもって言います。一五の異なった反訳文が必ずできあがります。やってごらんなさい。

サンフランシスコの展望台から眺めた坂の町サンフランシスコと金門橋、オークランド・ベイブリッジの眺めはすばらしかったし、何十年か前に咸臨丸がここへやってきたであろうことを考え、感無量でした。

また、皆さんといっしょにアメリカ、ヨーロッパへ陪審制度の勉強に行きたいです。

4　ハワイの陪審法廷で

一九九九年一月四日から「陪審制度を復活する会」の勉強会でハワイのコート等に陪審法廷の見学に行きました。この時は、最初の陪審員の選定から見学をさせていただきましたが、ここでも陪審員の皆さんは法廷での時間が経るごとに熱心になっていかれて、色々な人種の人が一緒になって裁判官の説示、検察官や弁護人の弁論を懸命に聞いておられる姿が、やはり僕には強い印象を受けました。

ちょうどこの法廷見学の時に陪審のポスターがありました

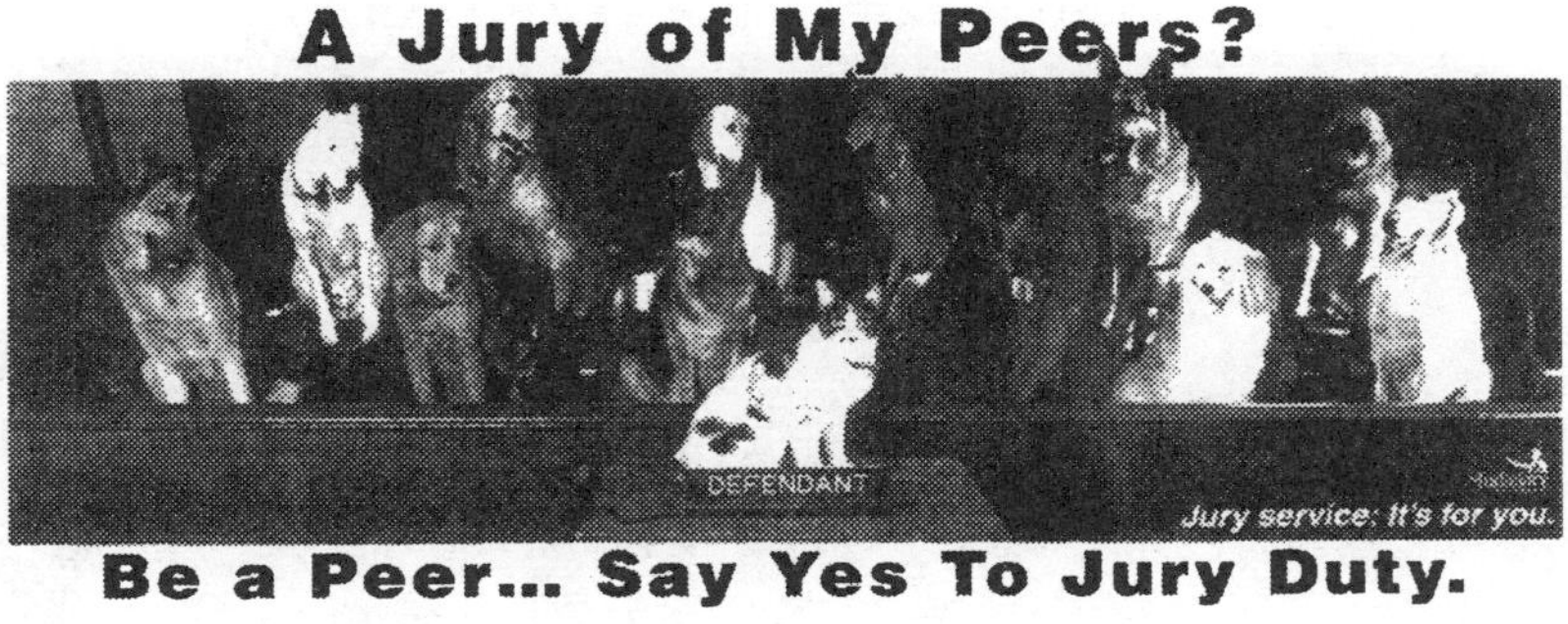

ので、お願いして貰ってきましたのが、上の写真です。

　ここにありますように「ア・ジュリー・オブ・マイ・ピアーズ?」とありますが、ここにいる猫君（被告人）が陪審員に対して「私の同僚—仲間、同等の人」よと、問いかけています。「同輩になって下さいね……陪審員の義務に対して『ハイ』といって下さいね。」といっています。そうしたら、陪審員の犬君たちが「陪審員の任務—それはあなたのためにあるのです。」と答えております。正に、この広告の通りアメリカでは大衆から選ばれた一二人の人たち（犬君）が被告人（猫君）と同じ位置にたって、有罪か無罪かの判断をされています。これは正に形式を越えた実質的な民主主義に一歩踏み込んだ形の裁判制度であると考えます。欧米ではこのような司法の中での我々より一歩奥深く進んだ民主主義がほとんど定着しているのを観て、うらやましく思ったのは僕ひとりだけではなかったはずです。

　このポスターが陪審制度の本質を語りかけてくれます。うがって考えれば、アメリカでさえも歴史はあってもまだこのようなポスターが貼られるということは司法関係者を含めた大衆の中にまだまだ根づかせていきたいという願望がはたらいているのでしょう。

　陪審制度のもとでは裁判官、検察官、弁護士が同じ土俵で陪審員の人々にそれぞれの主張を開陳—いわゆるキャリアでない大衆の人々に事件の真相に迫る弁論をしながら—手続きの厳正さは裁判官を中心に常に監視されています—進行していきます。この制度のもとではあの忌まわしい検察官の証拠隠し（例えば、松川事件の諏訪メモ等）も、まずまず起こり得ないでしょうし、検察官手持ちの証拠書類、調書等の開示手

わが国初の刑事陪審裁判法廷（昭和３年東京地方裁判所）

続きの必要もなく、検察官は全証拠を開示することが当然のことになるはずであります。

　もうひとつ、ハワイの法廷で感じたことを申し述べます。

　私たちの日本の法廷では裁判官が入廷してきた時に全員起立・目礼をすることが普通になっております。（このことについては、色々な評価もあると思いますが、ここでは述べません。）ハワイの裁判所で感じたことは、裁判官が入廷しても全員が起立・目礼することはありません。陪審員が入廷する時に——この時には裁判官、検事、弁護人、被告人、傍聴席の人、全員が立ち上がって陪審員を迎え入れて後、全員着席しております。民主主義の定着の差がこの時ほど胸に迫られたことはありません。陪審員の人たちが尊敬されている法廷を見せつけられる思いがしました。

5　陪審法廷の復活を

　我が国にも一九二三（大正一二）年四月一八日法律第五〇号で陪審法が成立し、昭和の始めから同法が施行され、陪審法廷が各地方裁判所に存在し、この法による陪審に基づく刑事裁判が行われていたのであります。上の写真がこの当初の東京地方裁判所の陪審法廷の全景であります。

　この写真を見ると、向かって左側が陪審員の席で、写真中央の三人が裁判官、裁判官と陪審員の間で裁判官と同等の高い席に座っているのが検察官であり、向かって右側の席が弁護人席および被告人席です。

　大阪の裁判所にも陪審法廷が二法廷あったのですが、庁舎の新築と同時にこの法廷は壊されました。たまたま京都の地方裁判所の陪審法廷が立命館大学の努力により同校に保存されていることは皆さんご存じの通りです。

残念ながら陪審法は、太平洋戦争勃発後の一九四三（昭和一八）年四月一八日法律第八八号「陪審法ノ停止ニ関スル法律」で「今次ノ戦争終了後再施行スル……」ことになって、その再施行は停止されたまま五〇有余年間も放置されたまま今日に至っていることは誠にけしからぬことと言わなければならないと考えます。私たちが陪審法の復活を叫ぶ理由のひとつはここにもあります。

アメリカの陪審法廷の印象

弁護士　松本健男

「陪審制度を復活する会」からの案内をいただいて、アメリカという国を少しでも理解したいという気持ちから参加を申し込んだ。私にとってやや過密なスケジュールであったため、思わぬ風邪を土産にしてしまったが、何はともあれ、それなりの貴重な思いで体験しえたことにつき、これを企画実施された各位に御礼を申し述べたい。

裁判所見学はロスとサンフランシスコの両市においてなされた。全体的な印象は、陪審制はアメリカでの一般的な刑事訴訟形態として根づいているということだった。法廷に一歩入ると正面の右側か左側に、二列の横側に席を占めている一〇数名の陪審員の人達を注目することになる。性別、年齢は様々であるが、いずれも市民の代表として責任ある職務に就いているとの、真剣な挙指態度に感銘をうける。検察官、弁護人の立証活動について、多くのテレビ映画で観察しているのと大差ない。証人に対する質問と証人の回答、よく判からぬながらに、かなり厳密に事実を確定してゆこうとする当事者の努力と、曖昧な結論は認められないとする法廷のルールだけは了解される。

被告人はといえば、正面に向かって右か左かの当事者席に、弁護人とともに座っており、検察官席と相並んで背中を見せている。日本の法廷とは異なり、拘束されている被告人の両横や後部などに看守が付き添っている状態はない。法廷内では、被告人も、市民として取り扱われているという印象を受ける。勿論法廷を含む裁判所の警備体制は厳重であり、裁判庁舎の入口で、入所者全員について所持品、着衣についての検査があるし、法廷外の廊下には完全武装した警備員が多数、三々五々に待機したり、談笑しているし、法廷内では廷吏に該当する武装した職員が二箇所に座して全体を監視している。しかし、日本の法廷の暗い雰囲気と比較すると、アメリカの陪審法廷には何か自由を思わせる雰囲気があり、被告人にもそれが保障されているという感じがする。その本質的な根拠は、もとより、通常の市民から構成されている陪審員の存在であり、この法廷では市民によって裁判がなされているという印象が基本的なのである。

またロスの法廷見学では、一つの法廷を私達のために開放して、黒人の女性の速記官から、裁判のルールを含めて説明がなされたが、説明の内容も、仕方も魅力的であった。しかし、ハングジュリイ（Hung Jury）（評議不成立）についての説明が妥当か否かについて、訪問団の中で若干の議論があった。確かに、一二名の陪審員の全員が有罪若しくは無罪の評決に至らないかぎり、評議が成立せず、先送りとなってゆくという事態は司法手段としてかなり困難な課題であり続けることが想定される。今回の見学ではこうした問題について研究することは全く不可能であったが、陪審制のわが国への導入を具体的に検討する場合、これが最大の問題点となることが推定されるといってもよかろう。

アメリカの法廷を垣間見て感じる点は、わが国の法廷と異なり、市民が主役を演じているという事実である。わが国司法においても無罪の推定原則が適用されていると述べられているが、法廷の雰囲気の中ではこれを支えるに足りるだけのものは残念ながら見当たらない。わが国の法廷では、被告人は看守によって他から遮断されており、弁護人との打ち合わせも法廷では行えない。アメリカの法廷では、被告人も対等の市民であり、弁護人と同席して審理に参加する。

陪審員たちは、市民の代表として選ばれてきているが、その生活領域、生活感覚において、被告人との共通性を有しており、わが国のように、国家権力機構の一角を占める官僚裁判官とは全く異質である。私はわが国の官僚機構が全体としてマイナスであるとは必ずしも考えないが、市民が司法を担当するというアメリカの裁判制度には民主主義の核心に触れるものがあり、わが国の司法制度に比して明らかに優れたものであると感じない訳にはゆかない。

極めて短い訪問であり、反省せざるをえない点も少なくなかったが、アメリカの民衆に触れることができたことは大きな収穫だった。わが国における陪審制度の検討のための具体的な研究と作業を始める必要を痛感する。

オレゴン州陪審法廷見学記

司法通訳人　渡辺花子

私が法廷裁判に興味をもったのは、一九九一年に日本司法通訳人協会が設立されて以来、数年間の活動途上においてアメリカ合衆国の通訳人の状況を知るために、主にオレゴン州ポートランド地域の各種裁判所を見学傍聴して、フレッシュなインフォメーションを得ておりました。私の本職は英語教育者である関係上、毎年一、二回は、大学留学を希望する教え子の入学手続とかホームステイ先の手配のため、ワシントン州やオレゴン州に参りますので、ついでに裁判所へ立ち寄り研修もできるのです。

一九九五年に「アメリカ合衆国における司法通訳の現状」のタイトルで講演したこともあります。日本司法通訳人の集会にきていただいた樺島正法弁護士から「陪審制度を復活する会」の事を知らされ、ご講演いただき、会員のみなさまにも協力を呼びかけました。こういう理由で陪審裁判とか陪審制度の法廷を知り、興味をもって米国訪問の度に傍聴見学を重ねております。そのおかげで何人かの法廷関係者―裁判官、検察官、弁護士、廷吏、保安官、警察官とも知り合いになり、お話しできるチャンスに恵まれて、さすがデモクラシーの国である長所とメリットを肌で感じております。

今年（一九九九年）六月定例通りオレゴンを訪問し、モルトノマ郡裁判所の裁判官であるエレン・ローズンブラムさんに会見してランチを食べながらのミーティングをしました。結果、六月一四日（月）、郡裁判所に三〇〇名位の陪審員が午前八時から集合するとのことで、当日そのホールに私を招待し、紹介するとのお言葉を受け、再度無いチャンスと喜んでお受けしました。一週間後でしたが、エキサイティングしながら朝六時半に起床して、グレシャム駅まで車で送ってもらい、電車に乗って中心街ダウンタウン、ポートランド第四アベニューで下車、約一時間でモルトノマ郡裁判所へ着きました。当所内七階にローズンブラム裁判官の秘書室があり、七時五〇分に彼女と会って一階の大ホール（Jurors' orientation-Hall）へ同行して参りますと、すでに召喚状を携えた陪審員たちが満室着席しておりまして、入場と同時にすごい熱気に圧倒され、緊張を感じました。

私たちが着席しますと、司会者が朝の挨拶をし、当日メッセージを与える裁判官総代表のローズンブラム裁判官を紹介しました。彼女が演壇の前に現れると、一斉に起立して陪審員としての誓いを唱えて着席し、厳粛なムードの中で彼女が口を開きました。先ず自己紹介をし、出席者全員に対し感謝の意を表明した後、私：渡辺花子・リーファジャは自分の友人で日本の大阪から参り現在日本で陪審制度を復活する会のメンバーで研修訪問中であると紹介され、一言ご挨拶をといわれ、私は立ち上がりご挨拶いたしました。日本での私の他のボランティア活動である温儒会（論語を主体にした儒教の研究会）の事、また別にボランティア活動として司法通訳人とか、「陪審制度を復活する会」の一員として、現在活動しており学習研修のために、ここオレゴン州へきていることを告げ、ご協力を呼びかけました。二、三分位でしたが、宣伝効果もあり便宜を計って下さいました。陪審員たちは、ホール入場の際、入口で一人一人再確認の上 “Handbook for Jurors” の小冊子とモルトノマ郡内の総裁判官からのメッセージ文を手渡されます。この小冊子はアメリカ合衆国市民の誇りにかけて陪審員の奉仕活動に役立てるための手引書で、オレゴン州法曹協会から供給されたものです。第七部資料に翻訳文をつけますので見てください。ローズンブラムさんのメッセージとアドバイスは陪審員としての心得と注意、奉仕精神、人間の尊厳と法の重要性など三〇分位話された後、保安官が当裁判所出入に際しての注意事項、例えばナイフ、麻薬類、火薬類は一切持ち込み禁止とか、その他詳細な説明をしておりました。最後に三〇分位のビデオによる解説が放映され、アメリカの裁判所に関する歴史や陪審制度の重要ポイントなどが解説されました。

午前一〇時頃から本格的に陪審員たちの選出が始まります。先ず第一にどの法廷に誰が参加するのかを決定するのです。一人ずつ名前を読事件内容、裁判官名、法廷番号を発表し、一人ずつ名前を読んで参加できるか否かを陪審員がイエス、ノーで返答し、一四名ずつ選び抜かれて法廷に消えて行くのです。昼食をはさんで午後一時から同様に四時半まで続行し、決着しない人は翌日再度呼び出されるのです。私は午後二時頃選ばれていく陪審員たちと共に法廷七六一号室に同行しました。陪審員は入口ドアに立つ二人の保安官の監視の下、番号順に一列に並んで入場、後方列の傍聴席の左右に分かれて着席します。最上段前に裁判官が、その下前列に廷吏二人が着席して、検察官二名、弁護士二名は後方中程に裁判官に向かって着席で傍聴席には背を向けております。面白かったのは、廷吏が人数の確認を二回しておりましたが、曰く「何故かどうしても一人多い」と、「誰か間違って入廷してませんか」と大声で言っておりました。「アッ私のことだ」と気付き挙手して、「イエス、私ですが、ローズンブラム判事の友人で、日本からアメリカ陪審裁判法廷を見学に訪れました」と答えますと、「オーケー」と快く受け入れてくれ、一同ホッとしてスマイルでした。

その後一人づつ名前を呼び出し左前上段の陪審員席へ順番に全員着席しました。私一人残留し、寂しさを覚えた次第です。

全員起立、宣誓の後、再度名前を呼ばれた陪審員は、姓名、年齢、学歴、職業、住所、家族構成、賞罰の有無、陪審員の経験の有無、自動車運転免許の有無を述べるのです。一四人中二人が外され退場でした。最初の選出は選挙人名簿や自動車運転免許人名簿からで、後はこの様な方法で選ばれるのです。米国は人種の坩堝と申しますが、陪審員たちの顔もさまざまで、男女、年齢、人種、職業、学歴にも関係なく民主的に堂々と裁判にかかわって行けるのは人間の平等性においてすばらしいことであると実感しました。このように米国は多種多様の人間が集まり、協力、共栄している自由で民主主義の国であることを再確認し、日本国も基本的に見習うべき点が未だたくさんあるのではないかと思いました。

民主的な陪審制度を取り入れ復活できるよう努力することが私たちの急務であると思うのです。アメリカの法廷は、民主的で自由であるが、神聖で厳粛でもあり、信じられる——これが私の感想の結論です。

ハワイ陪審見聞記
"オール・ライズ・フォー・ジュリー"

弁護士　小出一博

1　一九九九（平成一一）年一月四日より一週間、関西学院大学丸田隆教授、ハワイ大学ロースクール・フォスター法学部長のお世話になり、大阪弁護士会所属の弁護士、裁判官、及び法曹関係以外の方々らと一緒に、ハワイのホノルルへ陪審制度の研修に出かけた。

私たちは、陪審裁判の傍聴、ハワイの法律家協会（バー・アソシエイション）及びハワイ州最高裁判事らとの懇談会、ハワイ大学ロースクール見学等を行った。

そこで、私が、陪審裁判を傍聴し肌で感じたことを御紹介したい。

2　私たちが傍聴したケースは、夫の妻に対する暴行が「家庭内暴力（アビュース・ケース）」にあたるとして、訴追された事件だった。

検察官の公訴事実の要旨は、「夫が、妻の帰宅が遅れたことを理由に怒り、自宅内で妻の左頬を右手拳で一回殴り、一旦外出した。その後、夫は、帰宅し、台所で床の拭き掃除をしていた妻を二度蹴り上げ、その際、妻の上腕を骨折させ、さらに、妻の耳の後ろあたりに打撲傷を与えた」という内容である。

夫はサモア人で教会（カソリック）神父をしているが、アメリカ国籍は得ていない。上記事実が認定されると、家庭内暴力を理由に夫は国外退去を命じられ、妻と五人の子供は働き手を失い路頭に迷うことになる。

日本ではこういった場合、妻より被害届の取り下げ等がなされるが、アメリカではたとえ妻が被害届を取り下げても検察官は断固として訴追する。家庭内暴力に対する考え方が日本とは違っているのである。

裁判官は、日系アメリカ人（母が日本人）のサブリナ・シズエ・マッケンナ氏である。日本で高校時代を過ごし、その後、ハワイ州で弁護士をしていた頃は日系企業関連の仕事をしたこともあり、日本語が非常に堪能で、閉廷後には、私たちに日本語で丁寧に分りやすく解説をしてもらった。

3　最初に、陪審選定手続を傍聴した。検察側及び弁護側が各三名の陪審員を、無条件的に免責（イクスキューズ）させ他の陪審員と交替させることができる。

検察官は、一人の陪審員も免責しなかったが、弁護人（公設弁護人である）は、高い教育を受けている若い白人女性を含め計二名を免責させ、交替に新たに二名の陪審員が選任され、結局、補充陪審員二名を含め一四名の陪審員が選任された。陪審員の人種的構成は、白人、日系人を含めた東洋系、及びハワイ現地系等でバランス良く構成されていた。

陪審選定手続は、被告人にとって不利と思われる陪審員を排除できるという利点がある。しかし反面、代わりに選任される陪審員が果たして被告人に有利な人物かどうか分からないし、また、免責を多用すると残った他の陪審員から悪い印象をもたれるというデメリットもある。

陪審員選定手続が終わった後、陪審員は、裁判官から「翌日午前八時三〇分に審理のため登庁するよう」求められ、陪審員らは帰宅し、閉廷した。

その後、私たちは、裁判官に質問する機会があり、「多忙等の理由で陪審員選定を拒否する者がいるかどうか」尋ねた。すると、裁判官は、陪審員になるために当日、登庁した人々に対して、まず、陪審制度の内容について丁寧に説明し、さらに陪審員となることの意義を説諭し、陪審員拒否をする人に対しては、「アメリカには、二つの義務しかない。陪審員となること。戦争になったら兵隊となること。納税の義務は、収入がない以上、課せられない。アメリカ国民である以上、陪審員の義務は最低限の義務である。」そればかりか、「陪審員となることは、義務というよりは、合衆国憲法により各個人に与えられた権利である。」と説得するらしい。そして、裁判官は、「本日選定された陪審員は、全員明日、出頭するであろう」と言った。

4　翌日、午前九時から陪審裁判（トライアル）が始まった。法廷に裁判官、裁判官秘書、検察官、被告人、弁護人が揃うと、廷吏が起立し「オール・ライズ・フォー・ジュリー」（陪審員に向かって全員起立）と大声で宣言する。すると、裁判官を含めた法廷内にいる全員は、陪審員が入廷する入り口に向かって起立する。

陪審員が入廷し、陪審員席に着席すると、廷吏の指示で全員着席する。前日、選定された陪審員は全員が出廷していた。

冒頭、弁護人が、陪審員の内から一人を「娘婿が検察事務所で働いていること」を理由に、陪審員免責を申し立て、これが認められた。補充陪審員がこの免責された陪審員と交替した。

その後、陪審員に対して、再度、裁判官から裁判について説明がされた。裁判官の話は、冒頭の「レディス&ジェントルメン、～」で始まる。陪審員に対し敬意を払っているのが分かる。

裁判官は、例えば、証拠の評価については、証拠能力（証拠として採用できるものと採用できないものがあること）及び証拠評価についての説明（直接的な証拠と情況証拠的な証拠がある こと）等を説明した。また、弁護人あるいは検察官から「異議」（オブジェクション）が出される際、その異議の出される根拠、例えば関連性の欠如（イレレバント）、推認・誤導（スペキュレーション）等について説明し、その際、裁判所は異議を採用する場合は「サステイン（異議を認める）」、採用しない場合には「オーバー・ルール（異議を却下する）」と判断すること等、詳細に手続を陪審員に説明した。

5 審理開始の前に、検察官及び弁護人からの冒頭陳述（オープニング・ステートメント）がされ、検察官は、公訴事実を説明しつつ、事件後、被害者が直ちに病院に行き治療を受け、診断書を得ている旨述べた。骨折は、腕の骨二本が完全に折れており、暴行の衝撃の強さを示している。

これに対して、弁護人は、被告人の一回目の顔への暴行は否認した。二回目の蹴ったことによる腕の骨折については、「被告人は、妻が被告人にバッグを投げて来たのを避けるため、バッグを蹴った際に蹴った足が誤って妻の腕に当たった」と主張した。妻の頭の後ろの打撲については否認し、「これは妻が蹴られたとき転んだ際に負った傷である」と述べ、被告人の正当防衛あるいは過失傷害を主張した。

6 その後、被害者である妻の証人尋問、犯行時に家に居た子供の証人尋問、犯行直後妻を診察した医師の証人尋問、及び被告人本人への尋問がされた。

子供は、「犯行時、自宅内には、妻（母）の外子供らが居たが、子供らは二階におり、夫（父）の暴行を目撃していない。ただ、妻の叫び声は聞いている」と証言する。ただ、子供は、父をかばっているのか、犯行時は、二階でラジオを聞いており、母の叫び声はよく聞こえなかったと証言する。

医師は、妻の骨折がかなり強い衝撃に基づくこと、及び、妻の頭の後ろの打撲と夫の蹴りとの因果関係は不明である旨証言した。

ポイントとなったのは、妻の証言である。同人は、微妙な立場にある。夫が有罪となると、国外退去となり、子供五人をかかえ一家は路頭に迷うことなる。妻は、本心では夫が無罪となることを望んでいるように見える。また、後で裁判官から聞いたところではサモア人の慣習として「酋長」の立場が強く、それゆえ、夫に不利な証言をした者は、現地のサモア人社会の酋長的な立場の者から、後で村八分的な制裁を受けるらしい。しかし、一方で偽証の制裁は厳しい。

なお、妻は、英語の理解が十分でないためサモア人通訳が付いた。

検察官は、犯行時の状況につき、簡単に淡々と尋問した。妻は、検察官からの尋問に躊躇しながら答え、夫の一回目の顔面への暴行を認めた（「ヒット・ミー」と言うだけであった）。しかし、その際に、殴打部分が赤くなったりした事実はないと述べた。また、夫が手拳で殴ったか、平手で殴ったかは覚えていないと証言した。

二回目の暴行については、一度だけ腕を蹴られたと証言し、頭の後の傷害については、全く身に覚えがないと証言した。

検察官は、本件以外に家庭内暴力の事実があったか否か尋問したが、弁護人から異議（関連性の欠如）がでた。結局、異議は却下され、尋問は続いたが、妻は他の家庭内暴力の有無については、否定した。

弁護人は、犯行時妻が受けた暴行態様について詳細に反対尋問をしたが、結局、検察官の主尋問の足りない部分を補充してしまう結果となった。また、弁護人は、「妻の捜査段階での供述書では二回蹴られたと述べているのに、なぜ、公判廷でこれと異なった証言をするか」と質問したが、妻は、一度しか蹴られていないと証言するのみであった。

その後、被告人の証人尋問がなされた。宣誓して証人として尋問されるのである。被告人は、一回目の妻への殴打は否認した。被告人は自分の右腕のシャツを捲って示し、一〇年前の交通事故の後遺症で腕が途中までしか上がらず、また、右手を握ることができないと述べた。しかし、字を書くことはできると述べた。

蹴りについては、一度だけ妻を蹴ったが、これは、妻が被告人にバッグを投げて来たのを避けるため、バッグを蹴ったのであり、その際に蹴った足が妻の腕に誤って当たったと証言した。妻の頭の後ろの打撲については否認した。

また、弁護人は、情状立証の趣旨で被告人の職業を尋ねたが、検察官から異議（関連性の欠如）が出され、双方でかなり激しいやりとりがあったが、結局、裁判官は異議を採用した。その理由は、本件は、被告人の暴行があったか否かが問題となっており、「被告人の職業が何かは関係ない」との判断であった。この点について、後で、裁判官から説明を受けたところによると、「アメリカでは宗教と個人との係わりは日本人が想像する以上に大きく、被告人が神父と分かれば、この点で、陪審員が被告人にかなり良い印象を持ち、これが有罪無罪の判断に影響する」のを惧れたためと聞かされた。

7 以上で、午前の審理が終わった。廷吏のオール・ライズ・フォー・ジュリーの声に従い、裁判官を含めた全員が起立し、陪審員の退廷を見送った。以上で検察側及び弁護側双方の立証は終わり、午後には、双方の最終弁論、陪審員の評議、陪審員の評決という手続がされるはずであった。

ところが、その後、裁判官は、法廷で検察官及び弁護人に対して、有罪を認める答弁取引（プリー・バーゲン）を勧めた。法廷での妻の証言から、一回目の夫の殴打による暴行は無罪となる可能性が強い。蹴りについては、一回蹴った点については、有罪となる可能性が強い。妻のケガの程度から、かなり激しい暴行がされており処罰の必要性は強い。

しかし、一方、裁判官は、「本件で一番確認したかったのは、妻の意思である。つまり妻が断固として夫の訴追を求め、その結果、夫が国外退去になっても構わないほど被害感情が強いか否か」という点である。この点、妻の証言及びその態度からすると、「夫に戻って来てほしいという意思が伺えた」と言う。

アメリカの入管法によれば、単なる「暴行罪」で処罰されれば、被告人は国外退去とはされなくて済む。裁判官は、双方に対して、「本件を夫の妻に対する単なる『暴行罪』として訴追し、その限度で被告人は有罪を認めることができないか。但し、夫の激しい暴行を考慮して、今後のかかる暴行を戒めるために、一月程の拘留を課す程度で取引できないか。」昼休み中に検討し、午後一時の開廷時に返答するよう求めた。弁護側は、この裁判官の提案を受け入れる様子である。

8 昼食後、開廷され、検察官が取引を受け入れた旨、裁判官に伝えた。但し、検察側の要望から被告人の拘留期間は三月となり、社会奉仕活動四〇時間、家庭内暴力抑制プログラム（よき父親になるための更生教室）への参加が義務付けられた。

その後、裁判官は、被告人に対して、取引により被告人が有罪を認めると刑が確定し二度と争えないことになる旨を丁寧に説明し、さらに、被告人の判断能力を確認するために様々な質問をした。例えば、今日薬を飲んでいないか。酒を飲んでいないか。裁判官の説明した内容を十分理解しているか等具体的に確認された。こうして被告人の意思を確認した上で、被告人に有罪を宣告し、同人は直ちに拘置されるため連行された。

その後、裁判官は、陪審員を法廷に迎えた。廷吏のオール・ライズ・フォー・ジュリーの掛け声の下、全員起立し、陪審員を迎えた。裁判官は、陪審員に対して、答弁取引の経緯と結末及び被告人を有罪とした理由を説明した。裁判官は、陪審員に敬意を払い、これに労いを言った。陪審員は任務を終え、退室した。オール・ライズ・フォー・ジュリーの声の下、法廷内の全員が起立し、陪審員を見送った。

9　陪審員が退出するに当たり、裁判官から、「本日は、傍聴席に日本から弁護士らが研修にきている。もし、差し支えなかったら、退出後法廷に戻って、意見を聞かせてほしい」と求めた。

しばらくして、一〇名ほどの陪審員が法廷に戻って来た。そして、法廷内で裁判官、検察官、弁護士、そして私たちとの間で、ディスカッションがなされた。陪審員を含めたプライベートなディスカッションであることから、法廷の入り口はロックされた。

裁判官は、開口一番、なぜ、陪審員の評決を求めず、取引で終わらせたのか、その理由を具体的に説明した。「残された妻と子供らの生活を考えると夫を国外退去とする帰結をもたらすのは、しのびなく、妻の本意を確認した上で、取引の可能性を追求した」とのことであった。陪審員の中にも、サモア系アメリカ人がおり、夫を国外退去させるに至った妻がその後サモア人社会で生きて行くことの難しさを説明していた。裁判官が、陪審員に陪審員の心証について聞いたところ、全ての陪審員が「妻の顔への殴打は無罪。妻への蹴りについては、一回しかなかったと認め、有罪。」と答えた。

その後、裁判官から検察官及び弁護士に対して、率直にミスを指摘しつつ、具体的に指導がされた。ハワイ州では、裁判官が検察官、弁護士を指導することができるとマニュアルに明記されているらしい。本件のように確定した事件については、相互に検討をしても構わないとの事であった。

検察官は、かなり若い東洋系の検事であるが、彼に対して、妻への暴行の具体的態様についての尋問が不十分であると指摘し、現場見取り図等を示しつつ、陪審員に分かりやすく妻の尋問をするよう指摘した。

弁護人に対しては、一層厳しい指摘があった。弁護人（日系のシミズ弁護士）は、実は、本日が初めての陪審裁判であることが分かった。彼の後ろに、立ち代わり先輩の公設弁護人が座り、アドバイスしていた訳が理解できた。裁判官は、「弁護人が妻に対し犯行態様について詳細に尋問したことは、検察官の立証を補充していることになっている。」また、「妻が法廷で一回しか蹴られていないと証言するのに、わざわざ警察で二回蹴られたと証言する調書を引用する必要は全くない。弁護人でありながら、検察官のような尋問をするのは理解できない。」「異議（オブジクション）を言う前に、すいません（イクスキューズ・ミー）という必要はない」等厳しい指導があった。また、「弁護人は、陪審員の中に、実は『弁護士』がいるのを見逃しており、なぜ、この人物を忌避しないのか」と指摘された。

　また、裁判官秘書（日本の書記官にあたる人物）からも、双方に厳しい指摘がなされ、特に検察官に対して、妻への尋問が不十分であり、陪審員に十分犯行態様が理解できない等の指摘がされた。同秘書は、二〇年以上のキャリアをもっており、陪審審理（トライアル）での尋問のポイントは熟知している。

10　その後、裁判官、陪審員、検察官、弁護人、私たち全員で話がされた。

　弁護人が陪審員に対して、「私は、今回初めての陪審裁判を担当したが、後学のために、何かアドバイスをしてほしい」と頼んだ（もし、私が、彼の立場だったら、裁判官からこのように「ぼろくそ」に言われたら、気を悪くし、そそくさと退室するであろう。しかし、シミズ弁護士の非常に謙虚な態度に驚き、感じ入った）。陪審員からは、弁護人に対して、「声が小さい」「質問が分かりにくい」等、「正当防衛の主張はナンセンスだ」等厳しい指摘がされた。その後、別れ際に、陪審員らが弁護人に対して、「頑張れよ（グッドラック）」と言って、肩を叩いて握手して励ましていたのが印象的であった。

　私たちは、裁判官に対して、「いわば素人である陪審員に対して、事実認定を任すことに不安はないか」尋ねると、「事実認定とは結局は、証拠の信用性の判断に係わるのだから陪審員の判断のほうが確かである」と答えたのは考えさせられた。

　私は、陪審員に心証の理由を聞いてみた。すると、一回目の妻の顔への暴行については、「暴行後妻が顔が赤くなった等の反応がなかったと証言すること等暴行態様についての供述の不自然さ、及び、診断書にこの点の記載がなく、医師も妻からこの点の訴えを受けていないこと」等を指摘した。蹴りについては、「妻が一度だけ蹴られたと証言すること、直後に医師にかかり上腕骨折の診断を受けていること等」から一回妻の腕を蹴り骨が折れた事実を認定するが、「妻は蹴られて前向きに床に倒れたと証言すること、頭の後ろの打撲傷と被告人の蹴りとの因果関係について、医師が否定的な証言をしたこと等から」、二回目に蹴られて頭の後ろをケガした事実は認められないと指摘した。

弁護人の正当防衛の主張については、「妻が夫にバッグを投げ付ける理由がないこと、バッグを投げ付けられたのを防ぐためには、単にこれを避ければ足り、腕を骨折するほど蹴り返す必要は全くないこと」等を指摘し、認められないと指摘した。

私から「陪審員に選任されたことの責任感についてどう感じるか」と質問したところ、「八年前に一度陪審員に選任された時は煩わしく、陪審選定手続において免責されることを願っていたが、一度陪審員を経験した今回は、そんな気持ちは全くなかった。」と言う日系の中年の男性、また「私は、憲法上の権利（コンスティテューショナル・ライト）を尽くしているだけ」という白人の老人等、皆、陪審員の義務は当たり前であると考えている。また、私たちから「日本では、日本人の国民性から陪審裁判は向いていないとの意見があるが、どう思うか」と聞いたところ、「ハワイの日系人を見る限り、非常に責任感があり、陪審員となった以上は一生懸命真面目にその責務を果たしている。ハワイの日系人は、むしろ陪審員に相応しいと思う。」と言っていたのが印象的だった。

こうして率直に、陪審員が裁判官と話し意見を交え、陪審員が弁護士にアドバイスをし新任の弁護士を励ます姿勢を見ると、アメリカの裁判の主役は、裁判官、検察官、弁護士等の専門家ではなく、陪審員すなわち個々の市民自身であるのがよく分かった。

私は、このディスカッションを終わって、廷吏が、法廷で大声で「オール・ライズ・フォー・ジュリー」と言う意味が分かったような気がした。

第四部　陪審法の制定と停止の経過

大正陪審法制定記——政治史の視点から——

前桃山学院大学教育研究所教授　太田雅夫

1　はじめに

一〇月一日は、「法の日」であることはご存知でしょう。では、なぜ一〇月一日が、「法の日」であるのか、その起源はと問われると、答えられる人は数少ないのです。実は、一九二三（大正一二）年四月一八日に公布された陪審法（法律五〇号）に、その起源があるのです。

大正陪審法は、公布されてから五年間の実施期間をおき、昭和になった一九二八（昭和三）年一〇月一日に施行されました。日本で陪審制度が初めて実施されるため、当時の政府による広報活動や各地の弁護士会の啓蒙活動は盛んにおこなわれ、陪審裁判に対する国民の関心は非常な盛り上がりを見せました。

一〇月一日の陪審法施行の日は、各地で祝賀行事や祝賀会が開催され昭和天皇も「司法裁判ハ社会ノ秩序ヲ維持シ国民ノ権義ヲ保全シ国家ノ休戚之ニ繋ル今ヤ陪審法施行ノ期ニ会ス一層恪勤奮励セヨ」の勅語を発し、大審院・控訴院・地方裁判所の東京三裁判所を訪問したと云うことです。政府は陪審法の施行により、国民が司法に直接参与したことを記念し、国民の法思想の啓蒙のためにも、翌年の一九二九年から一〇月一日を「司法記念日」とすることに決定しました。

陪審法は、一九四三（昭和一八）年四月一日の「陪審法の停止に関する法律」（法律八八号）によって、戦争中は停止し、戦後にまた復活するとの約束のもとに一時停止されたままです。それにもかかわらず、戦中でも、一〇月一日は、「司法記念日」であったし、戦後になり「日本国憲法」が制定されてからも、一〇月一日は、「司法記念日」から「法の日」と名称を変更して、現在まで続いています。

陪審法の実施により、国民が司法に直接参与したことを記念して、一〇月一日を「司法記念日」と制定したことを起源とする、現在の「法の日」は、陪審法の復活がない限り、本来の「法の日」の意味をもたないといえるのではないでしょうか。

日本の司法制度のなかで、画期的な大正陪審法は、どのような経過をたどって制定されたのでしょうか。ここでは、明治期の陪審制度の論議を振り返った後、大正陪審法制定記を、大正デモクラシーとの関連でのべてみることにします。

2 『陪審制度の話』

陪審法が公布されたのが、一九二三（大正一二）年四月で、一九二八（昭和三）年一〇月実施まで、五年間の準備期間をおきましたが、その間、司法省は陪審裁判の宣伝・普及活動を活発に行いました。講演会を全国で延べ三、三三九回開催し、聴衆約一二四万人が集まったといわれます。また、啓蒙のためのパンフレット類を、二八四万部も作成し配布しています。

そのパンフレットの一つに、司法省刑事局編『陪審制度の話』（一九二六年三月）があります。四六版の大きさで、日本・イギリス・フランス・ドイツ・ベルギーの裁判所の写真と陪審法廷の見取り図を掲載し、本文と付録を合わせて四八頁のパンフレットです。目次は、「第1　陪審制度とはどのようなものか、第2

何故我が国で刑事裁判に陪審法を採用したのか、第3　我が陪審制度の特質、第4　我が陪審法の大要（1、陪審で取り扱うべき事件　2、どうして陪審法が成り立つか　3、陪審裁判の手続き　4、陪審員の心得）、付録　陪審法条文」からなっています。

このなかで、我が国に陪審制度を採用した理由として、政治上の理由と司法上の理由の二つを挙げて、つぎのようにのべています。

まず、政治上の理由として、

「我が憲法は、立憲政治を本義として国権の作用を立法、司法、行政の三つに分ち、立法に付いては、議会の協賛を必要とし、行政については、自治制度を認め国民を立法及び行政に参与させております。さうして憲法の実施以来もう三十余年を経過し、我が国民は国政の参与に付いて既に相当の経験と訓練とを経て居るのであります。殊に民意に聴いて国政を行はうとする傾向が著しくなった現代に、独り司法に関してばかり依然として国民の参与を認めないのは時世の進運に伴はない嫌いがある。裁判手続きにも、一定の範囲内へ、国民の参与を認めるのが、立憲政治の本旨に副ふ所以でもあり、適当でもあらうと云ふ、これが政治上の理由であります。」

といっています。そして、つぎに司法上の理由として、

「裁判は事実の真相を捉へ、これに法律を適用するものであって、公正で合法でなければならないと同時に、国民がこれに信頼し、関係者がこれに信服する者でなければなりませぬ。従来我が国の刑事裁判は公正に行はれて居って、国民も信頼して居るのでありますが、又、裁判所の判断は、職司の性質上、稍もすれば理性に捉はれ易い傾向があるとの評判もある。で、此の際適当の範囲で裁判官でない素人の人々を国民の中から選んで裁判手続きに参与させ其の判断を加味したならば我が国の刑事裁判に対する信頼が厚くなるであ

らうし、陪審制度を実施すれば国民は自然裁判所に親しみ、法律思想が養はれると同時に裁判に関する理解も出来、従来稀にあった誤解や疑惑も一掃され、益々裁判の威信をたかめるであらう。又一面、被告人にとっても国民の中から選ばれた陪審員に依って下された裁判が基礎となって裁判されたと思へば、快く其の裁判を受けることが出来るであらう。これが、司法上の理由であります。」と強調しています。この国民向けのアッピールは、我が国で初めての陪審裁判を実施するにあたって、司法省当局の熱意がくみとられ、強い期待感さえ抱かせるものでありました。

ところで、日本の陪審制度は、大正の末年に制度化され、昭和の初年に実施されましたが、陪審制度の動きは、大正期になって突如としてでてきたのではありません。決して新しいものではなく、日本では明治維新直後から陪審制の論議はあったのです。

3　日本における陪審制論議

幕末から大正陪審法制定までの、日本陪審制についての研究として著名なものに、大審院判事の尾佐竹猛『明治文化史としての日本陪審史』（邦光堂、一九二六年）があります。尾佐竹判事は、大正デモクラシーのチャンピオンといわれた吉野作造とともに、明治文化研究の第一人者でありました。

幕末から明治初年にかけては、欧米の陪審制度が、当時の啓蒙思想家の福沢諭吉『西洋事情』（一八六六年）、津田真道『泰西国法論』（一八六八年）、加藤弘之訳『国法汎論』（一八七一年）、中村正直『共和政治』（一八七三年）等によって紹介されています。これらの思想家たちは、すべて幕末に幕府の留学生として欧米に学んだ人たちでした。

ところで、日本人として初めて陪審による裁判を実際に見聞したのは、一八七一（明治四）年から一八七三（明治六）年におよんだ岩倉具視を特命全権大使とする大久保利通、木戸孝允、伊藤博文らの日本使節団です。一八七三年一月二二日パリ高等法院を訪れ、陪審裁判を実際に目にしました。久米邦武の『特命全権大使米欧回覧実記』（一八七八年）には、つぎのように記しています。

「代言師アリテ、罪人ニ代リテ弁スレハ罪状ニ紛冗ノ憂ヒナシ、『ヂュリー』（注陪審）アリテ、其情偽ヲ審聴シ、是カ允諾ヲ待テ、後ニ罪状ヲ定ム、冤枉ナカルヘシ、証人アリテ其事実ヲ当面ニテ保証ス、譎詐ノ幣端ヲ繁クシ難シ、必ス数人ノ裁判役ニテ聴ク、偏聴ノ恐レナシ。」

これは、陪審裁判を的確に理解しているといえるでしょう。そして陪審制については、「其法ニ周備ナリト謂ヘシ」「西洋ノ良法善制」であると賞賛しながらも、陪審裁判を日本に導入することについては、「難キモノアリ」として、「西洋ノ良法善制ヲ取テ、之ヲ東洋ニ行フニハ、其形跡ヲステ、其旨意ヲトリ」と批判的です。

使節団は、維新政府の重鎮であり、また後に明治政府の中心人物になる人たちであったので、「陪審制度は日本人に合わぬ」という明治政府の方針になっていったのです。このことは、フランス人法律顧問ボアソナード(1)が起草した「治罪法（刑事訴訟法）草案」（一八七九年）論議を見れば明らかなことです。

ボアソナードは、重罪犯への陪審制を盛り込んだ「治罪法草案」を作成しました。維新政府の大きな政策課題の一つに不平等条約の改正の問題がありました。ボアソナードは、条約改正の必要条件として、日本の法制を外国の法制と同等の地位におかねばならぬという見解から陪審法の導入を主張したのです。しかし、この草案は政府・元老院会議の審議過程で、井上毅らの陪審制は司法への国民の参加で、ケジメがつかず無法状態になるという反対論によって、削除されました。

ところで、陪審制が政府内部で問題となっているときに、自由民権運動のなかで陪審制は、一つの運動目標としてとりあげられ、その実現が主張されていたわけです。民権運動家の馬場辰猪・古沢滋らの著書や民権派の新聞である『郵便報知新聞』『東京横浜毎日新聞』『朝野新聞』などの社説・論説等で陪審導入論・陪審必要論が提唱されていました。

そして、自由民権運動のなかで作成された様々の私擬憲法案のなかには、判明しただけでも一〇案にわたって「陪審制」が条文化されています。

たとえば、

明治一二年　嚶鳴社憲法草案八条「凡ノ法律ヲ以テ定メタル重罪及ビ国事犯ハ陪審官其罪ヲ決ス」

明治一四年　植木枝盛日本国国憲案一九二条「刑事裁判ハ陪審ヲ設ケ弁護人ヲ許ス」

等々です。これらは憲法上の規定であり、詳細な手続きは刑事訴訟法にまかせたと思われます。いずれにしても、明治一〇年代の自由民権運動は、「民撰議院設立と陪審制の確立」という等価の関係は重視されていたといえるでしょう。

自由民権運動のこのような熱気も、民権運動の弾圧と「明治一四年の政変(2)」により、次第に終息してしまったのです。一方、岩倉具視・伊藤博文らは「イギリス型議会政治からドイツ型国権主義政治」への転換をはかり、伊藤博文をリーダーとして、井上毅・伊東巳代治・金子堅太郎によって、帝国憲法草案の作成を秘密裡に強行したわけです。そのなかでベルリン大学のグナイストらの進言を受け入れ「陪審制度は日本人に合わぬ」として、憲法草案から陪審制は完全に抹殺されてしまったのです。

大正陪審法の枢密院審議のさい、伊東巳代治・金子堅太郎が、陪審法反対の急先鋒だったことも、うなづけるでしょう。

自由民権派の陪審制導入論は、帝国憲法発布後も、国会開設に備えて一部の政党勢力によって継承されました。一八九〇（明治二三）年二月の自由党総会で党議として「陪審制を置く事」が承認されていたのです。

4　陪審制をめぐる在野法曹と政友会

代言人のち弁護士の本質は、政府、官僚に反抗する反骨、在野精神にありました。それは、デモクラシーの精神でもあります。民撰議院開設運動に代言人も参加し、政党が誕生するとそれに入党し自由民権運動に参加したりしています。一八九〇（明治二三）年の第一回総選挙以来、多数の代言人や弁護士が当選し、在野できたえた実力に物をいわせて政界に勢力をもつようになってきたのです。

一八九三（明治二六）年に弁護士法が制定され、代言人は弁護士となり、一八九六（明治二九）年に弁護士の全国組織として、日本弁護士協会が設立されました。そして、翌年七月には『日本弁護士協会録事』を創刊し、「録事は在野法曹が法律問題に関する気焔を呑吐すべき唯一の機関なり」と宣言しています。そして、ここで論ずるものは、予審の廃止、予審に弁護士を付すること、検事制度とならんで、「起訴陪審」を論ずると謳っています。

一九〇〇（明治三三）年には、日本弁護士協会に、磯部四郎と三好退蔵から「我国に陪審制度を設くる件」の議題が提出され、二人から成案提出があってから討議することが決定されています。当初の弁護士協会は、陪審制主唱者は、三好退蔵と菊池武夫の二人だけでしたが、当時は陪審制賛成論者が圧倒的な多数でありました。この時点から日本弁護士協会にとって、陪審制は重要懸案事項となったのです。

明治後半期は、日本の資本主義が確立されつつあるときで、日本の法体制も確立期にはいっていました。

なかでも陪審制にとって問題となっていた不平等条約が、治外法権が撤廃されて日英通商航海条約が改正になり、一八九九（明治三二）年から実施されることになったので、日本弁護士協会でも陪審制論議がおきてきたといえるでしょう。なお、在野法曹がこぞって反対した改正刑法が、一九〇八（明治四一）年一〇月から施行されたのです。

資本主義の発展に伴って労働運動・社会主義運動が頻発すると、一九〇〇（明治三三）年に「治安警察法」が、一九〇八（明治四一）年には「違警罪即決例」の強化版である「警察犯処罰令」が発令されて、各種の社会運動・政治運動が弾圧されてきました。

それにつれて司法部による人権蹂躙が問題化してくるのです。これは、判検事の裁量を拡大した刑法改正によって、司法権の行使が、積極的かつ政治的になってきて、いわゆる「人権侵害」の事実が明らかになったということです。

一九〇九（明治四二）年一二月の日本弁護士協会臨時大会は、「近時司法部ノ措置過酷峻烈ニ流レ刑政ノ本義ヲ誤レルモノト認ム」として、二号決議で「違警罪即決例ヲ廃止、刑事訴訟中ニ司法警察官ノ聴取書作製ヲ禁止スル規定ヲ設クル、文明諸邦ニ行ハルル陪審制度ノ精神ヲ斟酌シ我国情ニ適スヘキ陪審制度ヲ設クル事」など八項目をあげています。これは司法部の「人権侵害」に対抗するものとして、陪審裁判を要求したものです。

これより前、弁護士界の長老江木衷は、著書『冷灰漫筆』（一九〇九年六月）『山窓夜話』（一九〇九年一〇月）のなかで、刑法改正に対する批判から、「此時弊を救済し得るべきか。……曰く陪審制度新設の一事あるのみ。常識を備へたる常人をして司法裁判の大権に参与せしむの一事あるのみ」と陪審制を提唱します。

このように江木の陪審論が発端となり、在野法曹界で陪審制は、明治一〇年代以来、再び立法問題としてとりあげられるようになったわけです。

在野法曹に呼応して立ち上がったのが、第二次桂太郎内閣の野党であった立憲政友会です。党の事実上のリーダーであった原敬は、一九〇八（明治四一）年八月から翌年二月まで欧米を巡遊してきたが、帰国間もなく日糖事件(3)がおこり、議員一八名が有罪という政治的疑獄へと発展したのです。政党は司法部とくに検事局を政治的脅威と感じ、原は陪審制の確立を政友会の党議としてとりあげました。

日糖事件の弁護士のなかには、鵜沢総明、磯部四郎、花井卓蔵、江木衷などの陪審制推進者がいました。これらの弁護士たちが中心となって、日本弁護士協会臨時大会での陪審制度確立への決議となったわけです。

在野法曹の動きをみながら、政友会は一九一〇（明治四三）年二月の第二六回議会に、松田源治、鵜沢総明ら五名により「陪審制度設立ニ関スル建議案」を提出しました。政友会は提案理由として、「国民をして司法権に参与せしめ其独立を保障し裁判の公平を扶持し以て国民の実際状態に背馳せしめざるは人権擁護の最大要旨たり。而して現行の裁判制度が此目的を達するに足らざるは国民の斉しく認む所なり。故に我国情に適すべき陪審制度を設立し、司法制度の改善を促すは今日の急務とす」とのべています。

この時点で建議案を提出したのは、検討中の刑事訴訟法改正案中に陪審制規定を入れさせようとしたのです。そして、建議案は満場一致で衆議院を通過しました。『原敬日記』(4)（一九一〇年三月三日付）のなかで、原敬は「近来如何にも人権を重んぜざる風習にて無実の裁判を受くる者少なからざる様思ひたれば、其設置の必要を認め……余の発意にて会員全体の同意を得たるもの故党議として提出したるものなり。」と記しています。議会開設後、はじめて陪審制が立法過程に登場することになったわけですが、原敬が「余の発意にて」と記すように、日本の陪審制は、原敬の強いリーダーシップなくしては、実現することはできなかったといえましょう。

5 陪審制にかける原敬の執念

日糖事件の翌年一九一〇（明治四三）年五月からおきた「大逆事件」[5]が、原敬をして陪審制推進の決意を決定的にさせる契機となったと思われます。大逆事件の捜査も日糖事件と同じく、司法省民刑局長平沼騏一郎と検事総長松室致が中心となって指揮をとりました。弁護団は一一人で結成されましたが、そのなかの磯部四郎・花井卓蔵・鵜沢総明弁護士は、陪審制論者でした。また弁護団には参加しませんでしたが、陪審制論者の弁護士江木衷は、『法律新聞』（一九一〇年一一月一五日号）で、大審院[6]の特別法廷の公開を訴えています。

『原敬日記』（一九一〇年一二月七日付）によれば、原敬が陪審制を決意した動機を、つぎの二つ挙げているのに注目しなければなりません。

その一つは、「衆議院議員、府県会議員等訳もなく検事、警察官の為に拘引せられ一たび拘引せらるるや必らず有罪の決定を与へらるる情勢」であるとし、さらに、「地方細民及び細民ならずとも資金に乏しきものは、警察官、司法官等に無理往生に所罰せらるるは見るに忍びざる次第なれば、ぜひとも陪審制度は設置したきものと思ふなり」と、「人権擁護」の立場を記しています。

とくにその二つは、政治的立場から「立憲君主制擁護」のためとして、つぎのように記しています。一九一〇（明治四三）年一一月二八日に元老井上馨の誕生祝賀会の席上、原は江木衷から現在進行中の大逆事件裁判で「被告が無実の裁判を受けたのに憤慨していた」者もあると聞かされた。つづいて江木は、「是は彼等無学にして明らかに云はざるも、天皇の名を以て裁判するのは我憲法の明示する所なるに、事実認定まで天皇の名を以てするは如何にも不当の事にて、畢竟最初の案に各国通り陪審制度を設け而して天皇の名を以て裁判すとの規定を設くべきに、陪審制度を削りながら裁判の方に天皇の名を以て云々と遺し置きたるは失錯にて、今は司法官も後悔し居る様なり。」といったと記しています。

つまり、「天皇の名」において無実の者に罰を科すと、罰は「天皇の名」によって科せられるのであるから、恨みが天皇に集中して天皇に累を及ぼす恐れがあるということです。だから陪審制を設けて国民を裁判に参与させたら、誤判の責任が天皇にまで及ぶことはないという論理です。原も全く同感で、「此等の動機にて、此制度（陪審制）を設定する事を得ば、真に国民の幸なるべし」と日記に記しているのです。このように原の陪審論の背景には、天皇に累を及ぶのを防止するという、高度な政治的判断があったことも忘れてはならないと思うわけです。

大正陪審法の制定には、原敬を中心に大逆事件の裁判にかかわった弁護士の磯部四郎・花井卓蔵・鵜沢総明および江木衷と検察側の平沼騏一郎・松室致までが、積極的に関与するという奇妙な関係になることを覚えておいて下さい。

第二六回議会で、「陪審制度設立ニ関スル建議案」が、衆議院で万場一致で通過してから、陪審制度に対する本格的な立法作業は、一九一八（大正七）年九月の原敬内閣の誕生まで待たねばなりませんでした。総理大臣原敬は、陪審法制定のため執念に燃え、司法大臣を兼任して、翌年五月に陪審制の立法化を提議して閣議の了承をえました。原は司法省内の反対を押し切り、一九一九（大正八）年七月には、司法省法律取調委員会を廃止して、あらたに内閣に臨時法制審議会を設置しました。その総裁に穂積陳重、副総裁に平沼騏一郎（検事総長）を任命し、一〇月二四日に民法改正、刑事訴訟法改正とともに、陪審制立法化の可否・可とした場合の立法の骨子如何を諮問したのです。

原は、立法化のさいに枢密院に諮問することも考え、前もって元老山県有朋（枢密院議長）の意向を打診するという、政治的手腕を発揮しています。日本弁護士協会も、陪審制立法化が臨時法制審議会に諮問されるや、一九一九年一一月一〇日に臨時総会を開き、「陪審制度の実現を速やかならしめん事を期す。」と決議をおこない、付帯決議として「遅くとも大正一〇年より始めたき事」としたのです。[7]

6　法制審議会の陪審制度綱領

陪審制の立法化の過程は、まず臨時法制審議会で、「陪審制度ニ関スル綱領」を作製承認して、内閣総理大臣に答申し、つぎに政府は、司法省で陪審法案を起草し閣議決定することになります。陪審法案が法律として成立するためには、さらに二つの関門を通過しなければなりません。

一つは枢密院へ陪審法諮詢案として提出し、その審査をへて枢密院の承認を得ることです。二つは枢密院の承認を得た陪審法案を帝国議会に提出し、衆議院で可決したあと貴族院へ送付して、貴族院の可決をへて陪審法は成立するということになります。

このような陪審法の立法過程の研究として著名なものに、三谷太一郎『近代日本の司法権と政党―陪審制成立の政治史―』（塙書房、一九八〇年）があります。この著書は、陪審法成立過程を、司法部および枢密院との関係における政党政治確立過程の一局面としての視角から論じています。その上で、従来全く知られていなかった穂積陳重旧蔵文書・枢密院旧蔵文書・伊東巳代治文書などの第一次資料を駆使して記述されています。大正陪審法の立法過程を知るには、貴重な業績であるといわなければなりません。

それでは、臨時法制審議会の「陪審制度ニ関スル綱領」と司法省の陪審法案の作成までをみてみましょう。

原敬は陪審法の立法化を諮問するために臨時法制審議会をつくり、総裁に穂積陳重・副総裁に平沼騏一郎をすえております。審議会委員を依嘱するにも、事前に政治的工作をして、政友会員以外の在野法曹の了解と協力を重視し、在野法曹出身の法制局長官横田千之助をその衝にあたらせました。その結果、原・横田と花井卓蔵・江木衷・原嘉道との会談がなされ、陪審制度の樹立に協力する諒解ができました。花井・江木・原の三人の弁護士は、臨時法制審議会委員に選ばれ、主査委員会で陪審制推進の急先鋒となるのです。

一九一九（大正八）年一〇月二四日の臨時法制審議会で、主査委員会の委員が穂積から指名されました。委員長に一木喜徳郎（枢密顧問官）、横田国臣（大審院長）、倉富勇三郎（帝室会計審査局長）、松室致（貴族院議員・元法相）、富谷鉎太郎（東京控訴院長）、美濃部達吉（東大法学部教授）、磯部四郎（貴族院議員・弁護士）、花井卓蔵（衆議院議員・弁護士）、鵜沢総明（衆議院議員・弁護士）、江木衷（弁護士）、原嘉道（弁護士）の一一名です。

委員長の一木を除いて、横田・倉富・松室・富谷・美濃部の五名の委員は、陪審制の立法化に消極的・反対論者で、弁護士の磯部・花井・鵜沢・江木・原の五名の委員は積極的論者と、はっきりと二分されることになったのです。

主査委員会は、一九一九（大正八）年一一月二六日から翌（大正九）年六月二一日まで、二二回開催されましたが、第一回主査委員会から、花井・江木ら陪審制賛成派は、陪審制採用を既定の方針として議論を展開いたしました。これに対し、美濃部・倉富ら消極派は、陪審制が憲法に違反するのではないかという問題を提起しました。

陪審違憲論の根拠は、1、帝国憲法が陪審についての明文の規定を欠いている。2、憲法五七条（「司法権ハ天皇ノ名ニ於テ法律ニ依リ裁判所之ヲ行フ」）に抵触する。3、憲法二四条（「日本臣民ハ法律ニ定メタル裁判官ノ裁判を受クルノ権ヲ奪ハルルコトナシ」）に違反する。という三点を主張したのです。

違憲論に対し江木・花井らは合憲論の立場から、司法権の行使とその前提となる事実認定とを区別して、陪審は司法権を行使するのではなく、その対象となる事実を確認するだけだから、憲法五七条・二七条に違反しないとして対抗しました。とくに、江木は、国民が陪審を通して事実認定に責任を負わせることが、天皇にその累を及ぼすことにならないと弁じています。また、大逆事件の弁護人の一人であった鵜沢も同意見をのべ、大逆事件が陪審合憲論の根拠となったことがうかがえます。

このような違憲・合憲論の対立に加えて、横田・富谷ら司法官僚は、陪審制そのものに反対しました。第一回の主査委員会から、根本の問題をめぐる対立はきびしく、当初はきわめて打開が困難であると見られたのです。両派の対立は感情的対立へと発展し、第五回委員会（一二月三日）で、磯部・花井・鵜沢・江木・原の五名連名で、主査委員辞任願いを提出する騒ぎまでになりました。

一木委員長の調停で第六回委員会（一二月一〇日）で収拾されることになりましたが、一木はその席上、つぎのようにのべています。

「此陪審問題ハ円満ニ審議シ、結局全会一致ヲ以テ通過スルガ如キ案ヲ得ンコトヲ希望スル次第ナルヲ以テ、和衷戮力審議ヲ進メタシ」

委員全員が一木発言を諒承し、消極派・積極派とも、それ以後の委員会では、正面衝突をすることなく、帝国憲法の枠の範囲内で実現可能な陪審制のあり方を審議することになりました。この第六回委員会で、花井から「陪審制度ニ関スル綱領要旨」と題する議題案（全二五項目）が提出され、第七回委員会（一二月一七日）で、その一部が「陪審制度ニ関スル第一次綱領」として採択され審議されることとなりました。

その日に、陪審制は特別法として立法化することを確定し、刑事訴訟法改正作業の進展にかかわらず、陪審法の立法化を推進することが決定しました。まさに、原敬の意向に沿うものです。

委員会は、「第一次綱領」の各項目によって、第一二回（一九二〇年三月三日）まで審議がつづけられ、第一三・一四回（三月一〇日・一七日）の委員会で、陪審制は憲法との衝突を避けうるかとの関連で、陪審適用の要件と範囲について議論がなされました。その後、江木・原・花井の三者連名で「陪審制立案要綱」という文書を提出しました。これは、主査委員会が今後決定するべき陪審制度の骨子を原案として提出したもので、在野法曹委員の意見を統一するため、三者のほかに鵜沢も参加し、江木の試案を修正したものでありました。鵜沢は、与党政友会の代議士という立場から名を連ねませんでした。

実は一九二〇（大正九）年四月一日、東京で開かれた国際弁護士大会に、日本弁護士協会は、わが国に施行せんとする陪審制度について、七項目に及ぶ具体案の報告をしています。江木らの「陪審制立案要綱」は、日本弁護士協会の具体案に、臨時法制審議会の消極派の意見などを取り入れて要綱として提出したものと思われます。

「陪審制立案要綱」は、第一篇　総則（一条〜一二条）、第二篇　陪審員（一三条）、第三篇　予審（一四条）、第四篇　公判　第一章　準備廷（一五条〜一七条）、第二章　陪審席ノ構成（一八条）、第三章　審理及判決（一九条〜二〇条）、第五篇　上告（二一条）として構成され、それぞれの篇または章ごとに条文と「要旨」が説明として付されています。

この「立案要綱」は、過去一四回の主査委員会の意見の対立に配慮し、消極派の意見も取り入れ、積極派の立場を修正した妥協的なものでありました。江木らはその前文で、「立法ノ要ハ唯其名ヲ捨テテ其実ヲ取ルニ在リ。」とし、結びともいうべき「総攬」のなかで、「一方ニ於ハ陪審判断ヲ普及セシメントシ他ノ一方ニ於テハ同時ニ之ヲ制限セントシ、一見二者抵触ニ内容ヲ蔵スルハ容易ニ之ヲ看取シ得ラルベシ、茲ニ主義主義ノ伝来的典型ヲ一擲シテ、実際的見地ニ此両方面ヲ集中シタル所以ナリ」とのべ、妥協的産物であることを認めています。

かくして、第一五回主査委員会（一九二〇年四月一四日）から、「陪審制立案要綱」にもとづいて議論が進行して、第二一回委員会（六月九日）で陪審制度の大綱についての審議が終了しました。

委員会で可決した大綱にもとづいて、倉富・花井・江木の三者で報告書が起草され、「陪審制度ニ関スル綱領」（全三八条）として、一木委員長から穂積総裁に提出（六月二一日）されました。この報告書は臨時法制審議会委員総会（六月二八日）で、全会一致で可決され、総理大臣原敬に答申されたのです。

政府は答申された「陪審制度ニ関スル綱領」にもとづいて、陪審法案の起草に着手し一九二〇（大正九）年七月二八日、司法省に陪審法調査委員会が設置され、穂積・平沼・一木・花井・江木ら一七名が任命されました。さらに第一回委員会（七月二九日）で起草委員八名が任命され全九回の起草委員会をへて、一二月二日・三日の陪審法調査委員会で司法省案として決定されました。ほぼ全面的に「陪審制度ニ関スル綱領」に準拠したもので、司法省案は一二月一日内閣に送付され閣議決定のうえ、陪審法諮詢案として、一九二一年（大正一〇）年一月一日付で枢密院の審査に付されることとなったのです。

ここでは、「陪審制度ニ関スル綱領」（全三八カ条）の詳細について省略しますが、その内容が『読売新聞』（一九二〇年八月三一日）にスクープされて、国民の目にふれることとなりました。この記事のなかで、「根本に於て陪審制度の大精神を没却し居れりとの非難早くも在野法曹の間に高し」とのコメントがつけられていたように、原敬や在野法曹の当初考えていたよりは、妥協的なものであったといえましょう。

7　枢密院の陪審法諮詢案審査

枢密院は帝国憲法五六条で、「天皇ノ諮詢ニ応ヘ重要ノ国務ヲ審議ス」と規定されています。『原敬日記』（一九二〇年一二月一〇日付）に、「陪審制度法案……枢密院に御下問の事に取計ふべし（必ずしも同院に諮問を要する例規はなけれども）、清浦に相談し、本月中に特別委員を作り、明年早々結了、おそくとも二月初には議会に提出したし」と原は記しています。

原は一九二〇（大正九）年一二月一三日に清浦奎吾枢密院副議長を訪れ、続いて山県有朋枢密院議長を訪問し、陪審法案の枢密院への諮問の予定を説明し、翌年の一月中には審査を終えるように要請しました。清浦副議長をはじめとして、枢密顧問官中かつての山県系官僚の多い枢密院の審査を経ておくことが、政治的にみて得策であるという政治的配慮からでした。この時点では、原は一月中に枢密院での陪審法諮詢案の審査を経て、二月には第四四回議会に法案を提出できるだろうと楽観的に考えていたようです。

一九二一（大正一〇）年一月一日付をもって、陪審法案は枢密院に諮詢され、これをうけて枢密院は一月八日、つぎの審査委員九名を選定しました。委員長伊東巳代治、ほか金子堅太郎、南部甕男、安広伴一郎、岡部長職、一木喜徳郎、平山成信、有松英義、倉富勇三郎です。このメンバーは、帝国憲法起草に関与した伊東・金子をはじめとして、司法省や内閣法制局での法律専門家でした。原はこれらの審査委員の選定、とくに伊東の委員長就任をみて、陪審法案の前途に不安を抱きました。審査委員のうち陪審法賛成論者は、臨時法制審議会委員であった一木と倉富の二人と安広の三名だけで、伊東委員長をはじめとして残りの六名は、すべて反対論者だったのです。

一九二一（大正一〇）年一月一七日、枢密院において第一回陪審法案審査委員会が開会され、原敬首相・大木達吉司法大臣も出席し法案の趣旨説明を行いました。原は「陪審の現実は、人民をして司法事務に参与せしむるにあり。我が国に於ては議会を設けられ、人民が参政の権を与へられたるに、独り司法制度は、なんら国民の参与をゆるされざりき。憲法実施後三〇年経たる今日に於ては、司法制度に国民を参与せしむるは当然の事なり」と陪審法案の政治的重要を説き、大木司法大臣も同趣旨の説明をしています。

大木司法大臣は、かつてボアソナードに陪審制をとり入れた治罪法草案を作成させた司法卿大木喬任の長男です。貴族院議員で最大会派の研究会に属していたのを、原が貴族院対策のために、臨時法制審議会で陪審制導入の見通しがたち、総選挙で政友会が大勝した一九一〇（大正九）年五月に、自分が兼任していた司法大臣に据えていました。かつて陪審制の導入を葬り去った伊東巳代治・金子堅太郎の前で、司法大臣として陪審法案の説明をするのも奇しき因縁といえるでしょう。

陪審法案審議委員会は、一九二一年一月一七日の第一回から、第四四回議会閉会の一九二一年三月二六日の第二二回まで開催されました。この間、有松・金子の陪審法違憲論や陪審法実施予算案提出要求や伊東委員長の病気等の遅延戦術で、審査は遅々として進みませんでした。原案に対する各委員の意見を聴いても、賛成は三人で残りは反対であるのに、伊東委員長は全会一致を望むとか、政府・議会と枢密院との対立をさけたいなどとして、結局のところ審査未了に持ち込んだわけです。当時、新聞紙上では、「枢密院が陪審法を握り潰した」と報じています。枢密院は、三月三〇日清浦副議長が法案を撤回し修正のうえ再諮問するよう原に勧告してきました。原は強く反発し「万一撤回せば、再び其侭提出すべく、即ち単に形式的手続きをなす迄なり。」（『原敬日記』一九二一年三月三〇日付）とのべています。結局のところ、政府は法案を撤回し、五月四日枢密院は諮詢案を返上してきました。

原は六月五日第一次諮詢案に若干の字句的修正をしたのち、六月二一日再び枢密院に諮詢の手続きをとりました。枢密院も六月二八日に第二次諮詢案の審査委員を指名しましたが、前回と全く同一の委員であることはいうまでもありません。七月一一日第一回審査委員会が開かれ、政府側から前回の案に一五カ所の字句的修正をしただけと提案説明を行っています。

しかし、審査委員会はその後一度も開かれず進展はありませんでした。ところが法曹界では、「陪審法案の内容」として、綱要、二重訴訟、陪審員、陪審の種類、公判、陪審員の判定、判決、その他の要点にわたり「陪審法の内容として、発表せられたものである。」として知られていました（『中央法律新報』第一年第一二号、一九二一年七月一五日）。さらに『東京日々新聞』（一九二一年九月二二日）には、それまで一切公表されていなかった陪審法案がスクープとして全文掲載され、国民に知られることとなりました。『中央法律新報』（第一年第一七号、一九二一年一〇月一五日）にも、「陪審法案（全文）」すなわち一条〜一三四条の全文と、第一次案との新旧対照を付して掲載されています。

ところが、政府は刑事訴訟法改正案を来議会に提出することになり、陪審法は刑事訴訟法の特別法であるため、調整が必要となってきました。そこで原は、一〇月二五日にその旨を上奏し即日撤回の手続きをした上で、手際よく翌二六日に第三次諮詢案を提出しています。

原は第三次諮詢案上奏後も、執念を燃やし伊東との間で妥協点を見出そうとしていました。『原敬日記』（一九二一年一一月二日付）には、伊東の来訪が記され「陪審一致点」のメモが残されています。その二日後、一九二一年一一月四日に原は、枢密院での第三次諮詢案の審査の開始をみることなく、東京駅で刺殺されるという非運に見舞れてしまったのです。

原の没後、一九二一年一一月一三日に全閣僚留任のまま高橋是清内閣が誕生しました。そして一二月八日に第三次陪審法諮詢案の第一回審査委員会が開催され、高橋は刑事訴訟法改正案との調整のための修正で、第三次案は第二次案と実質的には異ならないと説明しています。

委員長伊東は、政府と妥協しうる多数意見を得るため、自ら法案修正のイニシアティヴをとる動きを示してきました。伊東は、第二回委員会（一二月一二日）で「陪審法修正大綱腹案」を提出し、一部の委員の反対もあったが、この案をもって政府と交渉することの一任をとりつけたのです。伊東と政府当局者との交渉をへて、一二月二〇日に政府は「陪審法修正大綱腹案ニ対スル政府ノ意見」を伊東に手交しました。第三回委員会（一二月二三日）で、政府意見の「請求陪審復活」は認めることができないとして、もう一度政府との交渉を伊東に一任しています。そして第四回委員会（一九二二年二月一五日）までの間に、枢密院と政府との間で具体的な陪審法案の修正案つくりが行われました。

この間に、元老山県有朋枢密院議長が一九二二年二月一日に没し、二月八日清浦奎吾が枢密院議長に任命されています。伊東と政府との交渉の結果、「1、請求陪審を認めること、それは長期であって三カ年を越える懲役禁錮刑、2、法定陪審の範囲、3、特別陪審を止めること、4、陪審員の選定は抽選によること、5、「評決」を「評議」と修正すること」などで妥協することになりました。このように枢密院側の修正要求をとり入れた諮詢案修正案が、第四回委員会（二月一五日）に提出されたのです。

各委員の修正案に対する意見表明の結果、賛成は一木・倉富・安広・金子の四名、反対は岡部・平山・南部・有松の四名の可否同数となり、委員長伊東が可決を宣言しました。こうして枢密院に三たび諮詢された陪審法案は、帝国憲法制定時に陪審制度反対を主張していた、頑強な反対論者伊東巳代治と金子堅太郎の態度変更という事態によって、辛じて一票差で委員会を通過したのです。一九二二（大正一一）年二月二七日、枢密院本会議は摂政宮臨席のもと開催され、長時間にわたる賛否両論の討議のあと採択が行われ、賛成一四、反対四で、陪審法修正案は可決されることになりました。

政府は直ちに開会中の第四五回議会に提出し、衆議院は通過したものの貴族院で審議未了となりました。しかし、加藤友三郎内閣により陪審法案は再びとりあげられ、四たび枢密院に法案を諮詢することとなったのです。第四次陪審法諮詢案は、一九二三（大正一二）年一二月五日、第一回審査委員会にはかられましたが、第三次案と同一のため、委員会で多数により可決したものと認められたのです。一二月二〇日の枢密院本会議では、反対者三名を除く出席者全員の賛成で可決されました。

生前、原敬は陪審法案を枢密院にかけたのは、簡単に一ヵ月ぐらいで審査が終わるだろうと考え、かならずしも法制上諮詢はいらないけれども、政治的配慮からであったのです。しかし吉野作造が「内閣と枢府」（『朝日新聞』一九二四年四月一日～四月六日）で、政党政治の発展のためには、枢密院は無用有害であり、政府監督の機関として枢密院を置く必要はないと枢密院廃止論を唱えました。吉野自身もこの論文が、筆禍の一つとなり朝日新聞社の退社を余儀なくされましたが、その枢密院において、原は苦汁をなめさせられたわけです。

陪審法に執念を燃やした原敬はその実現をみることなく刺殺され、陪審法案は結局、枢密院に四回にわたって諮詢案を提出する破目になり、原敬が考えていた陪審法からみれば、まさに骨抜きの陪審法となってしまったのです。

8　帝国議会の陪審法制定過程

枢密院本会議で陪審法諮詢案修正案が可決されると、高橋是清内閣は残すところ一ヵ月しかない開会中の

第四五回議会に、陪審法案を提出しました。衆議院では絶対多数の与党政友会によって、一九二二（大正一一）年三月一一日可決したものの、貴族院では審議未了となって廃案になりました。しかし、加藤友三郎内閣によって、再び第四六回議会に提出され、衆議院で一九二三（大正一二）年三月二日に可決され、貴族院においても三月二一日に通過し、陪審法はようやく成立しました。

三谷太一郎『近代日本の司法権と政党』では、臨時法制審議会と枢密院での審議・審査過程については詳細に記述されていますが、議会における陪審法案の審議過程は、簡単に結果だけを記述されているのみです。議会の審議過程については、陪審法制定の中心的な役割を果たした弁護士、江木衷・原嘉道・花井卓蔵監修の『陪審法審議編』（清水書院、一九二三年）が最も詳しい資料です。

この著書は、陪審法制定直後の一九二三年七月に出版され、「1、陪審制立案要綱、1、陪審法案（大正一一年案・大正一二年案）衆議院議事録・特別委員会議事録、貴族院議事録・特別委員会議事録（第四五回帝国議会・第四六回帝国議会）」が、すべて収録されており、一五三〇頁におよぶ大著です。

それでは、議会における陪審法制定過程をみましょう。第四五議会に提出された陪審法案は、一九二二（大正一一）年三月二日、衆議院第一読会で大木司法大臣の提案説明から始まりました。質問に立ったのは、野党憲政会の鈴木富士弥と野党国民党の関直彦で、二人とも原内閣の陪審法案より後退しているとし、枢密院による修正点を対象に批判を展開しています。答弁は横田千之助法制局長官が行って、できれば一九二三（大正一二）年度から実施したいとしています。その後直ちに、特別委員会に付託されました。委員は、刑事訴訟法案の特別委員が兼任となり委員長には、陪審博士と綽名されている鵜沢総明が就任しました。鵜沢は、大逆事件の弁護士で政友会員で、陪審制立法化の臨時法制審議会の主査委員でもありました。特別委員会は、第一回（一九二二年三月二日）から第六回（一九二二年三月一一日）まで開かれ、第二回から法案一一四ヶ条の逐条審議に入り、第六回委員会で討議を終結し採択を行いました。絶対反対は上畠益三郎のみで、憲政会や国民党の委員から修正案が提出されたが、すべて否決で原案が一人の反対を除いて可決されました。なお、原案の「特許弁理士」が「弁理士」と字句修正が行われたのみです。

特別委員会で可決されると直ちに第一読会（三月一一日）の続きが行われ、鵜沢委員長から報告がなされました。その後討論に移り上畠益三郎が絶対反対の意見を開陳したのです。上畠は大阪弁護士会の弁護士で、会派は庚新倶楽部に所属していました。一九一〇（大正九）年一月に、日本弁護士協会が各弁護士会に陪審法案の諮問をしたとき、大阪弁護士会は賛成一五、反対一七で否決し、「陪審制度ハ我国ニ採用スベカラズ」と決議したときの反対派のリーダーであった議員です。賛成派のリーダーは清瀬一郎でした。上畠は、「法曹界ニ於テ最モ有力ナル団体タル大阪弁護士会ノ有スル所ノ反対ノ意見ヲ発表シテ」参考に供したいと反対討論をしたのです。

続いて第二読会に移り、鵜沢委員長から一ヶ条の修正案が提出され、また国民党の板野友造（大阪弁護士会所属弁護士）が五ヶ条の条文の修正案を提出しました。板野の修正案は、陪審の範囲の拡大、陪審の効力の増加等、人権擁護の立場からの修正でした。やはり国民党の清瀬一郎（大阪弁護士会所属弁護士）が、板野の修正案に賛成の討論を行い、本会議場はまさに、一昨年の大阪弁護士会での陪審法案をめぐる論争の再現の様相を呈したのです。板野修正案は否決、鵜沢修正案が可決され、委員長報告通り可決して第二読会を終り、第三読会で可決確定しました。

衆議院を通過した法案は直ちに貴族院に送付されて、同年三月一四日に貴族院第一読会が開かれました。山内確三郎司法次官より、提案理由がのべられ、討論のあと特別委員一五名が指名されたのです。委員長に松本宗隆、副委員長に磯部四郎が選任されました。特別委員のなかの副委員長の磯部四郎と富谷鉎太郎は、臨時法制審議会の主査委員でした。
特別委員会は、第一回（三月一七日）から第四回（三月二五日）まで開催され、刑事局長林頼三郎から提案説明があり、全体討論のあと第三回（三月二四日）から法案の逐条審議に入り、第四回（三月二五日）の議会最終日に原案を可決しました。午後ただちに本会議に上程され第一読会の続きが行われ、特別委員会の副委員長磯部四郎が経過報告をしています。

磯部は弁護士界の長老で、大逆事件の弁護士団長の役割をになった人物ですが、政友会に属し代議士のあと貴族院議員となっていたのです。臨時法制審議会の主査委員の一人として、陪審法の立案にたずさわっていました。実は磯部こそ、日本で最初の陪審制の導入を提案したボアソナードの治罪法草案の作成にたずさわった人でした。磯部は一八七五（明治八）年司法卿大木喬任に命ぜられ、陪審制の調査のためフランスに留学しパリー大学で学び、帰国後、ボアソナードとともに治罪法草案を起草したのです。治罪法案の陪審制度が葬り去られてから四二年を経て、ときの司法卿大木の長男が司法大臣で陪審法案を提案し、七一歳の老齢で磯部が貴族院において、特別委員会を代表し審議経過を説明するということは感無量であったと想像できるでしょう。

しかし、本会議では、反政友会・反研究会系議員である若槻礼次郎・目賀田種太郎・坂本釤之助・池田長康らの意図的な議事引延ばしの質問があり、磯部と若槻の論争は激しいものでした。そして、時間不足を理由に議事中止の動議が出て可決され、陪審法案は審議未了のまま第四五回議会は閉会となってしまったのです。

一旦廃案になった陪審法案は、高橋内閣のあとの加藤友三郎内閣（一九二二年六月一二日成立）によって、再びとりあげることになりました。

加藤内閣の司法大臣は、貴族院議員岡野敬次郎（元東大法学部教授・元法制局長官）で、岡野は就任すると再び陪審法案を議会に提案する決意をかため、四たび、枢密院に法案を諮詢したのです。

再び枢密院の承認をえた陪審法案は、第四六回議会へ提出されました。法案の内容は前議会で廃案になったものと全く同じであり、陪審法案理由書として「人文ノ発達国運ノ進歩ニ鑑ミ刑事事件ニ付陪審ノ制ヲ樹テ司法制度ノ完備ヲ図ルハ最モ時宜ニ適スルモノト認ム是レ本案ヲ提出スル所以ナリ」が付せられています。一九二三（大正一二）年二月一〇日衆議院の第一読会が開かれ、討議のうえ一八名の特別委員を指名し、鵜沢特別委員長のもと、第一回（二月一三日）から第八回（二月二三日）まで開催されました。岡野司法大臣は、特別委員会に毎回出席し答弁をするという熱意を示しています。なお、政府は陪審法の施行時期をくり下げ、一九二七年度以降にすると説明しました。

特別委員会は、革新倶楽部の弁護士高柳覚太郎一人が反対し残る全員賛成で原案を承認しています。前議会で絶対反対であった上畠益三郎は今回は殆ど発言せず賛成に廻っていました。第一読会の続きは、三月二日開催され、鵜沢委員長の報告がなされ、高柳の憲法違反と陪審制反対という絶対反対論がなされ、他の議員から原案賛成論もあり第二読会に移りました。

第二読会では、革新倶楽部の関直彦外二名から修正案が提出され、清瀬一郎が提案説明をしましたが、これは原案の陪審制は不徹底だから、枢密院で削られたところを復活せよとの主張です。とくに、犯罪事実を肯定するか否かは、陪審員の過半数でなく全員一致制を提案しているのです。革新倶楽部は、陪審法については党議で拘束していないので、高柳は絶対反対、清瀬らはもっと徹底せよという結果を招いています。しかし、この修正案は否決され、第二読会では、原案賛成で第三読会を省略して多数で可決され、貴族院に送付されました。

貴族院では、三月五日に第一読会が開かれると、前議会同様に若槻・目賀田・池田・山脇玄らの議員が、最初から議事引延作戦で、岡野司法大臣の提案説明に対して長々と質問演説をくりかえしました。しかし、同日、一五名の特別委員が指名されて、特別委員会は二条厚基委員長のもと、第一回（三月九日）から第七回（三月二〇日）まで審議がなされたのです。

特別委員には弁護士界の長老花井卓蔵が、磯部四郎にかわって指名されました。花井は、前年の一九二二（大正一一）年六月から貴族院議員になっていました。花井とともに臨時法制審議会の主査委員であった富谷鉎太郎も特別委員で、さらに大逆事件当時の検事総長松室致も特別委員に指名され、花井とともに陪審法賛成論で意見を開陳したのです。特別委員会では、原案可決で三月二一日に、第一読会の続きにまわされました。

二条委員長の原案可決報告のあと、若槻は再び反対演説を長時間に及んで展開しました。若槻はかつての政敵原敬を批判し、国民をして司法権に参与せしめるという立憲論は、原が為にする所あって製造したもので、政策上から陪審法案を提出したに過ぎないと、昼食時間をはさんで実に四時間の反対演説を行いました。

これに対し、花井は賛成演説を明治時代からの陪審制沿革史と、陪審法は憲法違反にならないという二点にしぼり、これも夕食をはさみ二時間におよんで展開しました。その後、反対論者目賀田と花井との論戦のあと、山脇の反対演説、富谷の賛成演説があったが、討論終結の動議で、第二読会に移ることを記名投票で賛成一五一、反対八で決定しました。

第二読会で原案に賛成、直ちに第三読会で、第二読会の決議通りで可決しました。原が陪審制の立法化のため臨時法制審議会に諮問してから、実に三年六ヵ月、原の没後一年五ヵ月を経て、陪審法は一九二三（大正一二）年四月一八日に、法律五〇号をもって公布されたのです。

9　大正デモクラシーと陪審法

わが国の陪審法が大正の末年になって、ようやく陽の目をみることになったのは、政党政治家原敬のリーダーシップと在野法曹界の粘り強い運動にあったことはいうまでもないでしょう。しかし、その背景には、大正デモクラシーの潮流があったことを見逃すことができません。大正デモクラシーといえば、民衆の登場ということがまず浮かんできます。大正デモクラシーの定義を、わたしは、つぎのように考えています。

日露戦争後（一九〇五年）から護憲三派内閣が普選法を成立させ、無産政党が結成（一九二五年）されるまでの時期を設定します。そして、この間における民衆諸階層の広義のデモクラシー獲得運動ならびに思想を大正デモクラシーと云います。広義のデモクラシーとは、社会生活上におけるデモクラシーであって、社会的デモクラシー（政治上、経済上、教育上、文芸上、宗教上その他）、精神的デモクラシー（自由・平等・博愛・人格上）を含むものと解しています。大正デモクラシーの思想と運動の発展段階により、その指導理念は、「立憲主義」から「民本主義」と変わり、さらに「社会的デモクラシー」へと移っていくのです。

政友会総裁原敬による、わが国はじめての政党内閣の誕生は、「民本主義」から「社会的デモクラシー」の時期になるのです。すなわち、国外から「すべての階級のデモクラシー」というウイルソンの声がひびきわたるとともに、「無産階級の解放」というレーニンの叫び声がきこえてくるときです。国内では一九一八（大正七）年の夏、日本近代史上、空前絶後の民衆運動といわれた米騒動がおき、新聞の世論と米騒動による民衆暴動によって、寺内正毅内閣が倒れ原政友会内閣の登場となったのです。当時は、世界のデモクラシー思潮に歩調を合わせるかのように、「改造」「解放」が民衆の合い言葉となっていました。

原敬は、臨時法制審議会の第一回総会（一九一九年一〇月二四日）の席上、訓示して「陪審の当否については議論がいろいろあるにしても、西洋の殆ど全部の国が採用している制度である。」ことを高調しています。これは、世界のデモクラシー潮流のなかで、司法への国民参加は当然のことで、司法のデモクラシー化、すなわち司法の社会化、民衆化をはからなければと考えたといえます。原の政治信条のなかに、「何事も政府は一歩先に進み、改良をなし……人民より迫られて始めて処置をとる様では、国家の為に憂ふべき事なり」（『原敬日記』一九一九年七月一〇日付）があり、この信念が陪審制立法化の動機の一つでもありました。

原敬内閣当時は、まさに大正デモクラシー運動が最高潮に達するときで、普通選挙制とならんで陪審法の導入が運動目標に掲げられたのです。吉野作造も「陪審制度採用の議」を『中央公論』（一九一九年九月）に寄せ、「常識の判断は如何なる場合に於ても、法律家の形式的判断よりも有力である。已に法律其物が時勢の進展に伴って改正されるべき者たる以上、之に道徳的権威を認めんとするのは正当でない。」として、司法への国民参加を主張しています。

陪審法案が枢密院に付議されても、遅々として進まない審査に対して、日本弁護士協会は、全国各地で「陪審制度促進講演会」などを開催し、陪審法実現のための運動を展開しました。たとえば、一九二一（大正一〇）年二月八日には、明治大学記念講堂で、日本弁護士協会主催のもと開催され、約三、〇〇〇人の聴衆がおし寄せるという大盛況でした。そのなかで、卜部喜太郎弁護士は、「民衆の司法参政は時代の要求だ。富豪の庭園開放もよいが、法廷の一部開放は民衆に取って《（ママ）》は、より以上有意義である。」と訴えています。

大正デモクラシーは、政治・経済・社会・思想・文化面とあらゆる領域にわたって大きな影響を与えました。その運動の一つとして、司法の社会化・民衆化ということを忘れてはなりません。たとえば、星島二郎と片山哲は、一九二〇（大正九）年一月に「中央法律相談所」を開設し、三輪寿壮、細野三千雄、宮崎竜介などの、若き大学出の弁護士たちが、デモクラシーの波に乗り、司法の社会化、民衆化を推進したのです。片山哲は、『大学評論』(第四巻第五号、一九二〇年五月)に「法制の改造」として、つぎのようにのべています。

「法制改造は思想上政治上における諸改造運動と相並んで、提携離るべからざる改造必要条件である。……政治上に於ては普選問題となり経済上に於いては労働問題となって我々の目の前に現れてきました。而して法制改造の急を叫び、之を実現する事が前二者の改造運動をして其の実を結ばしめ、其の効果を挙げさしめる所のまことに重大なる鍵を握ったものである。」

さらに星島と片山は、一九二一(大正一〇)年二月一日に『中央法律新報』の創刊号を発行し、半月刊で表紙には「法律の社会化」のスローガンを掲載して、一九二四(大正一三)年五月一日まで発行し続けました。主筆格の東大教授牧野英一は、創刊号に「法律改造の基点としての社会化」を掲載しています。執筆者は、牧野、鳩山秀夫、末弘厳太郎、穂積重遠など東大法学部教授のほか、裁判官、検事、弁護士等にも紙面を開放しています。さらに講演会や「法律実務講習会」を実施し、法曹界から歓迎をうけました。講師には、学者、司法省官僚、裁判官、検事、弁護士が名を連ねています。

一九二三(大正一二)年四月一八日に陪審法が公布されると、法律実務講習会の講師として、陪審法案の作成、議会での答弁に当った司法省刑事局長林頼三郎を講師として招き、六月七日に「陪審手続き」について講演をさせています。この講演は、「我陪審制度」として『中央法律新報』(第三年第一四号、一九二三年七月一五日)に掲載されました。ともかく、大正の末年に成立したわが国の陪審法は、大正デモクラシー思潮のなかで、国民が司法に参与するという司法の社会化、民衆化の一つのあらわれとして実現したものです。まさに、陪審法は大正デモクラシー時代の歴史的所産であるといわなければならないでしょう。

10　むすび

陪審法が、大正デモクラシー思潮のなかで、司法への国民参与という形で成立したとき、牧野英一は、「陪審法と憲法論」(『中央法律新報』第三年第八号、一九二三年四月一五日)で、つぎのようにのべています。

「兎に角、陪審法案は通過しました。今まで議会や枢密院が之に対して重い役目を占めた。しかし既に之が法律になってしまえば、議会も枢密院も政府も最早之に対して何等の力をも及ぼし得るものでない。斯くして、陪審制度の運用は一に、其の支配を受くべき者、即ち、裁判所、及び民衆の之を理解する所如何に依って定まって行くわけになるのである。」

牧野は、陪審制によって司法に国民が参与する原則は樹立されたが、法律の社会化としての陪審制度の正しい運用は、この陪審法の支配を受ける裁判所と国民がどのように理解するかにかかっていると訴えたのです。陪審法は五年間の準備期間を経て一九二八(昭和三)年一〇月一日に施行されました。この間、第二次護憲運動により清浦奎吾内閣が倒閣され、加藤高明護憲三派内閣が成立することによって、政党内閣が実現し、普通選挙法が成立しています。大正デモクラシー運動の要求であった国民の司法参加の陪審法につづいて、国民の政治参加の普選法が成立しました。

そして、普選法による最初の総選挙が実施されたのが、陪審法施行より一足先の、一九二八(昭和三)年二月二〇日でした。続いて一〇月一日に陪審法が実施されて、大阪地裁での最初の陪審公判は、一一月二七日に開廷されましたが、東京地裁では一二月一七日に開かれました。東京地裁での最初の陪審法廷には、司法大臣をはじめ司法省の最高幹部が訪れ、裁判官の後ろに着席したと報じられました。当時は田中義一内閣で、司法大臣は、原嘉道であったのです。なにあろう原は、在野法曹界で東京弁護士会長などつとめて、江木、花井らと臨時法制審議会で陪審法制定の中心人物として活躍していたのです。陪審法廷が実現し、最初の陪審法廷に立会った原の感慨はいかばかりであったろうと思います。

わが国はじめての陪審法の実施にとって、原嘉道が司法大臣であったことは、陪審制の前途を祝福しているかのようにみえました。しかし、その後のわが国の歩みは、大正デモクラシーから昭和ファシズムへと移行し、満州事変、日中戦争、太平洋戦争へと一五年戦争に突入し、わが国民は陪審法とともに不幸な道を歩まねばならなかったのです。もし、不幸な戦争突入を防止できていたなら、わが国の陪審法は着実な歩みを続けていたといえるでしょう。

大正デモクラシー時代に提唱された、司法のデモクラシー、すなわち司法の社会化、民衆化を徹底するために、一日も早い陪審法の復活を望み、現実のわが国に適合するような陪審法に改正し、司法の民主化を実現させなければならないでしょう。

〔**参考文献**〕

江木衷・原嘉道・花井卓蔵監修『陪審法審議編』清水書店、一九二三年。
司法省刑事局編『陪審制度の話』司法省、一九二六年。
尾佐竹　猛『明治文化史としての日本陪審史』邦光堂、一九二六年。
三谷太一郎『近代日本の司法権と政党』塙書房、一九八〇年。
丸田　隆『陪審裁判を考える』中央公論社、一九九〇年。
太田　雅夫『増補大正デモクラシー研究』新泉社、一九九〇年。

〔コラム〕治罪法審査修正案

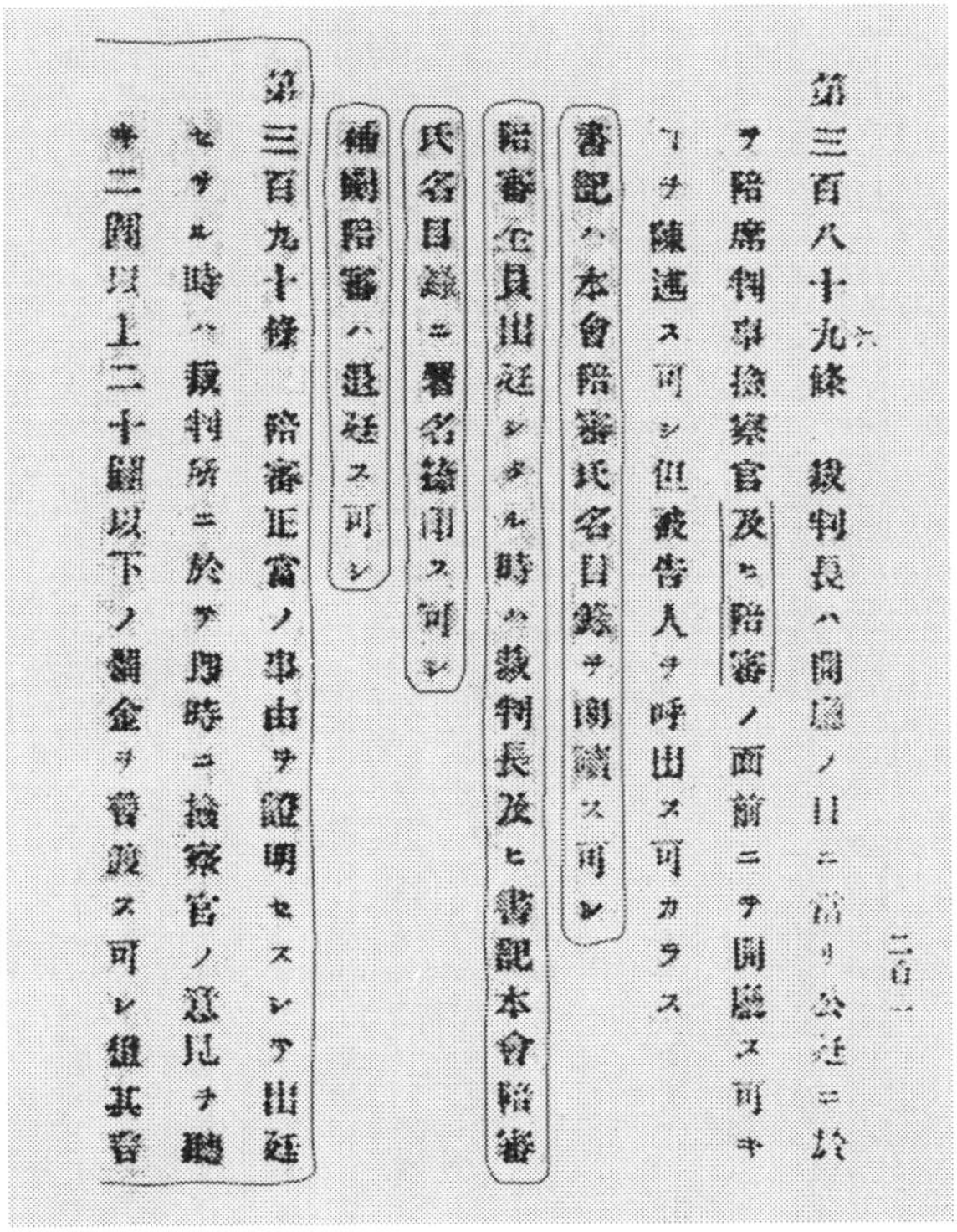
第三百八十九條　裁判長ハ開廷ノ日ニ當リ公廷ニ於テ陪席判事檢察官及ヒ陪審ノ面前ニテ開廷ス可キコトヲ陳述ス可シ但被告人ヲ呼出ス可カラス

書記ハ本會陪審氏名目錄ヲ朗讀ス可シ

陪審全員出廷シタル時ハ裁判長及ヒ書記本會陪審氏名目錄ニ署名捺印ス可シ

補闕陪審ハ退廷ス可シ

第三百九十條　陪審正當ノ事由ヲ證明セスシテ出廷セサル時ハ裁判所ニ於テ即時ニ檢察官ノ意見ヲ聽キ二圓以上二十圓以下ノ罰金ヲ言渡ス可シ但其管

二百一

司法省は、一八七六年に治罪法の編纂に着手し、原案起草者ボアソナードを中心にすすめられ、陪審制を条文に取り入れた治罪法草案を一八七九年九月に奏進した。一二月に治罪法審査委員会で逐条審査を終え、五三〇条よりなる治罪法審査修正案を、一八八〇年二月二七日に政府に上進した。政府に於いて審査の末、陪審に関する条文を削除して、四八〇条とし、四月九日に元老院に付された。若干の修正を加えて、一八八〇年七月一七日治罪法は、太政官布告第三七号として公布され、一八八二年一月一日より施行された。

写真は、ボアソナードの原案により作られた治罪法の草案を、治罪法草案審査委員会で修正したもので写真中の線は藍色で、その後、政府で削除された部分を示している。陪審にかんする部分が削除されていることがわかる。

この「治罪法審査修正案」は、石井良助博士所蔵のもので『明治文化史』二「法制編」（洋々社、一九五四年）所収の口絵写真からの転載である。

註

（1）**ボアソナード**

Gustave Emile Boissonade（一八二五・六・七〜一九一〇・六・二七）フランスの法学者。パリ大学卒業後、グルノーブル・パリ両大学の助教授を歴任し、日本政府の法律顧問として、一八七三年一一月に来日した。司法省法学校・明治法律学校・和仏法律学校で教えるかたわら、七四年に征台の役に関し大久保利通の中国行きに随行した。七五年には司法卿から「日本憲法草案」の起草を命じられ、元老院・行政裁判所・外務省・内務省などの顧問をつとめた。

七五〜八〇年まで、刑法・治罪法の草案と、その注釈書の編纂に主力を注ぎ、また八一〜八八年まで、民法草案とその注釈書の編纂にもあたった。彼の民法草案は民法典論争で延期派が勝利をしめ、実施をみずに葬り去られたが、日本の近代化や法制整備についての功績は大きい。一八九五年に二一年間に及ぶ任務をとかれ、七〇歳でフランスに帰国したが、日本政府は勲一等・瑞宝章を贈り功績を称えた。

（2）**明治一四年の政変**

長州派の伊藤博文・井上馨と肥前派の大隈重信との対立が深刻化した政変で、参議大隈が罷免され、薩長藩閥政府を確立した政治事件。大隈放逐のクーデターともいわれる。民権派の国会開設請願運動に対して、政府は極力弾圧するとともに、伊藤・大隈はその対策として、憲法を制定し国会を開設することを決めていた。ことの発端は、一八八一年三月大隈が伊藤に図らずに単独で、八二年に憲法を制定し八三年に国会を開設し、責任内閣制を確立するという急進的な建議書を左大臣有栖川宮をへて上奏した。これを六月末に伊藤が知ることになり、伊藤・大隈の正面衝突となった。

たまたま、北海道開拓使官有物払下事件がおこり、民権派の政府攻撃が高まってきた。その陰で大隈が福沢諭吉一派と組んで、薩長派打倒の陰謀をしているという風説がながれ、政府部内は大動揺をきたした。一方、右大臣岩倉具視は井上毅をして、プロイセン的欽定憲法の構想を立案せしめた。そして、伊藤とともに大隈のイギリス型議会政治の排撃につとめ、ドイツ型国権主義政治への転換をはかり、大隈一派放逐のクーデターをもくろんだ。

一八一〇年一〇月一一日東北・北海道巡幸から帰京した天皇を囲んでクーデターが決行され、巡幸に随行して帰京した大隈はそのまま政府を追われた。翌一二日に政府は開拓使官有物払下を中止する一方で、九〇年を期して国会を開設する勅諭が発せられ、民権運動に分裂のくさびを打ち込むことに成功した。

(3) 日糖事件

大日本製糖株式会社が事業不振を打開するため、一九〇七から一九〇九年(第二三議会から第二五議会)にかけて、政友会をはじめ衆議院各党の議員を対象とする贈賄を行った汚職事件。一九〇九年四月から捜査が開始され、政友会一三、憲政本党六、大同倶楽部二の合計二一名が起訴された。七月三日公判が終結され、第一審で二〇名、八月一〇日の控訴審で一八名が有罪となり、これは政治的疑獄として大規模なものであった。

(4) 『原敬日記』

原敬(一八五六・一〇・一二～一九二一・一一・四)には、詳細な日記があることは生前から知られており、もし発表されたら明治・大正期の唯一の政治資料になるだろうと注目されていた。しかし、原の遺書に「余の日記は数十年後は兎に角なれども当分世間に出すべからず、余の遺物中此日記は最も大切なものとして永く保存すべし」という一節があった。ようやく敗戦後、『朝日新聞』紙上に発表され、一九五〇年に乾元社から一〇冊本として刊行。のち福村書店から六巻本として再刊(一九六七年四月完結)された。また、一九九九年に影印版で『原敬日記』全一七巻本として北泉社より出版されている。

この日記は、一八七五年から一九二一年の刺殺される直前までにわたり、日本近代史に大きく再検討を迫る第一級の政治資料であった。まさに明治・大正期における政界の表裏の消息を伝える一代秘史である。

『日記』には、確実性の高いもの、推測的なもの、風聞に属するものなどが記されているが、信頼度が高いといわれている。原敬と陪審制の関係を知るにも見逃すことのできない貴重な資料である。

（5）**大逆事件**

明治天皇暗殺を計画したという理由で多数の社会主義者が逮捕・処刑された事件。別名で幸徳秋水事件ともいう。一九一〇年五月二五日長野県明科で宮下太吉が、爆裂弾を製造保持していることが発覚し、政府は翌月から全国の社会主義者数百名を検挙した。うち、二六名を天皇暗殺未遂の大逆罪で起訴、一二月から翌年一月にかけて大審院特別法廷で非公開の裁判を行い、一月一八日幸徳秋水以下死刑二四名、有期刑二名の判決を下した。うち、一二名が無期に減刑されたが幸徳以下一一名は二月二四日に、菅野スガは二五日に処刑された。

実際に計画を進めたのは、宮下・菅野・新村忠雄・古河力作の四名とみられ、それ以外の被告は無関係で無実といわれていた。当時の第二次桂太郎内閣は、これを大陰謀事件として、社会主義運動の弾圧に利用し、これより社会主義運動の〝冬の時代〟がはじまった。

（6）**大審院**

帝国憲法における最高の裁判所で、日本国憲法の施行により最高裁判所に代わった。一八七五年四月一四日漸次立憲政体を立てるとの詔書により、元老院・地方官会議とともに大審院開設が約束された。帝国憲法五七条にもとづいて、一八九〇年二月一〇日公布の裁判所構成法で制度的に完成した。裁判所は区裁判所・地方裁判所・控訴院・大審院からなり裁判所には検事局が付置された。

大審院のもとに民事部・刑事部がおかれ五人の判事からなる合議体で、上告された事件の審判にあたった。さらに、天皇・皇室に対する危害罪及び、内乱罪については、大審院に予審から第一審で終審となる裁判を行う特別権限（特別法廷）が与えられた。司法行政上では司法大臣の監督に服し、下級裁判所に対する監督権をもたなかった。

（7）**枢密院**

天皇の諮詢にこたえる重要な国務を審議する機関。俗に枢府ともいう。一八八四年四月二八日枢密院官制によって設置され、最初に皇室典範、大日本帝国憲法草案が諮詢された。帝国憲法五六条により恒久機関となり、日本国憲法施行まで存続した。議長・副議長・枢密顧問官からなり、各大臣は顧問官の地位を有し表決権をもった。諮詢事項は広汎にわたり、帝国憲法・皇室典範・枢密官制等に付属する法令のほか、緊急勅令・戒厳宣言・条約などがふくまれていた。

明治末期より一九二二年まで元老山県有朋が枢密院議長の職にあり、枢密院は山県系官僚の牙城となり、政党の伸張・議会の発達を阻むことがあった。政党内閣の成立により両者の対立が顕著となり、枢密院はその地位を利用して、内閣の施政を左右することが、しばしばおこった。

大正陪審法の制定過程における論議

大阪学院大学法学部教授　阪村幸男

この内容は、『陪審法審議編』（江木衷・原嘉道・花井卓藏監修、大正一二年七月一八日発行、清水書店）によるものです。本書は一五〇〇頁余りに及び審議の論議そのものをまとめたものです。

大略すると、「陪審法案（大正一一年案）」と、「陪審法案（大正一二年案）」の二部にわかれ、衆議院と貴族院の議事録（特別委員会議事録を含む）を双方共に記録したものです。

ここではその中の重要な論点について、いかなる論議がなされたか、また現代的意義をもつものに焦点をしぼり記しておきたいと考えます。なお、頁数は数字のみを記すことにします。両案とも、大正陪審法の条文と重要部分は変わらないのです。

1　第一部　陪審法案（大正一一年案）審議録

(1)　第四五回衆議院議事録（大正一一年三月二日）

大木遠吉司法大臣は本案の提案理由を示し、本案は法制審議会で満場一致で綱領を定め、司法省で起案し、閣議に付し、枢密院の議を経て帝国議会に提案するものであり、全ての会議で憲法違反でないと一致し、法律となれば国民は進んで司法の一部に関与でき、立憲の本義の完きをうるもの、とのべています（二二一〜二三)。

① 鈴木富士彌氏は次の質問をしました(二三~二九)。ⅰ起訴陪審を採用しなかった理由、ⅱ陪審は裁判所の諮問機関か、事実認定の評決機関か、ⅲ陪審制は違憲か、ⅳ陪審に付す事件の範囲の縮小の理由、ⅴ本案施行の期日とその経費予算に対する見込みはどうか、です。これに対し、横田千之助政府委員は、その各々につき答弁しています(二九~三九)。

ⅰについては、本案は英国の陪審法を模範としたものでなく、各国の陪審法の精神及び形式から出来る限り日本の国情に適し、現在の日本の人文の進歩に合致しているものにするべく努力した、とするのです。

ⅱについては、陪審員の評定の結果が裁判所の判定と合致し、陪審員の評定が基礎となって裁判所がこれを採決するときに、事実上の判断の上に効果を発する主義、精神の立法である。一方において、事実上の判断は、憲法にいう裁判でない、裁判とは一定の事実に法律を適用し宣明するところに意義があるという説もあるが、政府は、従来の裁判という歴史、沿革から、裁判は事実の判断と法律の適用の両方からなるものと解釈し、そのために、陪審員の事実の認定が裁判所を羈束することは避け、同時に陪審の評議が威力なくしては本案の大精神に違背するために、本案は陪審の意見に反する裁判所の事実認定はできないとの組み立てでなくして、両者の中間性の性質を採ったところに妙用があるとするもので、したがって違憲でないとするのです。ⅴについては、費用は経常費は三五〇万円要ると思うし、時期は大正一二年度から試みたいとします。なお関直彦氏の質問に対しても、横田委員は、陪審員の評議と裁判所の意見が合わぬときは、各機関の自己反省に待つ、法の妙用を収めようとするもの、というのです。また皇室にたいする罪、内乱、外患、国交、騒擾は、選挙に関する犯罪と同様に政治上の党派関係その他の時勢の推移をみなければ危険だとするのです。なお陪審法案委員長の鵜澤総明氏も、陪審法案の結果および経過の報告を詳細に行い、十分の討議を要求しました（四〇〜五五）。

② 上畠益三郎氏は詳細な反対意見を表明しました（五五〜七六）。

ⅰ陪審はデモクラシーに基礎をおき、民意を代表する陪審という代表機関を設けるのは当然であるが、一二人の陪審員が、「然り」「然らず」の答をするのは国民を代表するものではない。ⅱ陪審の必要は人権擁護にありとするも、人権蹂躙（じゅうりん）の悪弊は、検事、警察によるもので、予審では予審判事、公判では弁護人を付するからそれはない、陪審が自白により決めるとすれば検事、警察は一層自白を強いるであろう。ⅲ陪審は司法の根本的性質に矛盾しており、司法は特別の事件につき真実を発見し正否を確実にするのが目的であって、判事が自己の良心のみに従って判断すべきもので、多数の意見にしたがうものでない。ⅳ陪審は民情、風俗を考慮して採用すべきで、英国では国俗が法官に対し極度の尊敬と信頼を拂っており、陪審官は法官の教示に背くことはなく弊害はない（独・仏では弊害があり、存続すべきでないとされた）。もし官僚裁判に対して不都合があるとするならばその任命資格を改正すればよい、フランスでは決斗の裁判では重罪裁判所の陪審は無罪とするため検事は起訴をみあわすようになったし、婦人による犯罪は無罪になるし（カイヨー夫人の殺人）、嬰児殺も無罪となっているとするのです。ⅴ事実判断には証拠調が必要だが陪審はこれを請求できず正確な事実判断はできない。また理由を付さない裁判は暗黒裁判で、脅迫、請託、情実、愛情、賄賂等あらゆる悪徳の伏在する伏魔殿であり、日英の国民の人情、風俗、歴史、習慣、性格は、英仏の相違よりも隔たりがある。ⅵ陪審は公衆心理に動かされ易い危険性を帯びているから司法の権威を失墜させる悪質なものであり、その例として、フランスの社会党首ジョレスの殺害事件（一九一四年）では陪審は無罪とし、逆にクレマンソー傷害事件（一九一九年）では被告人が死刑になったのは階級的思想の現れであり、ルイ一四世の裁判では過激派に盲従して死刑としたのであり、陪審は司法の真実正義を眼中におかない弊害があるとするのです。

これに対し、原夫次郎氏は、政治論ならびに法律論から陪審の必要性を解きました（七六～八六）。まず、憲法政治からは、陪審制度だけが残された問題で、立憲政下では国民が裁判に関与する権利をもち、同時に法律適用の裁判に参与せしめることが基礎であり、法律論としては、弾劾主義、公開主義、口頭主義、裁判の証拠は判断者の自由だから陪審制度は訴訟法上の理想像だという、ただ裁判所は陪審員に事実認定の全権力を与えず、陪審の評議は要するがこれに裁判所は拘束されないが、これなくしては刑事裁判ができないという極めて微妙なる規定を設けたのはよしとするのです。

上畠説に対しては、横山金太郎氏も反論しています（九二～一〇七）。人権蹂躙は公判以前というが、その公判に用いる証拠は人権蹂躙の結果とするものを使用していることを注意すべきだとし、司法制度の改善を図るという中に陪審制度も含まれており、またフランスの決斗などの例は稀なる現象で、これをもって一般を律することはできないとし、公衆心理にとらわれることもあるかもしれないが、実際にたずさわった者は事の真相を理解しているから、これに動かされて裁判することはないし、必要があれば管轄移転すればよい、と説いています。

その後もやはり憲法論（例えば板野友造氏の修正案）で反対するものもありましたが、これに反論もあり（野副重一氏）、実際は相当に運用できるとする論もでています。清瀬一郎氏は、事実認定と法律判断は別であるから、事実判断のみをなす陪審制は裁判ではなく憲法違反でないとしています（一〇八～一二四）。

(2) 第四五回衆議院特別委員会議事録（大正一一年三月二日）

ここでも憲法論を中心として論議がなされているが、政府は前述と同様の答弁をしています。ここではその中の主要な論点について指摘しておきましょう。

①　陪審員の選定において、鈴木富士彌氏の抽選によるのはどうかの質問に対して、馬場鍈一政府委員は、抽選は種々の人がでてくるのは免れないが、資格をもっている者は相当の常識を備えているから、「公平」という方を主眼とするのだと答えており、また政党的色彩が現れるのは面白くないからだといっています（一三八～三九、一五五～五六）。

②　裁判官の反対があるのではないかとの作間耕逸氏の質問で、裁判官が自分がその職に任ぜられていたのに国民がその裁判に関与するのは、真理からも感情からも余りよい心持がしない、裁判官は自分の権力が割かれる様な気持ちから嫌っているのではないか、との質問に対し、山内政府委員は、裁判官はこの制度に反対する理由はなく、反対の声はきかないといっています（一六一～六四）。

③　刑の量定との関係につき、九七条は裁判長が刑の軽重、刑の減免の事由たる事実上の主張をも評議に付するようにみられるとの作間委員の質問に対し、林頼三郎政府委員は、陪審員の権限は犯罪の構成要件たる事実の有無を評議してこれを答申するにとどまり、刑の量定等には関係がない、その理由は、裁判では一番大切で利害関係の大なるものは、犯罪があるか否かの点である、情状は事実の有無に比し、情状のため苦慮することは少ないと答えています。また陪審事件は複雑なる重大事件に限っており、被告人が明白に自白している事件は複雑でない、さらに刑事訴訟の改正案では被告人に供述を強いることは禁じているから、被告人が意思に反して自白することは想像だにできないとするのです（一六四～六九）。

④　請求陪審の費用の負担について、「貧乏人」はどうなるかとの作間氏の質問に対し、林委員は、訴訟費用の一部との規定だから、金がなければ国庫が負担するより仕方がない。また陪審費用は報酬でなく、ただ旅費、日当、宿泊料を出すので、ひどい費額にのぼる訳はないと述べています（一七二～七三）。

⑤　審理に関して、作間氏は、直接審理主義によるべきところ、七一条で原則的規定はあるが、七二条以下でこれは大部分破壊されているし、判事は公判または公判準備、その他の非公式の取調べで、いろいろ証拠を調べて心証を予め得ておくことができるが、陪審員はただ公判だけに立ち会うから直接主義とはいえない、との質問に対し、林委員は直接主義を原則とするのは当然だが、例外は実際上やむを得ない場合、しかも実際上不当でない場合に限定し、予審の訊問調書は証拠にならず、証人訊問は直接審理が徹底しているといっています（一七九〜八〇）。

⑥　自白につき、作間氏が、自白は公判（公開）で事実を認めたときに限定すべきであり、公判準備（非公開）で公訴事実を認めれば陪審の評議に付することはできないとするのは不安である、との質問に対し、林委員は、陪審は、評議に付することにより被告人を悦服せしめることが眼目であり、被告人に陪審を無理強いするのは適当でないから辞退を認めたのであり、また公判準備では弁護人が列席するから問題にならないと答えています（一八〇〜八三）（なお裁判所も公訴事実を認めることを強いる態度に出る不安があるといっています（二二七〜二二八））。

⑦　横山勝太郎氏は、陪審制度で民衆の感情を緩めるよりも司法の実態を改善するべきではないかと質問しています。

実態は、監獄署から箱馬車、箱自動車で引っ張ってくる、法廷に出すときは編笠を被せて、縄でしばり、鉄の錠を手にはめ、一〇人も二〇人も数珠つなぎで引っ張るのは民衆の侮辱であり、法廷では検事や判事が数尺高いところに衣冠を正し、非現代的な職服をきて厳然として被告人を睥睨し、大きな侮辱的言葉で今日社会で使っていない言葉（お前は、貴様は）を使い、審理では、事実を否認すると権幕でどなり付けるし、訊問がすんで弁護士が弁論すると、判事は私語し、筆談しあくびをする人がなければ幸というべきで、ここにおいて弁護士が、忌避権を行使するのは当然であるといっています。

これに対し、林委員は、稀には不穏当なこともあろうが、総て行われることはないとし、その改善の途として陪審制度をもうけるのも一方法だといっています（二一〇以下、二一六～一七）。

⑧　被告人の公判準備での訊問程度範囲につき作間氏の質問に対し、林委員は、刑事訴訟法と同様に、被告人に公訴事実に付いての弁解をさせることを眼目とし、被告人の口から事実を述べさせようとする主義はとっていない、公訴事実への訊問は公判準備も公判期日と同様としています（二六五～六七）。

⑨　上訴につき、野村嘉六氏は、過半数だから七対五で、二人の差で有罪となるのに、控訴できないのはどうか、との質問に対し、馬場政府委員は、陪審事件を二審にかけるのは繁雑を重ねることになり、直接審理だから日々を重ねると証人等の記憶は遠くなり、二審を信用するとなると陪審制度を否認することになるから控訴を許さぬのが適当な制度と思うとするのです（三二九～三三一）。また、宮古啓三郎氏は、上告は一〇三条但書で事実の誤認は認められないのはどうかといったことに対し、宮城政府委員は、陪審法が事実審を終審とする主義をとならなかったならば、陪審制度を採用する意義がないとしています（三三三）。馬場政府委員は、事実問題は陪審にかけた事件についてはそれを以て終結する方が陪審制度の趣旨であり、また無辜を罰する危険があるといわれるが、双方から上告するときりがないと反論しています（三三四～三三五）。

また上告理由で、一〇四条七号（「法律上の論点に関し不当の説示を為したるとき」）と、一〇四条五号（「裁判上の説示法律に違反したるとき」）との関係について鈴木富士彌氏の質問に対し、馬場政府委員は、五号は七七条に規定してある方法によって説示しなかったという意味であり、七号は裁判官の説示するところの法律論によって上告で闘うということだといっています（三三六）。

(3) 第四五回貴族院議事録（大正一一年三月一四日）

ここでも憲法論が争われているが、政府の答弁は従来と変わっていないのです。国民性論について、山脇玄氏は、日本人の心理は仏人に似て、英国人のように責任をもって任に当たるものでなく、感情的な危険があるとし、専門的裁判官への参考ならばその必要性はなく、それを束縛することはうれうるところだというのです。しかし、横田政府委員は、山脇氏のように素人の裁判が危険だとの論者もあるが、常識裁判官ばかりの手に専断させておく危険はさらに多いとする意見もあるから、この中間で隠健中正なものとしては本案しかなく、欧米各国でも役人の専断に引き戻すという論はなく、陪審制が人類通有の強き堅き基礎の上に立っていると主張しています（四一一～四六）。また国民性の特色をあげて、日本人は、感情に動かされることなくして冷静によく事実を判断できるか確定できないとする反対意見が若槻禮次郎氏によりなされている（四六〇～六二）が、この点は後で述べます。

(4) 第四五回貴族院特別委員会議事録（大正一一年三月一七日）（四八三～六〇六）

ここでも従来と同様、陪審法の趣旨につき論議がなされ、やはり、陪審員の答申と裁判官の認定権、また憲法論についても論議がなされています。

その中で、横田政府委員は、検事の被告人取調べの人権蹂躙を叫ぶ声について、検事予断の弊を論じ、平沼検事総長の訓示を引用しています。その内容は次のとおりです。

「検事罪証を蒐集するに当り、被告人の自白に重きをおき、専らこれをなすものなきにあらず、自白なきため公訴を維持すること能わずというが如きは誤れるの甚だしきものなり」（平沼）、証拠に文言的に合わせ、裁判官が被告人の自白を喜ぶ傾向があり、これを防ぐため直接審理をなすべきであり、裁判官もしくは陪審員の面前において審理したる証拠によって判断する途を開く方向は司法事務改善の喫緊のことと考える、とするのです（五二二～二五）。

また山脇氏は、裁判は社会の複雑化と学術研究から専門的になっているから、陪審員では分からず、司法官の養成、教育に重きをおくべきで、陪審制度を布くのは目的違いで、これでは弊害を防ぐことはできないのではないかと質問したのに対し、専門家を入れなければならぬという議論もあるし、参審制度というのもあるが（これはドイツで行われているが）、未だ世間から認識されていないし、枢密院、法制審議会で講究したが、「人間の小さいこと」（人間という存在が微小であるから）のため、陪審より他はなかったといっていますす（五三〇～三三）。

その他、阪谷芳郎氏は、欧州の輸入品を日本の国情に適するようにし直したこの陪審法は、世界で一番弊害の少ない、進歩した法制といっています（五九一～九三）。

2　第二部　陪審法案（大正一二年案）審議録

(1)　第四六回衆議院議事録（大正一二年二月一〇日）

ここからは、岡野敬次郎司法大臣の下で、審議会が行われ、大正一一年案と同様の論議がなされています。

岡野司法大臣の提出理由は、「国民をして裁判手続に関与せしめて、裁判に関する十分の理解を得るように致し、又裁判を常識とする所の裁判官が時に陥らんとする所の情弊を救ひまして、以て国民として裁判に関する信頼を厚く致しまして、裁判に対しましては十分に帰服せしむる」ことが、社会の変遷と人心の趨勢に顧みて緊要であるとしています。

この趣旨に反対するものとして、横山勝太郎氏は、特に陪審員も裁判官も相互に拘束力をもたないのは不完全で、常識の裁判官が陥る弊害を予防する要はなく、むしろ現在の司法官養成・採用の方法を改善するのが人権擁護、人文の発達に資するというのです（六二八〜四〇）。これに対し、法相は、提案理由に基づき、修正の必要なしと認めて提出したのであり、なおかつ司法官養成には努力する、と答えています（六二八〜四三）。

本案に反対する森下亀太郎氏は、特に陪審員の選定方法の抽選、くじ引きによる方法は国民の信頼をうるものでなく、委員会制度、一般的投票、裁判長による選考によらないと司法制度の俗悪化であると批判しましたが、法相は、選定の公平を期する上からは抽選が適当であると答弁しています（六四三〜五〇）。

大正一二年三月二日には、鵜澤総明陪審法案委員長の陪審法特別委員会の経過と結果について報告がありました。

その骨子は、当時の刑の根本的問題について、ⅰ犯人の自覚悔悟により善良な人となるべく工夫が求められ、ⅱ正義の維持、ⅲ訴訟手続上の自由、人道主義、ⅳ情状酌量、刑の減免、再犯加重等には陪審を認めず、ⅴ陪審員の資格、費用等について、詳細な質問応答があったというものです（六五一〜六六）。

熊谷直太氏は高橋説への反対論で、陪審制度でもって国民をして裁判に参与せしめ自覚せしめ、責任を負わしめるのは、急務であるとし、さらに職業的裁判官の裁判は、長い間裁判に関与していると冷静な頭脳を持つ人でも冷静すぎて冷酷になり非常識になってゆくのは人情として免れない、と論じています（六九一〜九七）。

同様に森下亀太郎氏の反対意見（六九七〜七〇二）、作間氏の賛成意見（七〇二〜一一）があるが、不備の点

（起訴陪審のないこと、陪審の評議の効力、法廷陪審の範囲、陪審員の資格など）に適当の処置を要望しています。

清瀬一郎氏は四つの修正提案をしています。

ⅰ陪審は刑事事件の事実認定をする以上は、陪審は裁判所を羈束する、ⅱ陪審の範囲の拡張、ⅲ事実認定は全員一致とする、ⅳ陪審の認定が裁判を羈束する原則から更新は一回に限る、として、なお、書類中心を改めるべく直接主義による陪審の必要を説いています（拷問の防止のため、また神経の麻痺した職業裁判官よりも陪審によるべきだとします（七一二～一五））。

この問題については、特別委員会（大正一三年二月二三日）でも詳細に述べています（一〇一八）。

里住成章氏は、清瀬氏の趣旨、特に陪審の効力について反論し、裁判は事実の認定と法律の適用を含めた全体であるとし、更新も一回にする要はなく、意見の相違はあっても、各自の自制と国民の監視により、裁判官の確執のためくり返すことはないだろう、また全員一致は行うのは難しく、一人が無罪の主張をしたとき陪審を否定するのは不当である、と論じています（七一五～一八）。

(2)　第四六回衆議院特別委員会議事録（大正一二年二月一二日）

①　ここで岡野法相は、陪審法は憲法との関係を考慮したことを認めつつも、また事実の認定は裁判の一部だとしながら、本案は、従来欧米において行われている陪審制度とは異なり、「外国における陪審制度の長を採り、短を捨てて我国の実状に適合せんことを期した」ものとし、これをくり返し述べています（七二四～二七、七三一～三七、七四〇～四三）。なお後で、高柳覚太郎氏が本案は憲法に違反する点から、中間的のあいまいな規定になったのではないかとの質問に対し、林政府委員は、法制審議会でも外国の立法例と実際の有様を研究し憲法との関係も調査し、かつ日本の国情も十分研究し決まったもので、憲法と抵触するが故

に心ならずも本案となったことは断じてないというのです（八九二〜九四）。

②　里住委員が、公判準備は、予審でもないのに秘密裡に行うのは民衆参加を認めた趣旨に反するから公開すべきだとの質問に対し（七六八）、林政府委員は、公開しない理由をのべています。

公判準備は、審理の準備であり、被告人に弁解を聞き、それについての証拠調を検事と弁護人が裁判所で隔意無き相談を遂げ、充分な準備を整えて公判を開き、公判は一日で片付け、必要な証拠は公判期日に全部一遍に出そうとする主義であり、公開すると多少形式的になり、『窮屈、四角張り、隔意無く打ち解けて充分な準備を遂げるには適当でなく、公行《（ママ）》』しないと定めたと説明しています（七六八〜六九）。

③　横山委員は、国民の側から陪審制度を必要とする思想があったのか、これがなければ提示理由は貧弱だと批判したのに対し、法相は、司法制度の根本の大変革を加える法案を提出する以上は国民の要求に基づかねばならず、原敬首相は当時より常に陪審法は国民の要求だといっていたし、国民の要求に基づくものだと断言しているのです（七八九〜七九八）。さらに横山氏が原氏により唱道せらるるまで司法部内の人材が口を噤んで陪審制度に何事も語らず、問題となれば反対の態度に出たのは掩うべからざる事実だと指摘しました（七九八）。さらに、陪審制度は常に司法部内では反対だったときいており、今ではなく是までの司法当局、大審院以下の裁判所にいた高級法官は常に陪審制度に反対であるときいているとの批判をしたのです。

山内政府委員（司法次官）は、司法当局は陪審を研究しており、特に法律取調委員会の刑法の部では問題になっていたし、遣外法官をして陪審の利弊を調べていたので、これを決めたのが原内閣の時であったといっています。

法相も、司法部で陪審制度に反対だった事実を否定しないといい、ただ外国の運用の調査が成った暁に法案を提出しても遅くはないと言います（六八九〜八〇八）。

④　横山氏は、陪審の辞退（六条と四一条）について、被告人は、あるいは親戚故旧の通告で、法定陪審の効果をなくすることもあり、裁判官が衣冠を正して分かり切った犯罪だから陪審をやめたらどうかとの言葉や態度でも陪審の意思をひるがえすことは易易たる事柄だから、四一条はなくした方が本案の趣旨に適するといいます。これに対し、林政府委員は、法定陪審では、被告人を無理に陪審を強制するのは適当でないし、公判準備では弁護士が出席することになっており、被告人を保護できるから裁判所が無理に辞退させることは実際上想像がつかないといっています（八三四〜三五）。なお原夫次郎氏が、公判準備で自白したときは、公判でその自白を取消すことができないのは、憲法の趣旨、陪審法の根本に照らして、その密行主義のゆえんが不明だとするのに対し、林委員は、被告人が自白したとき、素人はその自白に重きを置く傾向があり、本人が自白したことがあれば、間違いないとするのが自然の結果だから、自白したばあいは陪審に付さないとしたといっています（八九七〜九〇二）。

⑤　公判における被告人訊問について鵜澤委員長は、七〇条は、公判でどうなるのか、との質問に対し、林政府委員は、刑事訴訟法三三八条には被告人の訊問、証拠調は原則として裁判長がやるので、陪審では陪席判事、陪審員は補充的に裁判長に告げて訊問する権利はあるが、主としては訊問できない。陪審手続では裁判長が説示をし問を発し答申を求めるが、自ら訊問するのは困難なこともあるので、陪席判事にさせるので、七〇条は刑事訴訟法の原則の特別規定となるといっています（九五五〜五六）。

⑥　証拠裁判主義については、鈴木氏は一条で裁判所は「陪審の評議」に付して事実判断をなすことを得るとあるが、刑訴法三三六条では「事実の認定は証拠による」とあるが、陪審では証拠によらないで判断できるかとの質問に対して、林委員は、刑訴法三三六条も陪審の評議に付する手続にも適用があり、陪審事件であるからといって証拠によらず事実認定はするものではないと答えています。しかし、鈴木委員は、証拠

は判決に書かなければ証拠によって判断したことはわからないではないか、証拠は有力な働きをしないようにみえる、法文には何も規定がないと質問をしたのですが、林委員は陪審法は刑訴法の特別法だから、特別規定なき限り、一般原則があてはまるのは勿論だとしています（九九八〜一〇〇一）。

⑦　刑事裁判における記録の過信について、清瀬氏は質問をしています（修正意見は従来の見解をふんで提出したが否決された）。裁判の弊害は記録を頼りにし過信することにあり、実際は裁判は予審調書でやっており、これは、被告人を密室に引き込んで、夜はふける、腹は減る睡眠は次第に深くなる身体は疲労する、この予審状態、収監状態を免れたい帰心矢のごとく状態で作成されたもので、予審供述では真の裁判はできないと批判しています（一〇三一〜一二二）。また七二条一号に「公判準備に於いて取調べたる証人の訊問調書」とあるが、これが濫用されると書面審理による弊害になる、公判準備での証人鑑定人を取調べ、その調書を使おうとするとこれは盲判で、伝聞となる、陪審は充分に行われないと思うというのです。政府委員は、公判手続、準備手続が急を要し、準備手続で調べた者が死んだ場合だというけれども、それならば、七二条は削り七四条で証拠にできるのではないかと主張しています（一〇三五）。

⑧　司法における正義論について、高柳覚太郎氏は司法の基礎観念は正義であり、冷静、公平無私、特別の学識、人格を要する、かつ天皇の名において司法権を行うこともできるのであって素人の考えで裁判に干与すべきものではないとするに対し、祷苗代氏は職業人が終始その職業をくり返していると、馴れて大切なことも軽易に考える傾向が生ずるから、司法権の行使に民意を入れるのは正義の観念に副うものだといっています（一〇八〇〜八四）。

これらの討議のうえで本案は可決（修正案は否決）されたのです。

(3) 第四六回貴族院議事録（大正一二年三月五日）

ここでは、若槻禮次郎氏の反対演説が著名であり（一〇八八〜一一一四）、またそれに反論する花井卓蔵氏の論説も著名です。

① 若槻禮次郎氏の論説

次の諸論点について質問し、批判しました。

i　陪審制度を設けなければならない理由がない。重大犯罪（死刑・無期の懲役禁錮にあたる罪）は、裁判所も慎重で間違いが無いと聞いている。

ii　陪審法の調査ができていない。

iii　憲法違反である。憲法は陪審制度をみとめていないのは理論上いえるとし、井上毅は陪審制度に反対だったから、憲法に規定しなかったのであり、規定がない以上陪審制は認められない、また本案の陪審員の評決と裁判官の判断との関係は、憲法の規定を潜る方法で、遁げ道だと主張するのです。

iv　陪審員の評決を最終とすると判事を拘束することになり、陪審を更新するならば、裁判官が始めから認定するのとおなじだから、陪審の精神・魂はなくなるというのです。やりなおしたばあい、先の陪審員は無罪とし、後の陪審員が有罪とすれば、この裁判は不都合な裁判だとの心が生ずる。さらに三度したばあいに最後に有罪となれば、一二人の倍の裁判官（二四人）が無罪とするのに、最後に有罪となれば心服しがたく、もっと不公平になるとします。

v　請求陪審で、陪審費用は被告人の負担となるから、貧乏人は負担できないときは不公平となるというのです。

vi　陪審は人情的裁判が行われることがあるが（例えば精神錯乱または意識の中正を失ったため有罪にすべきでないとする）、今日の刑法は量刑上範囲を広くしているから、陪審制の必要はないとします。

vii　陪審制は時間がかかり（警察、検事局、予審、公判準備、公判、五度かかる）、裁判の迅速に反すると批判するのです。

viii　自白強制のおそれがあり、陪審法廷では陪審員が調べるから、これで決定されては困るというので、警察、検事局、予審で今までより被告人に残酷な扱いをする恐れがあり、自白強制の恐れがあるといっています。さらに七条で自白すれば陪審をやめる規定があるから、自白させようとして、人権蹂躙のおそれがあるとします。

ix　日本人は感情にもろく、人情が先に立つから公平ではないとします（英国人は義務観念があり、陪審員の職責の責任観念でもって、情実により意思をまげないのとは異なる）。また最近では党派心がつよくなり厳正適切な認定がなすことができるかどうか。

x　陪審員には迷惑がかかる、任務をつくすまでは裁判所に拘束され自由な行動は許されず、精神的・肉体的にも不愉快だといいます。

xi　陪審費用は政府の財政負担が大きく、二五人の判事の増員と検事の増員の理由はどこにあるか。

xii　法上は、人間は無罪となっているにかかわらず、罪人として被告人は扱われるため、陪審制度では効果はあがらないのではないか、と論ずるのです。

結局は、司法権の行使を矯正する唯一の方法は裁判官の養成にあり、いかなる上官に向かっても冷静な自由な考えで良心にしたがって行動する人材の養成に努めるべきだとするのです。

岡野法相は、各点につき、従来の見解を述べていますが、iiiの憲法論については、井上毅のいう陪審制は外国のものであり本案は憲法の精神に適うもので、憲法違反をもぐる方法としての骨抜きの陪審法でないとしています（一一二二）。そして、xの陪審の負担は、「公の義務」であり、これを負担するのはやむを得ないと答えています。

なお、若槻氏は、その後の会議でも、前の反対意見をさらに詳細に述べています（一一九四〜一二四二）。

② 花井卓蔵氏は、本案に賛成したのですが、その理由は、i沿革上の経過と、ii憲法違反でないとするものです（一二四二〜七八）。

i 沿革的理由として、「陪審は民意を司法に酌むの制度」であるが、これは明治天皇の「御心」にあり欧州のごとき革命の産物でなく、法律に対する国民の権利は立法、司法でもって完全となるとし、明治六年に参座の制度があったが官員陪審（官僚的陪審）であった（元老院その他より官吏を出した）。民衆陪審は治罪法編纂にあたり（明治一〇年）、ボアソナードの起草により陪審の規定があったが、井上毅は反対したとするのです。井上の論は純然たる訴訟法（治罪法）問題として、フランスの弊害を列挙して削除の意見を出したもので、憲法違反の理由ではない。ボアソナードは「法官は偏倚すれども陪審は偏倚せず」との説であり、花井氏は人格能力からは何人も同等視すべきものとするのです。しかも世に知識のある者の感情ほど恐るべきものはなく、いわんや法律上の知識を蓄えて、多年罪人を取り扱い人をみれば賊と思う先入感情のある者にその感情を緩和するため常識の空気を法廷に入れるのであって、陪審は国民の自由を保障する利器、人権に対する保障物で、これにより正義を全うするものと論じています。

ii 次に憲法論にふれ、その合憲論を唱え、事実の認定は裁判でなく、これを対象に適用し、その効果として刑罰を宣言し、これに制裁力と失効力を与えるのが裁判（権）であるとするのです。井上の意見に対しては、前に反論したとおりだが、陪審制度は憲法に規定する事項でなく、訴訟法上規定すべき事項であり、憲法に条文がないことから違憲とするのは不当であるとするのです。九五条の陪審の認定が裁判官を拘束しないのは極めて用意周到な規定であり、幾回も陪審を変えるのは実際あるべからざることで、国民は国家の裁判権を尊重し、裁判官は民衆の意思を尊重することにより司法の信が保たれるといっています。

iii　陪審に対する国民の信用については、陪審は民意を法廷に入れることにより現実に立脚し、常識は人間の実生活上一般に保有される自然的心証で、「実験的真実」であるというのです。

陪審費用に関する若槻氏の論に対しては、貧しき人は実際に収めないし費用の負担は不当だし、公判準備も最善の注意を払えば一日ですむし、また公判の事件には誤判の事例があると反論しています。

③　山脇玄氏も陪審反対で、若槻氏と同様に憲法論を中心にして論議を行っています（一二八一～九八）。その理由は、ⅰ憲法と陪審法は両立しない、ⅱ理想と現実は相反し、イギリスでは成功したがフランスでは失敗であり、イギリス人は自分が裁判官の気分になるが、フランス人は対抗的態度をとり、無責任、雷同的だから、国民の心理状態を考えるべきだ。ⅲ人権蹂躙、没常識的裁判官を防ぐためには他の方法によるべきだ、事実の認定は、社会心理学、教育学の結果により専門的知識技術を要するから司法官に信をおいて、良心に従う判断を信すべきで、裁判官の養成に注意すべきだ、ⅳ陪審を実施すると、以外な結果—陪審員の評議は中途半端だから、人民はこれに甘んぜず、また人民にとっては迷惑な義務だから、この義務を避けることにならないか、ⅴ無用の経費を使うよりも生産工業にあてた方がよいのではないか、と論じています。

富谷鉎太郎氏は賛成で、民意を酌んだ陪審制は必要で、憲法違反でもなく、英国人とは違うとしても、日本人には日本人の特徴があり、事に当たって軽躁なことをすることはないと思うといっています（一一九九～一三〇〇）。

(4) 第四六回貴族院特別委員会議事録

① 岡野法相は、花井卓蔵氏の質問に対し、自分としては事実の認定は裁判なりと考えるが、政府としては何れとも根本問題には確定的意見はもっていないし、決定しないとするのですが、このことは陪審法提出には妨げにならないといっています（一三〇四〜一七）。

② 陪審員の更新（九五条）について、花井氏が、これがドイツ（二一七条）、イタリア、フランスにもあるとするのに対して、林委員は、イタリー（三〇九条）、フランス（三五二条で同種の規定がある。—註）、オーストリー、ハンガリー、デンマークにもありフランス系統の陪審制を指摘しています（一三四二〜四四）。

（註） イタリア（五〇九条）「重罪裁判所で被告人の不利益に裁決せられたる問題中、陪審員が誤りたるものありと思料するときは、その事件を他の重罪裁判所に移す」、五一〇条三項「第二の判断が最初の判断と同一なるときは、前条の規定を適用せず」。フランスの三五二条（治罪法、一八〇八年）も同様です。

③ 参審について、河村謙三氏が、ドイツ・オーストリーの参審（シェッフェンゲリヒテ）も、裁判の独立主義に反しないかとの質問に対し、林委員は、参審制度は、人民が裁判官と一つ団体を組織してその団体において裁判権を行う組織で、裁判官のみが裁判権を行うことに反すると答えています（一三四五〜六）。

④ 陪審の答申について、池田長康氏が、「イエス」「ノー」を陪審にいわせるのは文化的、心服的でなく、その証拠および理由を明かにすることが必要ではないか、との質問に対し、法相は、陪審は然り、然らずという答申を求める他には方法がなく、しかしこの答申には十分に事件の真相を明らかにすることは無論だが、陪審法は幾多の規定を設け、陪審員をして十分に事件の真相を会得するための注意をしていると答えています。しかしこれには池田氏は満足せず、抽籤で出てきた陪審員の多数決で決めて、しかも証拠による理由も

明示せず犯罪が決定するのは、真理であるとはいえず、やはり人間の合理的判断、順序をふんだ判断であるべきだといっています。これに対して、法相は、本案は法制審議会で永い間攻究を重ねて、利害得失の議論を重ねた末に大綱を定めたものであり、満場一致で可決され、その後司法省、枢密院（三〇幾回も会議をした）で可決、衆議院で提案され可決、重ねて枢密院も衆議院も可決したものであるとしています（一三八四～一三九〇）。

⑤　事実と法律問題について、松室致氏は、陪審評議に付するのは事実だけで、法律問題は付されないとなっているが、両者は分離できない場合も起きるとの質問に対し、林委員は、事実問題と法律問題は分別することが困難な場合もあるが、通常は区別は明瞭だし、大審院は法律問題で処理することになっているので実際の運用では分別されていると考えるといっています。さらに松室氏は、大審院の判決は、時としては、やはり事実を判断しなければ法律の判断ができない場合があり、それで事実に立ち入って調べている例がいくらもあるから、陪審の評議も同じことになるのではないかと質問したのに対し、林委員は、これが問題となるのは、出版法違反などであるが、これらは陪審事件にならないから、実際上困難な問題にならず、裁判所は適法に判断して、事実問題だけを陪審に付することになり、もし陪審が法律上の点までも評議することになれば、裁判長はその答申は不適当であるとすることになると答えています（一四一〇～一一二）。

⑥　陪審の法的性質について、花井氏より質問があり、松室説は「陪審は一種の法律上の証拠である」、法律をもって裁判所を拘束する証拠であるとされるものだとし、松室氏の説を説明して評決は裁判官が陪審の判断に拘束される一つの資料にすぎないとされるものだといっています。これに対し法相は、この学説には不案内だとして答弁をさけています。

河村譲三郎氏は、本案は裁判所の意見は尊重し、自由心証を害さない趣旨にできたものとすれば、証拠論だけで説明することはできないようだが、これは学説に委ねておく方がよいといっています。

林委員も、陪審は法律上の証拠なりとは認められないと考えられるとし、陪審の答申は、「手続上の関係に過ぎない」というのです（一四一九～二六）。

⑦　陪審に対する「説示」について、松室氏が質問し、イギリスでは余程深くまで入って殆ど裁判官の考えていることをよく陪審に諒解させて、陪審員が裁判官のいうことをよく聞いて服従していくから評判がよいが本案ではどうか、と質問したところ、これにつき林委員は、イギリスではそうだがフランスでは説示はないし、ドイツ系では法律関係のみ説示するが、事実関係および証拠関係には説示をしないため、これらは極端になっているので、中間をとったとしています。つまり説示は、法律問題のみならず事実問題もよく説示をし、また証拠の要領も説示するが、裁判官の判断は全く表示せず、事実の判断は陪審員の判断だけを表示する、しかし説示が不十分で評議をしても分からない点ができるというのであれば、更に説示を求める手続は設けてある（七七条）、としています。もしこの事実もしくは証拠の説示をするときに、裁判官が少し深入りしたときはどうか（松室氏）につき、そのときは上告理由となる（一〇四条五項）としています（林委員）（一四五四～五六）。

⑧　上訴については、陪審の評決を採択した事実の判決には控訴がなしえないことになっている（一〇一条）が、これにたいし富谷鉎太郎氏は、上訴の規定が陪審法と刑訴法との関係で差異が生ずるとの指摘については、林委員は、陪審法では直ちに、第一審に対する上告になるが、第二審を省略するから、第一審と第二審を兼ねたようになり、そのため陪審の評議に対して判決をした場合は、その判決に対する上告は、第二審に対する上告と同じ範囲でできる、しかし、事実の誤認を理由とする上告は認めないことになるとしています（一四五九～六一）。

⑨　陪審に哲学的（社会哲学的）論拠がないとするのは、池田長康氏です（一四七六～八五）が、これに対し、花井氏は、従来の自説を展開して反駁しています（一四八五～九五）。また、富谷鉎太郎氏は、賛成意見ではあるが、その中で陪審の弊害についてのタルドの「刑法哲学」に反論し、これは欧州の陪審制度の議論であって、本案は全く日本の独創的な観察から出来ているもので、欧州の陪審制度とは全く違っているといっています（一四九九～五〇七）。

タルドは、陪審員が法律を知らず、知識も経験もなく、乱暴な認定をし、それを裁判官が採用せねばならず、それに裁判官が服従せねばならず、法律を適用しなければならず、不公平なことをし、事実と違うことをする、人の脅迫によって意志をまげる、これらの状況から、陪審は悪いものだとするのは、いうまでもないとするのです。

その他の陪審反対論として、橋本辰二郎氏は、日本の民度が欧米先進国に比し、非常に低く、常識も欧米人に比べるとはるかに劣るのみならず、ほとんど責任観念が皆無であり、法廷では冷静を失い感情におもむくのは免れず、事実認定は実に危険だとします（一五〇七～一四）。佐竹義準氏も陪審に反対して、陪審が日本の国情に適しているかを論及すると、英仏では陪審に永い歴史があるが、民情、風土、歴史が異なっているから（しかも欧州でも論議があるのだから）反対するといっています（一五一四～一五）。花井氏はこの佐竹氏の意見に対し、立法に民意を入れるということは、「人格権」の尊重であり、いかなる人も同じ人格権を認めることが立法民意論司法民意論の基礎であるから、ある弊害をとらえてこの人格権を否定するべきでなく、欧米の長所を採り、短所を補う趣旨であり、陪審の認定が不当ならば変えるとするのは用意周到な規定だとするのです（一五一八～二〇）。法相も、本案は、外国の陪審制に比較し趣を異にしている点、特色特徴があり、ならびに欧米の学者政治家の論じている弊を除くことに努め、さらに日本の実情に適応せしめようとして、用意周到に立案したものだと主張しています（一五二九）。

これでもって、貴族院特別委員会の審議は終り、陪審法案は可決されたのです。

大正陪審法は失敗したという議論について

大阪学院大学法学部教授　阪村幸男

1　大正陪審法の実施状況について

いわゆる大正陪審法とされる「陪審法」（大正一一年四月一八日法律五〇号、昭和三年施行）は、「陪審法の停止に関する法律」（昭和一八年四月一日法律八八号）によって、停止されましたが、その間どのように扱われてきたのかについて、考察してみましょう。

この法律は大いなる希望をもってスタートしたころは、まず陪審法施行の当日には、天皇自ら裁判所に親臨され、勅語を賜り、「司法裁判は社会の秩序を維持し国民の権義を保全し、国家の休戚之に繋がる。今や陪審法施行の期に会す。一層恪勤奮励せよ。」（昭和三年一〇月一日）とされたのであり、したがって、この勅語によって陪審法の首途が荘麗にせられ、かつ陪審員になる国民が強く奨励せられたといわれたのでした（泉二新熊〔司法省刑事局長〕、法曹会雑誌七巻一〇号〔昭和四年〕の「陪審法実施記念号」、五〇頁）。そして、実施一年後の成績をみて、泉二氏は、この間の運用の実況は、或る意味において成功の兆候を示しているものと認むべきは恐らく異論のないことであろうといっています（前掲三〇頁）。

しかも実施を前提として、多くの著作が刊行され、当時の陪審法に対する熱意が感ぜられるのです。その主なるものを列記しておきましょう。

何といっても重要なものは、『陪審法審議編録』（江木衷・原嘉道・花井卓蔵監修、大正一二年、清水書店）であり、これは、一五〇〇頁余に及ぶ大部なもので、議会における審議が記載されています（前述）。当時の政府委員であった林頼三郎『日本陪審法義解』（大正一五年、有斐閣）註訳書は重要といえるでしょう。概説書としては、溝渕孝雄『陪審法釋義』（大正一三年、清水書店）、牧野菊之助『陪審法大意』（昭和二年、同文館）、滝川幸辰『陪審裁判』（昭和三年、弘文堂）など多くのものがあり、研究書としては、武田宣英『日本陪審法論』（昭和三年、有斐閣）、梶田年『陪審制の新研究』（昭和二年、清水書店）、歴史研究としては、尾佐竹猛『明治文化史としての日本陪審史』（大正一五年、邦光堂）、そのほかに注目すべきものとして、岩野稔『陪審と証拠法』（昭和三年、厳松堂）が有益です。なお、特筆すべきは、『大日本陪審員記念録』（昭和四年、大日本陪審協会）が発行されていることです。また『陪審手引』（昭和六年、大日本陪審協会）が発刊されています（復刻版、平成一一年、現代人文社）。

実際はどのように陪審裁判がなされていたのかを知ることは、とりわけ必須だと考えられますが、この点は後述することにいたします。

陪審裁判の運用実績はどうだったのでしょうか。陪審裁判は、発足当初の昭和三、四年がピークで、その後は逐年減少をたどり、昭和一六年は一件、一七年は二件、昭和一八年には陪審法が停止となりました。この一五年間に陪審適合事件として受理された件数は二五、一九二件、しかし被告人の辞退で陪審の評議に付されたのは、四八四件です（殺人二一五件、放火二一四件）。陪審評決の結果は、有罪三七八、無罪八一、公訴棄却一、陪審の更新二四（全体の五％）でした。有罪率七八・一％、無罪率一六・七％です。その中の殺人では無罪率六・一％、放火では二八・四％でした（三井誠・井上正治『裁判と市民生活』一五八〜九頁、昭和六三年、放送大学教育振興会。朝日新聞裁判班編『日本の裁判』六八頁、昭和四六年、日本評論社。利谷信義「司法に対する国民の参加―戦前の法律家と陪審法」一九六六年、『岩波講座現代法』6）。

2　大正陪審法に対する評価

陪審裁判が減少して、停止に至った原因については、種々のものがあって、複雑ですが、⑴時代的原因、⑵制度的原因、⑶国民性などが挙げられています。この問題については、佐伯千仭博士の論文「陪審裁判の復活はどのように阻止されてきたか」（立命館法学二五五号八四四頁以下、一九九七年）に詳細は論じられていますので、これを参考にして考えたいと思います。

⑴　時代的原因

陪審法施行後、満州事変、日中戦争、太平洋戦争と戦時態勢に突入して、日本の司法部は陪審制度が目の上のたんこぶのように感じられ、陪審裁判を要求する被告人が余計な手数をかける不逞の輩だとする取り扱いが広がり、在野法曹の中にもそれに迎合する向きのあったという時代的背景があったとされています（佐伯九〇二～九〇三頁）。戦時中は、昭和一三年の「国家総動員法」に示された戦争遂行のための厳しいしめつけがあり、日本国内までが空襲下にさらされる事態となり、昭和一七年二月には「戦時刑事特別法」（法六四号）が制定せられ空襲に対する燈火管制下の犯罪を厳しく処罰するとともに、刑事手続においても、「戦時下の特例として」（二九条）、弁護権を制限し、証拠法も二五条において、旧刑訴法三四三条一項の制限をはずし、地方裁判所の刑事事件も区裁判所の簡易事件と同様に、単なる供述録取書、検事や司法警察職員の作成した「聴取書」により有罪認定ができることになり、さらに同法二六条は旧刑訴法三六〇条の有罪言渡の際の証拠説明を省くことにしたのでした（佐伯九二八～九二九頁）。

しかし、この「戦時における刑事手続における特例」（戦時刑事特別法一九条）は、戦争終了後は、廃止されるべき筋合いのものだったのですが、そうはならなかったのです。陪審法も再施行は行われず、すべて職業裁判官に委ねられてしまったのです（大正陪審法では、殺人、放火、強盗等の重い犯罪の裁判には、陪審員による評決によって決められ、裁判官はそれに基づいて相当の刑罰を言い渡すことになっていました）。したがって、戦時中の陪審法の停止は、戦後なくすべきものだったのです。

(2)　制度的原因

まず、実際に陪審裁判にかかるのは、被告事件を否認している被告人の事件だけで「間違いありません」と事実を認めた者の事件は陪審裁判から外されたのです（七条）。しかも検事が被告事件の陳述をするまではいつでも陪審の評議に付することを「辞退」し、あるいは陪審裁判の「請求の取下」もできたのです。さらに否認を続けていた被告人が、公判または公判準備の取調べで、一転して公訴事実を認めるに至ったときも陪審裁判からはずされることになっていました（七条）。

この問題については、すでに陪審法の成立の審議段階でも論ぜられていたのです。つまり、これは被告人に辞退を強要することになるのではないか、裁判官の面前において、あくまで否認を続けるのは実際上難しいのではないかというのです。しかも公判準備では非公開ですから、その危険は大きく、少なくとも公開の公判に限るべきではないかということなのです。

『陪審法審議編』（江木衷・原嘉道・花井卓蔵監修、一九二三年、清水書店）（以下「審議編」と略す）における、作間耕造氏の質問があり、公判および公判準備の両方で公訴事実を認めるときは陪審に付さないのは不当で、公判に限定すべきだとしたのですがこれに対し、林頼三郎政府委員は、被告人に悦服せしめるのが眼目であり、被告人に陪審を無理強いするのは適当でないし、公判準備には弁護士が列席するから問題でないといっています（一八〇～八三頁）。また横山勝太郎氏も被告人は親戚故旧の通告で陪審をやめることがあり、裁判官の言葉や態度でも意思をひるがえすことは易しいことだといったのですが、林氏は、同様の答弁をしています（八三四～三五頁）。

この点は、実際上乱用され、まず裁判長が被告人に対して、認否を求め、被告人が否認した場合に限り陪審の審理が行われるものであり、さらに辞退をしないかと確かめ（四一条）、被告人が陪審裁判を要求したときに陪審裁判が始まるので、実際には「辞退の勧誘」であり（控訴ができないとか、請求陪審の陪審費用の負担を命ぜられることなど）、公判準備では、非公開の裁判長による、詳しい「被告人訊問」がまっていたのです（佐伯九〇四～九〇六頁）。

それには被疑事実を認める趣旨の「予審訊問調書」を被告人はとられており、これに基き裁判長が詳細かつ峻烈な訊問をしたとされるのです（佐伯九〇六頁）。すでにこの問題について、清瀬一郎氏は、実際は裁判は予審調書でやっており、被告人の疲労した予審状態での予審供述では真の裁判はできないと主張しています（『審議編』一〇三一～三二頁）。

この点は、陪審法の運用の問題でもあり、慎重な裁判長の公平な審理が要求されるところでしょう。

請求陪審における有罪の場合の陪審費用の負担の問題はどうでしょうか。条文は、「刑の言渡しを為すときは、其の全部又は一部を被告人の負担とす」（一〇七条）とありました。審議段階で若槻禮次郎氏は、請求陪審では陪審費用は被告人の負担となるから貧乏人は負担できないときは、不公平になると質問した（一一〇七～一一三二頁）のに対し、花井卓蔵氏は、貧しき人は実際に収めないし、また徴収もしないし、負担し納付するのは少ないものだとし（『審議編』一二七六頁）、また、それ以前に作間耕造氏の質問に対し、林委員は、訴訟費用の一部との規定だから、金がなければ国庫負担となり、また陪審費用は報酬ではなく、ただ旅費、日当、宿泊料を出すのでひどい費額にのぼる訳はないと答えています（『審議編』一七二〜七三頁）。これも運用が問題だといえましょう。

陪審員の評議の拘束力の問題ですが、陪審法は、裁判官の羈束力と陪審員の評議の中間的なものですが、やはり陪審の評議における誤判の問題があったようです。この点について、花井卓蔵氏は、若槻禮次郎氏の質問との関連において、陪審の更新の規定は、イタリア（三〇九条）、フランス（三五二条）などを指摘し、ここでは陪審員が誤ったと思料するときは、その事件を他の重罪裁判に移すとあり、この制度を承認しています（『審議編』一二六五〜六九頁）。岡野敬次郎法相も本案は、外国の陪審法制と趣を異にしている点、特色があり、ならびに欧米の学者政治家の論じている弊を除くことに努め、さらに日本の実情に適応せしめようとして、用意周到に立案したものだと主張しています（『審議編』一五二九頁）。

これらをみてみると、陪審法を実施して以来、運用上様々な欠陥が露呈してきたのですが、しかしこの法が不当な法とは必ずしもいえず、法曹当事者の努力にかかっていたといえましょう。

(3) 国民性の問題

若槻禮次郎氏は、日本人は感情にもろく、人情が先にたつから公平でないとし、イギリス人は義務観念があり、陪審員の責任観念があり、陪審員の責任観念でもって情実により意思をまげないのとは異なるというのです。（『審議編』一一一〇〜一一一二頁）。また山脇玄氏も陪審反対の理由として、イギリス人は自己が裁判官の気分になるが、フランス人は対抗的態度をとり、無責任、雷同的だから国民の心理状態を考えるべきだとし（『審議編』一二九〇～九二頁）、さらに日本人の心理はフランス人に似て、イギリス人のように責任をもって任に当たるものではなく感情的な危険があるとするのです（『審議編』四二一～一二頁）。この国民性による反対論としては、橋本辰二郎氏（『審議編』一五〇七～一四頁）や佐竹義準氏があります（『審議編』一五一四～一五頁）。しかしながら、富谷鉎太郎氏は、山脇氏の意見に対し、イギリス人とは違うとしても、日本人は日本人の特徴があり、事に当たって軽躁なことをすることはないと思うといっています（『審議編』一一九九～一三〇〇頁）。

この問題についての疑問は国民性についての実証的な論証がなされていないことです。イギリス人やフランス人の国民性と日本人の国民性との比較は簡単にできるものではないと考えられます。したがって、これを論拠にするのは科学性を欠くものといわざるを得ないでしょう。

これと軌を一にするものに、「お上」の裁判を尊ぶ風潮・意識が日本人の国民性といわれることがあります（平野龍一『職業裁判官と素人裁判官』法律時報二九巻四号一四頁、昭和三二年）。しかし、デモクラシーの時代に陪審制度が行われていないのは不当でしょう。陪審法自体に幾多の不備欠点が露呈してきたが、これは、時代の推移と人文の発達に伴い改良を加えるべきは当然であり、国民と法曹の責任というべきであると考えられます。

3　大正陪審法の審理の実態

現在において、大正陪審法はいかように運用されていたのか、その実態（裁判長の説示、弁護人の弁論、問書と答申とその結果など）については、実例が残されていないのです。ここに引用するのは、三浦順太郎『陪審裁判松島五人斬事件之弁論』（非売品、昭和六年九月一日発行）であり、三浦順太郎氏は、判事として司法部に四三年間勤務され、その終わりに長崎地方裁判所における最初の陪審事件に裁判長として関与され、退官後は陪審事件（本件）に弁護人として関与された人です。

本件の陪審事件は松島五人斬り事件でした。ここにおいて、陪審員の答申は四名の教唆犯嫌疑者を無罪としましたが、実行嫌疑者四名のうち、二名は死刑になった事案です。

本件の公判日程表をみると、昭和六年のⅰ三月九日（午前九時開廷、午後六時閉廷）、ⅱ三月一〇日（同じ）、ⅲ三月一一日（午前九時開廷、午後八時二〇分閉廷）、ⅳ三月一二日（午前九時開廷、午後九時閉廷）、ⅴ三月一三日（午前九時開廷、翌午前二時半閉廷）となっております。ⅰは、陪審構成手続、起訴事実陳述、被告人三名訊問、ⅱは被告人五人訊問、ⅲは、証人九名訊問、ⅳは、証人一一名訊問、ⅴは、検事論告、弁護人弁論、裁判長説示、陪審員答申、第二次弁論、となっています。

「予審終結決定」は、予審判事が、予審を遂げ、次の如く決定し、「主文」として被告人三名に対する殺人教唆、被告人四名に対する強盗殺人の各被告事件を長崎地方裁判所の公判に付するとし、その「理由」を詳細に述べています（昭和五年一〇月二九日）。

これに対し、弁論の内容は次の通りです。「序論」として、ⅰ「陪審制度採用の理由」を述べ、理由として、政治上の理由と司法上の理由をのべて、官僚裁判は事実の見方が一方に偏し、常識に遠ざかる弊があり、理屈に走り、各事件毎に特種の事情あるに顧みずして、千篇一律、往々有罪に傾く恐れがあるので素人の判断を加えて緩和する要があるとし、ⅱ「自白の証拠力」について、重大事件では警官や検事も力こぶを入れ、自然無理がなされ、被告人も苦痛にたえかねて自白をなすものがある、とし、その実例を二、三挙げています。ⅲ「警官・検事調書の証拠力」については、例外のほかは証拠力をもたないとし、その理由は「聴取書」の記載に信用がおけないとし、ⅳ「被告人としての心理状態」は、訊問官の前では対等者の間の談話のごとく冷静になされず、また経験によれば、係官に迎合することがあり、民間に下り局外よりみると、「五〇年にして四九年の非を悟る」との感想をもっていると述べています。ⅴ「陪審裁判事件の意外に少数なる原因」は、裁判長の審問または説示中に裁判長の意見が現れる結果、陪審員が多くはこれに賛成し、結局役人裁判と同じ結果になり、しかも控訴はできないため通常裁判に比し、不利益だから陪審を辞退する者が多いし、説示中には裁判長の意見を述べてはならぬことになってはいるが、知らず知らずの間に裁判長の感情が現れることがあるから、陪審員は裁判長の意見に対し、独立の意見をもって事件を判断せられたい、公平に判断せられたいと述べています。

「本編」として、立会検事は長時間にわたり、詳細に論告したが、被告人等の言行について善くも悪くも解せられる場合は善き方に解すべきものとし、また本件は自白が主要なる証拠となっている事案であるが、被告人の中には、警察より予審終結まで自白し、以後は否認しているものがあり、よって各被告人毎に供述を検討すべきものとし、被告人（H）については、㋑共犯者、㋺犯行の原因、㋩謀議の状況、㊁兇器、㋭厚《あつ》司《し》（仕事着）の五項目について要点を述べています（その他は省略する）。そして自白のみでは犯罪の認定はできないとし、鑑定の結果、物的証拠についても証拠価値はなかったことが判明し、「結論」として、被告人等の所為と認むべき証拠がない、「以疑勿決疑」（横田国臣）の金言にしたがって、冤罪に泣かしめないよう切望すると論じています。

ついで「裁判長の説示」が示され、本件の事実関係及び証拠関係を説明するに先立ち法的な問題を示し（刑法二四〇条の強盗殺人罪）、証拠を示し、自白について注意をし、証言についても説明し、陪審員の任務は重大だから「慎重に誠実公平に其任務を尽くされんことを切にお願いします」と結んでいるのです。

「陪審員に対する問書及び答申書」については、「問」として、「主問」があり、それに対する「答申」が、「然り」「然らず」の形式で述べられています。

例として、(a)主問(1)(イ)は、「被告人Hは被告人Oと共にYの一家を殺害すると共に金品を強奪せんと欲し、大正一四年七月一六日午前二時頃Y方裏口より屋内に侵入したる上、兇器を以てY、同人の妻S、同人の長女S、次女T及び女中Oの頭部其の他を乱打し、以てY方より同人所有の現金百数十円を奪いその結果、妻S、長女Sを死亡せしめて殺害の目的を遂げ、Y、次女T、女中Oをして頭部其の他に重症を与えて、殺害の目的を遂げざりしものなりや」とあり、「答申」は「然り」となっています。

(b)(2)(イ)「被告人Kは被告人K等と共に大正一四年七月中被告人H等に対し前示Yの一家を殺害せんことを依頼し、被告人H等はこれに基づき其の実行を為し、Y、妻S、長女S、次女T、女中Oを乱打し、前示一の(イ)の如く殺害したるものなりや」の問に対し、答申では「然らず」となっています。そして末尾に、「問」の日付、職名として、「昭和六年三月一三日、長崎地方裁判所刑事部、裁判長判事、長谷川松太郎」とあり、「答申」には、「昭和六年三月一四日、陪審長、松尾馬之助」となっています。

「判決書」には、主文として、被告人二名を死刑に、一名を無期懲役に、一名を懲役一〇年に処すとあり、訴訟費用中証人一一名に支給したる分は、被告人四名の連帯負担とす、とあり、その他の被告人四名は無罪となりました。そして、詳細に「理由」が述べられてあります。

日付は「昭和六年三月一六日」とあり、「長崎地方裁判所刑事部、裁判長　長谷川松太郎、判事　宮崎隆蔵、判事永井寿吉」となっています。本著では、「第二回　陪審事件陪審員氏名表」が記載されています。

なお、被告人四名につき、在京弁護士某に依嘱し、上告したところ、上告棄却となりましたが、新判例五点が作り出されたのです。判例要旨を挙げると、ⅰ公判で被告人を訊問するにあたり、其の性行をも取調べ之を明白ならしむるは、陪審員をして事件に付、適正なる判断を為さしむる所以にして寧ろ適切な処遇というべきである。ii公判調書には唯其の手続を履践したる旨を明記するを以て足り、陪審法一五条所定の事項を告知したりや否やを記載する要あることとなし、iii該訴訟手続の進行中に於いて暦日を代え翌日に亘ることあるも、之が為め期日の同一性を失うものに非ず、iv警察、検事の聴取書を証拠にすることに付異議なしと陳述したること明にして、而も被告人等に於て、反対の意思を表示したる事跡の見るべきものなきを以て同弁護人の叙上意見の陳述は、同被告人に関して其人的効力あるものとす、v陪審法七七条につき、所論は、判示犯罪の構成事実に属せず、単に犯行の縁由動機犯罪の用に供したる兇器の種類又は被害の程度に関するものにして、犯罪の情状として量刑に影響あるべき事項に過ぎざるを以て是等の点に付いては陪審の評議に付するを要せず、との判示がなされています。

これをみると、陪審裁判の審理の実態は、順調なものであり、それが発展を期待されるものであったといえましょう。そして、上告審の判決も至れり尽くせりであって、事実問題にも入りつつも、法律問題として判示がなされているのであって、被告人の保護に欠けるところはないといえます。陪審法廷における弁論、説示、答申は参考になる点は多く、高き評価を与えていいのではないでしょうか。

4 むすび

大正陪審法が、当初の熱気が失われて、戦時中に停止に追い込まれた経過を実証的にみてきたところです。停止になったのには、戦争という不幸な契機があったことは事実ですし、陪審審理などにおける諸問題、特に辞退にならざるをえなかった実態もわかってきました。その点、陪審法成立過程における議会における議論は、優れた先見性があったと考えられるといえましょう。それが現実化して陪審法の進歩に逆行するに至ったのは、まことに残念といわざるをえません。しかし、実際の陪審裁判をみる限りは（一例しかあげられなかったのですが）、非常に適正に、順調に、スムースに運用されていたと推察されます。したがってこれを見る限り必ずしも制度の不備だとするのは正当ではなく、やはり問題は職業裁判官をはじめとする法曹の陪審裁判への推進の熱意と努力の不足があったのではないでしょうか。いかに優れた法を整備しても、それを運用実施する責任者の見識が充分でなければ、ゆがめられてしまうことになりましょう。大正陪審法は失敗だとするのは不当であり、正当な評価をなすべきではないかと考えられます。

陪審制度に対する反対論と戦後における復活の阻止

大阪学院大学法学部教授　阪村幸男

1　はじめに

大正一二年制定の「陪審法」（大正一二年四月一八日法律五〇号、昭和三年施行）は、昭和一八年に「陪審の停止に関する法律」（昭和一八年四月一日法律八八号）により停止されたまま現在に至っています。しかしこの後者の法律の附則には、「陪審法は、今次の戦争終了後再施行するものとし、其の期日は各条に付勅令を以て之を定む」とあって、再施行を予定していたのです。戦後制定された「裁判所法」（昭和二二年四月一六日法律五九号）第三条三項は、「この法律の規定は、刑事について、別に法律で陪審の制度を設けることを妨げない」とされ、陪審法の制定に道を開いているのです。それにもかかわらず、いまだ陪審法は復活されていないのです。

この経過については、佐伯千仭氏の論文「陪審裁判の復活はどのように阻止されてきたか」（立命館法学二五五号八八九頁以下、一九九七年）によって詳細に論じられているのです。本稿は、この論文を中核としながら、なお陪審法の制定に関する明治時代からの論点をも加えて、陪審法がなぜ明治の初期に制定されなかったのか、この時代にもすでに陪審法制定の動きがあったにもかかわらず実現されなかったのか、そのいきさつなどについても述べてみたいと思います。陪審法は結局は、民主主義的思想の産物であることを知ることになると考えられます。

2　明治時代――ボワソナードと井上毅

ボワソナードは、日本の御雇外国人として明治維新期における立法作業の指導的役割を演じたフランス法学者ですが、その立法提案である「治罪法草案」(明治一二年)ができあがりましたが、その後「治罪法審査修正案」が内閣に上呈されたのです。この中に重罪犯には陪審制を採用していたのです。ところが、太政官大書記官として、その立法作業の中核にいた井上毅は、陪審制に反対しましたが、その理由は次の趣旨です。

① 陪審裁判に国民裁判の名を付して、抽選により選ばれた一二名の陪審員に国民総代の名を託すのは不当である。

② 政治は衆議によるが、刑法はそうではない。

③ 陪審は事実を、法官は法律を判断するという区別はできない。

④ 法は罪を擬するだけでなく、事実判断の基準でもある。

⑤ 重罪で解放されたり酌量減刑される者がフランスでは多い。

要するに、法の外で裁判するのは、法無きの弊害に陥るものだとし、結局は陪審の利益は、実益ではなくて観美にすぎないと論難し、さらに重要なことは、わが国民は、まだ「参政の習」に習熟していないから、陪審を用いなくても審判の構成を害することはないと論じているのです。この井上毅の法律観は、歴史主義的限界をもつリーガリズム(法律主義)である(大橋智之輔「井上毅の法律観」法哲学年報『法思想の諸相(2)』一頁以下、一九七〇年)といわれていますので、当時の国会も開かれていない政治状況の下では、反対したと考えられるものです。たしかに明治維新は、ナショナリズムに立つ文化革命（桑原武夫『明治維新と近代化』二〇七頁、一九八四年、三省堂）ともいわれ、伝統的な思想と近代的な思想が混在していたため、井上の見解も理解できないわけではないでしょうが、それならば、歴史的に国民主権と民主主義の確立された現在の憲法の下では、逆に陪審制を必要とするということになるのではないでしょうか。

その後も御雇外国人のガンベ・グローズ（警視庁顧問）も、陪審は刑事の裁判に対して人民参与の権を行うものだとしているのも注意されましょう。弁護士であった江木衷は、すでに明治の終わりには、陪審制度は、国民自ら裁判に参与し、無辜に泣く同胞がないかどうかを監視し、公益を実現する「一大家庭」であると主張しているのは、注目に値するところです（江木は陪審制制定の指導的役割を果たした人物です）。

3　大正時代――原敬と陪審法との関係

時代は、大正デモクラシーの時代となり、民主主義（民本主義）が唱えられる時代になりました。政党政治家であった原敬（首相）は、陪審制を制定しようと努力しました。幾多の修正を経て、前掲の「陪審法」が成立しました。この法律は、大陸法に則り、イギリス制を加味し、しかも日本の国体民情と当時の刑事裁判制度に適合したものといわれています。

この陪審法は、当時大いなる希望をもってスタートしたものであり、陪審法施行の当日には、天皇が裁判所に親臨されて、司法裁判は、社会の秩序を維持し、国民の権義を保全し、国家の権威がかかるものであるから、一層奮励するべきものだとの趣意の勅語を下賜されたのでした。また当時、実施を前提として多くの著書が刊行され（注釈書など多数）、さらに「大日本陪審記念録」（昭和四年、大日本陪審協会）も発行されています。

しかしながら、この陪審法制定に際しても反対が存在したのです。その有力なものとして、若槻礼次郎は、井上毅の陪審反対論を根底に引き継いで、議会でも四時間にわたる反対演説を唱えました（若槻礼次郎『明治・大正・昭和政界秘史』二三八頁以下、一九八三年、講談社学術文庫）。その理由は、まず憲法違反（憲法上の裁判官でない陪審が判断すれば裁判官の裁判をうける権利が奪われる）と、公判陪審では人権擁護に役立たない（人権侵害は捜査段階で行われるから）というのですが、その根本理由は、日本の国民性に合わないからだとし、日本人は情実に流れやすい（イギリスでは公務に当たっては情実によらないが、日本人は、公務でも私務でも情実が支配して公平に物を判断しない）から陪審は有害無益であるというのです。だが若槻の論旨には、基本的に司法への国民参加という民主主義思考は全く見られないのです。この点をもっと重視すべきではなかったかと痛感せざるをえないのです。

4　戦時時代

陪審裁判は、発足当初の昭和三、四年がピークで、その後は逐年減少を続け、昭和一六年は、一件、一七年は二件、昭和一八年には陪審法は停止されてしまいました。

この点については前記若槻は、陪審法は陪審法廷をつくるため、何百万もかけたが、一向に役に立たず、また面倒と費用もかける（陪審員の名簿作成、届出、呼出し、公判中監禁、旅費・日当など）、よかったことは一つもなく、本当に必要不可欠ならば、戦時でも止めるはずがなく、陪審法は効果はないと批判するのです（前掲書）。

しかし、そう断ずるのは、早計でしょう。陪審法が施行せられた全期間を通じて四八四件の陪審裁判が行われたのですが、そのうち有罪三七八件、無罪八一件、公訴棄却一件であり、その無罪率は一七％弱であり、通常の刑事事件の無罪率が一・二％ないし三・七％であったのと比較すれば、その無罪率はすこぶる高かったというべきです（佐伯『陪審裁判の復活』一三頁、一九九六年、第一法規）。

陪審裁判が減少した真因は何かですが、佐伯千仭説によれば次の通りです（佐伯・前掲「陪審裁判の復活はどのように阻止されてきたか」九〇一頁以下による）。

① 陪審法施行後、満州事変、日中戦争、太平洋戦争と戦時態勢に突入して、わが国の司法部は陪審制度が目の上のこぶのように感じられ、陪審裁判を要求する被告人が余計な手数をかける不逞の輩だとする取扱いが広がり、在野法曹の中にもそれに迎合する向きもあり、かつ陪審法の中の制約と拘束が戦時中は陪審裁判を阻止するために利用されたとされています。

② 特に陪審裁判を受けたいと希望する被告人に対しては、非公開の公判準備の法廷における裁判長による詳しい被告人訊問が待っており、捜査中、特に予審判事により取り調べられた段階では被疑事実を認める趣旨の予審訊問調書がとられている場合が多かった上に、それに目を通している裁判長の被告人訊問によって再び事実を認めさせられてしまう場合が多く、事実を認めれば陪審裁判を受ける権利はなくなったのです。実際に、陪審裁判が行われたのが四八八件というのは、公判準備における裁判長の厳しい被告人訊問に耐えぬいて否認を貫き通すことのできた数少ない人達であったのです。

③ さらに陪審が「然らず」と無罪の答申をしても、それが気に入らぬ裁判官は「更新」手続（九五条）によって、その答申を斥け、更に別の陪審員に評議をさせることができたことも、陪審裁判を求めようとする国民のみならず、弁護士にも消極的な影響を及ぼし、担当している被告人に陪審の辞退を勧告させること

になったとされています（佐伯・前掲九〇九頁）（更新手続は憲法三二四条の「裁判官の裁判を受ける権利」との矛盾をさけるための条項でした）。これが陪審裁判の減少の一因となったと考えられています。

④　その他、制度的には、陪審裁判で有罪になってしまうと控訴できなかった（一〇一条）から、被告人として、絶対に無罪になるだろうという事件しか陪審裁判を求めることができなかったことがあります。また有罪になると、陪審員に支給した旅費、日当、宿泊料が被告人に負担させられた（一〇七条）ことも自然に陪審裁判を希望しなくなった原因といわれています。しかし、そのような制約の下でも、前述の無罪統計をみれば、冤罪の救済には職業裁判官の裁判よりもすぐれていたように思われます。

したがって陪審裁判の不振の原因は、浦辺衛判事の実証的研究（『わが国における陪審裁判の研究—経験談による実態調査を中心として』、一九六八年、司法研修所調査叢書九号）によると、運用上施行後十分の歳月を経ていなかったため、裁判官および訴訟関係人の間に個人差があり、陪審の構成にも地域差があったためであり、失敗と断定しえないとの見解を示されています。陪審制度は、失敗の経験をもつ愚かな企てであるとするのは（熊谷弘『陪審制度の運用と其の批判』四六頁、一九五七年、司法研究報告書一一輯三号）、不当であると考えられます。

5　新憲法時代

(1)　司法部内の陪審制復活反対論

佐伯千仭氏の前掲論文によれば、司法部内の陪審制復活反対が詳細に述べられているので、これによって重要な点をまとめたいと思います。

敗戦直後の憲法改正問題については、「司法制度改正審議会」（昭和二〇年一一月九日）を発足させて、「国民の司法参加」が問題となり、そこで司法当局が一二月一八日に示したのは、陪審制の復活ではなく、「参審官」を専門の裁判官と一緒に裁判に関与させる参審制案であったといわれています。

憲法改正草案については、いわゆる「マッカーサー草案」が昭和二一年二月一三日に日本政府に交付されたのですが、この第二次試案までは、陪審制度は入っていたのです。しかし成案となる段階で削除されたとされています。

ただ日本政府側には、陪審法施行停止を決めた昭和一八年四月一日法律八八号の附則三項があったので、マッカーサー草案には直接陪審裁判に関する表現がなくても、陪審復活が再登場することを予想せねばならなかった事情があったとされています。

ところが、三月中のＧＨＱの民間情報部保安課法律班のマニスカルコ大尉から、敗戦後の日本の裁判所構成法と刑事訴訟法の全面改正についての逐条的な「修正案」が届いたのです。そこには、刑事訴訟法についても起訴陪審および公判陪審をとるべきだとし、大正陪審法の更新権を斥けて、自由な陪審制度を取り入れるべきものとしていたのです。司法省側は、「刑事訴訟法改正方針試案」を出して、起訴陪審は採用しないが、公判陪審は採用するとし、末尾には陪審制度の構想まで試みていました。さらに司法省刑事局も、「新憲法に伴ひ司法に関し本省として態度を決定すべき事項」（五月二九日付）として、「刑事訴訟法改正方針案」を引き継いで陪審を構想していたのです。この頃までは司法部も陪審裁判の強化復活の道を歩んでいたのです。

その後枢密院では、「日本国憲法草案」についての審議に当たり、政府は「陪審制度については目下研究中」としていました。

帝国議会では、金森国務大臣は、憲法中に陪審の規定を設けることに対して否定的な答弁をしていました。また木村法相も憲法中に規定を設けることは拒否し、日本の国情に合うか検討を要するとしていました。貴族院でも、木村法相は、理念としては陪審を復活させたいとしつつも、憲法の中に明文をおくことは受け入れなかったのです。

司法部内の動きはどうだったのでしょうか。

昭和二一年六月に司法省内に、「臨時司法制度改正準備協議会」がおかれ、その中で刑事局試案は、陪審制の採用を認めていたとされており、陪審制の復活は当然とされていたのです。

しかし、本格的な協議は、昭和二一年七月三日に発足した内閣総理大臣の諮問機関としての「臨時法制調査会」と、それに対応して設置された司法大臣の諮問機関である「司法法制審議会」に引き継がれたのです。この司法法制審議会の中で、佐藤藤佐刑事局長が七月一九日の委員会に出席して、「陪審制度を……廃止して、参審制を採用する意向が圧倒的であり、……裁判所構成法を起草する前に決めて頂きたい」と述べており、その後も司法省刑事局では、参審制の研究が続けられ、内容的に立ち入った討議が行われたのです。ここにいう参審制度は、大正陪審法と異なり、参審員の独立性を否定するおそれがあったといえます（佐伯・前掲九一六―八頁）。大正陪審法では、陪審員は法廷でも証拠調に立ち会った後は、独立して犯罪事実の有無について討議評決し、その出した答申には職業裁判官も従わねばならなかったのです。

さらに、参審制は違憲との論議もあったようですが、参審制の議論は、その後司法法制審議会の議題としてはとりあげられなくなったのです。

注目すべきは、枢密院や帝国議会で陪審制の復活強化が熱心に論議されていたのと同時期に、右のような陪審制度の否定を前提とする参審制度論議が司法省の司法法制審議会内で併行して進行していたという事実です（佐伯・前掲九一六頁）。以上のいきさつをみると、司法部内では参審制を出したのは、これは手段であって、陪審制を復活することを阻止することが本命であったと推定できるのではないでしょうか。

(2) 裁判所法の成立と陪審法制

枢密院での裁判所法案についての論議（昭和二二年二月一二日）において、林頼三郎顧問からの木村法相に対する質問に対して、木村法相は、「陪審、参審については本法案は考慮していない。陪審の運用は、日本では実際不可能で、それは日本の国民性の故であると思う」と熱意のない答弁をしています。

衆議院でも、菊地養之輔委員の質問に対して、木村法相は、民意を裁判の上に反映せしむる方法としては、イギリス、アメリカで行われている陪審裁判がもっとも妥当な方法と考えているとしながらも、参審を考慮中でもある。その理由として、陪審は経費その他で容易でない（五〇いくつかの裁判所が焼けた）。あるから「陪審制度を時期を見て実施したい」とは述べています。

貴族院で、山隈康委員との質疑応答で、奥野健一政府委員は、裁判所法三条は、「別に法律で陪審制度を設けることを妨げない」とあるのは、積極的に陪審制度を設けるものではなく、将来を予想して途をひらいておくものにすぎないとしています。

さらに、山隈委員の陪審制度の停止は戦時に限ったという訳ではなかったのか、陪審は廃止ではなく停止ならば裁判所法三条はこれに矛盾し不必要であり、陪審制度は生きているのであるから、別に陪審制度を設ける必要はないのではないか、との質問に対して、奥野委員は、「陪審に関する法律は停止されているので、必ずしも戦時に限った訳ではない」と答えているのです。それは政府（司法当局）内の陪審制度に対する否定的・拒否的姿勢、機会さえあれば停止中の陪審法を死法たらしめようとする戦前からの一貫した根本姿勢に他ならなかったといえましょう（佐伯・前掲三八頁）。

裁判所法三条は、ＧＨＱの「裁判所・法律課」の課長だったオプラーが命じたとされていますが、このいきさつは、司法当局の消極的態度が原因といえましょう。

(3) 現行刑事訴訟法の下における陪審否定の動き

現行刑訴法の「起訴状一本主義」（刑訴法二五六条の裁判官に事件の予断のおそれある書類その他のものの添付、内容の引用の禁止規定をさす）と、「証拠法」（三二一条以下の伝聞証拠の制限規定）などは、陪審裁判における陪審員の裁判関与を予定したものといわれます（佐伯・前掲九三九頁）。しかしこれらを廃止しようとする動きが現れているといえます。

昭和二六年九月の法制審議会では、多くの「刑事訴訟法改正の問題点」が議論されました。その際、この証拠法を維持するためには陪審制度を採用するべきだとの意見もあるが、わが国の陪審の実績は芳しくないとの問題もあるので、「もし陪審制度を採用しないならば、その観点からあるいは証拠法の再検討ということも考慮せられるであろう」とし、停止中の「陪審法」を廃止と決定し、刑訴法の証拠法の再検討を実行しようとの意図があったとされています（佐伯・前掲九四〇頁）。昭和二六年一〇月六日の法制審議会の刑事法部会では、佐藤検事総長自ら出席し、「陪審制度採用の可否」が取り上げられました。その発言内容は、陪審制度の採用は現在は無理で、当分の間は専門の裁判官の裁判手続になるから、「陪審制度を前提とした英米の刑事手続を母体として制定された現行刑事訴訟法の中、改正を必要とするものが当然考えられる」とし、起訴状一本主義を緩和し、三二一条以下の証拠能力の制限を相当の範囲まで広め、裁判官の自由心証に委せることにしてはどうかというのです。佐藤氏の発言は陪審に対する否定的見解ということができましょう。

これに対し、団藤重光氏は、「従来の陪審制度の不採用をわが国情に合わないという理由のみで考えるのは不十分である」と批判し、「当分の間は陪審制度を採用しないといっても」刑訴法の当事者主義をやり直すのは時期尚早であるし、「将来において、陪審制度を採用するか否かについて検討するときに」限定的見解をとったという印象をあたえたくない、と反対したのです。もっともこの意見に対しては、佐伯説（前掲五四頁）は、反論は多とするも、「陪審制度を採用しないとしても」とか「将来において陪審制度を採用するか否かについて検討するときに」というのは、手ぬるすぎたと批判しています。

戦後の枢密院、国会および司法部における論議をみると、民主主義憲法の影響力は大きく、極端な陪審制反対論は弱く、一応は理想論としては陪審制を是認しているとみられます（参審制をいうのも民主主義的要請を無視できなかったのではないでしょうか）。

(4) 陪審制と誤判防止論との関連性

注意しなければならないのは、陪審制が誤判防止に役立つかという問題があります。団藤氏は、「世の中には陪審制度を採用すれば事実誤認が防げるという考えもあるようですが、これは非常に甘い考えです」とし、日本では参審制度にする以外はないが、それでも誤判が完全に防げるものではないと述べられているのです（団藤重光『死刑廃止論第五版』一五四頁、一九九七年、有斐閣）。

しかし陪審制復活と誤判防止は全く関連がないとはいえないと思います。まず、戦後陪審制が唱えられた原由として、職業裁判官に対する不信感が高まった事実があって、陪審制復活の契機となったことです。刑事事件における誤判事件が続出し、再審で無罪になるケース、とりわけ死刑から無罪になる誤判事例が続発する現象が生じました。再審で死刑囚が無罪になったのが、免田、財田川、松山、島田各事件です。

① 免田事件――昭和二三年一二月二九日に熊本県でおきた強盗殺人致傷事件で、昭和二六年一二月二五日最高裁上告棄却で死刑確定、昭和五八年七月一五日熊本地裁八代支部で再審無罪。

② 財田川事件――昭和二五年二月二八日に香川県でおきた強盗殺人事件で、昭和三二年一月二二日最高裁上告棄却で死刑確定、和五九年三月一二日高松地裁で再審無罪。

③ 松山事件――昭和三〇年一〇月一八日宮城県でおきた強盗殺人、放火事件で、昭和三五年一一月一日最高裁上告棄却で死刑確定、昭和五九年七月一一日仙台地裁で再審無罪。

④ 島田事件――昭和二九年三月一〇日静岡県でおきた幼女の強姦致傷、殺人事件で、昭和三五年一二月一五日最高裁上告棄却で死刑確定、平成元年一月二六日静岡地裁で再審無罪。

その他に松川事件（昭和二四年八月一七日発生）で、第一次上告審で、検察の手元にあった「諏訪メモ」が最高裁の提出命令により法廷に提出され、その結果死刑四人（一審では五人）を含む被告人全員が無罪となりました（最大判昭和三四年八月一〇日刑集一三巻一四一九頁）。誤判事件としては、吉田事件（大正二年発生、第六次再審請求で昭和三八年二月二八日無罪）、加藤事件（大正四年発生、昭和五二年二月一五日無罪確定）などがあります。

誤判原因は何かが問題となりました。職業裁判官が証拠の取捨選択、事実認定、法律のあてはめ、量刑の権能を一手に集中しているため、事実認定は陪審が行う機能分化が必要なのではないか、特に検察官面前調書、自白調書の使用が原因なのではないか、との論議が生じたのです（参照、「〈座談会〉裁判と誤判を語る」自由と正義三五巻三号四四頁以下、一九八四年）。誤判の続出が陪審法復活論議の契機となったわけですから、誤判の防止と職業裁判官に対する不信の解消が結びついたわけで、そこに陪審制復活との関連性があるといえましょう。

この問題について、つとに陪審裁判の有効性を唱えられてた青木英五郎氏の論は尊重に値すると思われます。裁判官を退任されて、弁護士をされ、八海事件の弁護人となられたのです。職業裁判官の通常人としての判断ができなくなる危険を指摘されています。

八海事件は、昭和二六年一月二四日夜、山口県熊毛郡麻郷村字八海の早川惣兵衛夫妻に対する強盗殺人事件で、その犯人が吉岡一人か、阿藤氏を含む五人共犯かが争われ、吉岡の単独犯と確定したのが昭和四三年一〇月二五日最高裁で阿藤氏らは無罪となったが、一七年九カ月が費やされたのです。「人を裁くことが職業の裁判官は、十分な自己批判を常に怠らないようにしない限り、裁判を職業とすることから生ずる裁判ずれがしてしまう危険がある。被告を普通の人間として見ることができなくなる。……しかもそれを裁判官としての経験と思いちがいをするのである。そのために、被告の訴える真実を聞き入れることができなくなる。……通常人から見れば理解のできない人間、異常人になる。」（『日本の刑事裁判』一七八頁、一九七九年岩波新書）。

その実例として、八海事件の阿藤被告人の内妻の証言における、十分な食事を与えられなかったため、食事がなく寝ていたという事実に対し、裁判官はこれは阿藤氏の世をたばかるはかりごとだとしたのです（第二審差戻判決）。

青木氏は、大正陪審法は、本来の機能を果たすことができない裁判になっていたといわれています。特に、予審制度を援用して、予審判事の取調べた調書を裁判官が読んだうえで、裁判官が直接被告人や証人を取り調べる手続だったのですが、しかし、これでも無罪率の高かったことが注目されるといわれています（『陪審裁判』一二五頁、一九八一年、朝日新聞社）。

青木氏は、陪審裁判でのアンジェラ・デービス事件に関心をもち、白人の一人が黒人の彼女に深い理解をもっていたことが示されたとされています。

アンジェラ・デービス事件（一九七〇年八月七日発生）は、彼女に対する殺人・誘拐・共同謀議の訴因が、一九七二年三月七日陪審裁判で無罪となった事件で、彼女は黒人で、一二人の陪審員は全員白人でした。この事件で、その白人の強調するのは、陪審員の裁判官からの独立であり、これが被告人の権利を守ることになっている点をみとめていることだとされています。（同書、一二三頁）。

青木氏は、日本でもアメリカのように陪審裁判が行われたならば、冤罪、誤判は減少すると断じておられます（同書、一二八頁）。そして陪審員としての常識判断がすぐれたものとして、裁判官の「実務の経験」とは違った「人種、思想、信条を乗り越えて裁く者と裁かれる者との間の人間としても触れ合いが読み取れる」のであり、「同輩による裁判」の本来の意味があり、「多くの無実の被告人が救済され、人権の保障がなされる」ことを念願するものと論じられています。青木氏は弁護士として誤判を念頭において冤罪の防止を追求して行くと陪審裁判に結着することになったのでしょう（八海・仁保・狭山事件など。陪審を決意させたのは狭山事件だといわれます）。佐伯千仭氏は、青木氏の著作集の『刊行の辞にかえて』で、誤判は罪なき人を殺すことになるかもしれない危険があるため、その自覚が青木氏の祈る心、救いを求める心に近づいて行ったものと述べておられます。

次に、陪審制をとれば、誤判はなくなるとはいえないとしても、減少するだろうと考えられています。その証拠として、前述の戦前の陪審裁判の下でも、無罪率が一七％弱であったのに、通常の裁判の無罪率は一・二％ないし三・七％だったということなのです（佐伯『陪審裁判の復活』一三頁）。また渡部保夫氏は、わが国で陪審制を採用したら現在よりは、ずっと有罪方向の誤判は減少するといわれています（渡部保夫・伊佐

千尋『日本の刑事裁判』四一六頁、一九九六年、中公文庫)。

渡部保夫氏は、誤判の原因について、i「疑わしきは罰せず」の原則があるにもかかわらず、職業裁判官が長年裁判をやっているうちに、感受性が鈍化してしまう、ii職業裁判官は、証拠(自白)の価値を過大に評価しがちである、iii裁判官は権威主義的な考えになりやすい、裁判官と同じレベルにある一二人の通常の市民(同輩)の判断にとっても疑いのないとされた場合でなければならない、とされます(前掲三八八頁以下)。

要するに、「民衆の感覚はなんといっても健全です」ということを肝に命ずべきでしょう(前掲四三四頁)。

以上、陪審制度に対する反対論ならびに陪審を阻止してきた歴史を中心に述べてきました。しかし、それに対する批判も脈々と続いていることを知ることができます。現在憲法の民主主義の思潮の下においては、陪審制は不可欠といわなければならないといえましょう。国民の司法参加は、幾多の障壁を越えて、不退転の決意で実現されることを期待したいと考えます。

第五部　世界の陪審裁判

陪審裁判の歴史——その形成と発展

松本裕幸

1　イギリスとアメリカの陪審制度

(1)　陪審の起源

ここでは、陪審裁判（特に刑事陪審）の歴史について述べていきたいと思います。

陪審裁判の歴史について語ることは、ゲルマン古代から現在に至るヨーロッパの裁判の歴史について語ることでもあり、それはまた同時に、司法における人権の保障がいかになされていったかを物語ることでもあります。そして、それらのことは、民衆が司法にいかに関わってきたかということを無視して物語ることはできないのです。

陪審裁判の起源は、遠く中世のヨーロッパにまで遡ります。

古代ゲルマン社会においては、侵害された権利は自らの手で回復しなければなりませんでした。まず、権利の侵害者を自ら見つけだして、裁判を提起します。この訴えは、民衆が構成する裁判所において審理されました。この時代の審判の特徴は、有罪か否かを神判や決闘で判断していたことです。

この古代ゲルマンの民衆裁判が、いわゆるゲルマン民族の大移動後の中世社会でも、各部族によって形をかえて生き続けることになります。そして、ゲルマン人の一族であるフランク人の建てたフランク王国で行われていたものが「フランクの糺問手続」と呼ばれるものです。これは、それまで民衆一般が集い判決をしていたのが、一部の有力者が審判人となり審理するようになったものです。

一〇六六年にノルマンディー公ウィリアムがイギリスを征服しますが、その際にヨーロッパ大陸より持ち込んだ「フランクの糺問手続」が陪審の起源とされています。「フランクの糺問手続」とは、国王がその特権によって、ある事実について情報を持っている人に対して、宣誓をさせた上でその情報を提供させる制度です。主に行政目的のために用いられました。

このような制度がイギリスで用いられた具体例として、一〇八五年から八六年にかけて行われたドゥームズデイの調査（Domesday Inquest）を挙げることが出来ます。これは現在の国勢調査のようなもので、イングランドの全土についてその所有者や産物、家畜の数や犂の数といったことを近隣の人たちに審問し、宣誓の上報告させたというものです。この調査は厳密に行われ、土地一ヤード、牡牛一頭、牝牛一頭、豚一頭でさえ漏らさない細かさだったそうです。

このような糺問方法を裁判手続として本格的に用いたのがヘンリ二世でした。彼は重大な犯罪について、その犯罪の発生した地域から何人かの者たちを選び、その者たちに容疑者を裁判にかけるかどうか（つまり起訴するかどうか）を判断させたのです。これが現在の起訴陪審（大陪審）の起源といわれます。

起訴ということになれば、国王裁判所で有罪か無罪かが判断されます。この判断方法は多様で決闘や神判、免責宣誓などがありました。

決闘…………当事者双方が決闘をし、その勝敗がそのまま裁判の結果になりました。

神判…………被告に熱せられた鉄をつかませて歩かせ、その手を包帯で巻き、さらに包帯を封印し、三日後の検査の時に手が治っていれば被告の勝ちとなりました（熱鉄裁判）。

神判には、その他にも熱湯裁判、冷水裁判などがありました。

免責宣誓……被告を支持する一二人ぐらいの者たちに、形式的に決まっている誓約の文句を述べさせ、全員が間違わずに言えれば被告は無罪となりました。被告が無罪ならば神の助けにより、誰も言い間違えることはないという考えが根底にありました。

このような野蛮な裁判方法も、中世の人たちにとっては意味のあることでした。というのも正しい者には神が味方すると考えたからです。つまり、決闘であれば正しい者に神が味方するので、その者が勝利し、神判であれば正義を有する者に神の加護があり、手の火傷が治るのだと考えました。

このように中世の人たちにとって、神は人間に真実を告げる存在だったのです。

(2)　陪審の成立と発展

さて、起訴陪審によって起訴された者は、以上のような方法で有罪か否かが決定されていたのですが、一二一五年の第四ラテラン会議で僧侶が神判に関わることが禁止されたため、神判を行うことができなくなりました。そこで登場したのが、今でいう審理陪審（小陪審）です。

当初の審理陪審の陪審員は目撃証人のようなものであり、自分の見聞きした事実に基づいて被告の有罪無罪を決めていました。（もちろん、現代の陪審にはそのようなことは許されていません。法廷で示された証拠のみによって事実を認定しなくてはならないからです）

また、自分の見聞きした事柄だけで判断をしかねる場合は、事件について何らかの知識を持っている者から情報を得て判断しました。もちろん、噂の類いも含まれるので、陪審員が間違った判断を下す可能性もあり、そういう点で当時の陪審は合理的な審判方法とは言えませんでしたが、決闘や神判、免責宣誓と言ったものに比べれば納得のいくものであり、信頼できる制度として当時のイギリス国民に受け入れられていきました。

陪審はその長い歴史の中で、ときとして「専制に対する防波堤」として機能することがありました。一六七〇年に起こったブッシェル事件（Bushell's Case）がその最も成功した例の一つです。

当時クエーカー教徒は非国教徒であり弾圧の対象となっていました。その信徒であったペンとミードは、グレースチャーチ通りで行われた集会で説教をしたことを理由に起訴されたのです。

有罪にしようと考えていた裁判官の思惑と違い、陪審はクエーカー教徒を弾圧しようとした法を無視して、裁判所の圧力にもかかわらず、自らの良心に従いペンとミードに無罪の評決を下すのですが、そのため裁判官より苛酷な仕打ちを受けてしまいます。

裁判官いわく、「陪審員の皆さん、残念なことにあなた方は裁判所のまっとうな意見を聞かず、自らの考えに従って評決してしまいました。……そのあなた方の態度に対して、一人当り四〇マルクの罰金とそれを支払うまでの間、拘禁を命じます。」

しかし、このような裁判官の圧迫に屈することなく、陪審長ブッシェルを含む四名の陪審が、罰金を支払わなかったため監獄に拘禁されますが、上訴して闘い、人身保護令状により釈放を勝ち取ることとなります。

陪審は、常にブッシェル事件のように権力に対して果敢に行動したわけではなく、裁判官の抑圧や誘導で、不当な評決を下したこともありました。また、評決をコイン投げによって決めるなど、不真面目な陪審員もいたそうです。けれどもイギリス人たちは陪審制度を廃止することはありませんでした。それはイギリス人が、陪審制度を自由の防波堤として信奉していたからです。そして、その不備な点は改めるなどして現代にいたるまで存続させてきたのです。

陪審制は長い年月に渡って、当初の不確実な裁判方式から信頼できる合理的な裁判方式へと変化すべく、幾たびも改良が重ねられてきました。

その成果の一つが詳細で膨大な証拠法です。証拠法とは事実認定に慣れていない陪審員が、誤ることなく適正に事実認定が行えるように、法廷に現れる証拠について規定したものです。例えば、AがBを殴った場合、それを直接目撃したCを証人として呼ぶことはできますが、Cからその話を聞いたDを証人として呼ぶことはできないのです。証拠法の規定が重要なのは事実認定に使える証拠、つまり、できるだけ確度の高い、信頼のおける証拠を陪審に提示できるように規定して、それによって陪審が信頼性の薄い証拠を用い、過った評決を出さないようにしているからです。

このように陪審制度は、法の素人である陪審員が間違った評決を下さないように証拠法則などでその信頼性を確保しており、現代にいたるまで紆余曲折をえながらイギリスの法制度を支える重要な制度として発展してゆくのです。

(3) アメリカの独立と陪審制

現代において、もっとも陪審制度が支持され、機能している国はアメリカと言えます。このアメリカの陪審制度は、イギリスで発展した陪審制度が、植民地時代のアメリカに渡り、さらに発展したものなのですが、その陪審に対する信奉は、本家のイギリスを凌ぐものがあると言えます。アメリカでは、陪審制で裁判を受けることが憲法で保障されているほどなのです。

このような、現代アメリカでの陪審に対する信奉は、植民地時代のアメリカの本国イギリスからの独立の過程の中で培われてきたものと言えます。そのアメリカの陪審支持の根底にあるものは、自由を抑圧する権力への不信と抵抗なのです。

まだアメリカがイギリスの植民地であった一七三五年、新聞発行人のジョン・ピーター・ゼンガーは、総督批判を内容とする読者の投書を新聞に掲載しました。ところが、そのために文書による名誉毀損を理由に逮捕されてしまいます。当時、総督を批判する記事を掲載するのは大変勇気のいるものでした。たとえ真実を報道しても名誉毀損で有罪になる可能性があり、このことが、報道の自由を著しく制限していました。しかも、当時の新聞界は、権力をもつ総督に対して従順で批判精神がなく、そのような風潮の中でのゼンガーの行為は無謀とも言えるものでした。ところが、裁判で陪審はゼンガーに対して無罪の判断を下すのです。

このゼンガー判決によって、報道内容に対する名誉毀損罪の適用には厳しい条件が付くことになり、これによってアメリカの言論界は、当時としては世界でもっとも進んだ言論の自由を手に入れることになります。

2　ヨーロッパの陪審制度

陪審制はイギリスで成立し、イギリスの法制度の根幹をなすものとなりました。また、陪審制は植民地時代のアメリカに渡り、アメリカの民主主義の要となりました。

現代においても、アメリカやイギリスの陪審制度は、両国の司法の重要な制度として機能しています。ところで陪審はアメリカやイギリスだけのものではないのです。ヨーロッパでも、その歴史の中で重要な役割を果たしてきたのです。以下、簡略にヨーロッパにおける陪審の歴史を述べたいと思います。

(1) フランス革命以前の裁判制度

「フランクの糺問手続」はイギリスに渡って陪審制度へと発展していきましたが、ヨーロッパ大陸では「フランクの糺問手続」が糺問主義の裁判へと変化していきます。

内紛と外敵の侵入によって、フランク王国は崩壊の道を歩み始め、九世紀末に王国は分裂してしまいます。（分裂してできたのが、ほぼ現在のフランス、ドイツ、イタリアにあたります）その頃、教会は勢力を拡大しており、それとともに教会法（カノン法）が独自の発展を遂げるのですが、この教会法で用いられていたのが糺問手続なのです。手続は全て秘密で、書面だけで審理され判決が下されました。また、拷問も許されていました。

この裁判方法がヨーロッパの絶対主義国家でさらに強化されていきます。著名なのがドイツのカール五世のカロリーナ法典で、この法典によると自白があれば有罪とすることができたので、自白をとるための拷問が横行することとなりました。また、信じるに足る善良な二人の証人がいれば有罪とすることが法で定められていたので、たとえ裁判官が証人の証言に疑問を持ったとしても被告人を無罪とすることはできませんでした。

(2) フランス革命と陪審制度

一七八九年にフランス革命が勃発し、それまでの旧制度（アンシァン・レジーム）を否定するかたちで様々な制度改革が行われます。裁判制度も例外ではなく、自由主義思想を土台として近代化が図られました。それは旧制度下の糺問主義的裁判を否定するところから始まりました。

旧制度下の裁判では、王権を背後にした権力の強い裁判官が訴訟を指揮し、自白偏重のもと拷問まで行われ、しかも裁判全体が秘密主義で貫かれており、被告人には弁護士をつけることが許されておらず、当然誤判、冤罪も発生しました。

また、予審があったことも旧制度下の裁判の特徴でした。予審とは、予審判事と検事が、公判前にあらかじめ証人や被告人を尋問する制度で、裁判にかけるべき疑いが被告人にあるのかどうかを判断するというのがその建て前でした。しかしこの予審は、すべてが秘密の内に行われ、しかも弁護士の立ち会いが認められておらず、裁判官は予審官のこの調書を用いて裁判をしたので、公判は予審の焼き直しともいえるものでした。

このような制度では、被告人の有罪は避け難いものとなってしまいます。

この糺問主義的裁判は法定証拠主義と呼ばれる法原則のもとで運営されていました。法定証拠主義は、証拠の証明力を予め法律で定めることによって、裁判官の独善による証拠の評価を防ごうとしたものだったのですが、当初の思惑とは裏腹に、自白をとるための拷問を誘発するなど、暗黒裁判を演出してしまったのです。

この法定証拠主義は、革命以前の啓蒙期から批判されており、フランス革命後は法定証拠主義にとってかわり自由心証主義が採用されることになります。

自由心証主義とは、証拠の評価に際しては、その判断者（陪審裁判なら陪審員）の自由な意思に任せるとしたものです。これにより証拠の判断者の裁量が大きくなり、法定証拠主義の弊害が克服されたといえます。

さて、フランス革命期の裁判制度改革で特筆すべきは、革命以前の啓蒙期より、人権の保障という点で評価の高かったイギリスの刑事訴訟手続を手本に、陪審制度が導入されたことです。

この陪審制の導入は、革命がなってから国民議会でもってその具体的内容が検討され、一七九一年の法律で実現します。この刑事司法の改革は糺問主義を否定し、廃止することに重点がおかれており、その帰結としてイギリスの陪審裁判が導入されました。つまり、糺問主義のもとで行われていた裁判が、非公開で秘密裁判であり、書面のみで判決を下していたのを、陪審裁判を導入して、公開の裁判にし、裁判官の面前で当事者が口頭でやり取りする方式（口頭主義といいます）にしたのです。

ところが、フランス革命に続く恐怖政治、そしてナポレオンの登場と、政治は不安定に揺れ動き、裁判制度にも影響を及ぼしました。まず、革命の反動期に予審が復活し、糺問主義への回帰の動きを見せます。ナポレオンが政権を握ると一八〇一年の法律で起訴陪審の審理が証拠書類によるものとされ、さらに一八〇八年の治罪法では起訴陪審が廃止となり、公判手続こそ公開で行われていましたが、その前の段階の捜査や予審が書面で行う秘密の手続で、糺問主義の色彩が強いものでした。

このようにイギリスの刑事手続を完全に模倣することはできなかったものの、革命以前の非人道的な裁判手続よりも進歩したものだったので、「改革された刑事手続」として他のヨーロッパ諸国にも普及していきます。

(3)　フランスの陪審制の変遷

フランス革命によって気高い理念のもとに導入された陪審制でしたが、さまざまな制度上の不備によって、なかなかうまく機能せず、陪審に対する不信感を助長することになりました。

例えば、信じられないような無罪評決が多発したのですが、その機能不全を起こした原因としては、重罪犯に対する過度な刑罰（フランス革命の反動期に、重罪犯には苛酷な刑罰が法定されていたのです。）を陪審が避けようとしたことなどがいわれています。

また、陪審員には、その職務に対して報酬が支払われなかったので国民の不人気をあおることになってしまいます。

このような不備をなんとか是正し、理想の陪審に近づけようと実に多くの改革が行われます。

まず、刑事訴訟法を改正して陪審の権限を拡大しました。それまで裁判所が行っていた減刑事由の認定を、陪審が行えるようになったのです。これによって、裁判所が重罪犯に苛酷な刑罰を科す怖れのある場合でも、陪審は無罪評決というかたちではなく、減刑の理由を考慮することで苛酷な刑罰からの被告人の救済を実現できるようになりました。

また、陪審員の報酬については、一九〇七年および一九〇八年の法律でようやく支払われることになりました。

さまざまな改革の中でも大きなものは一九三二年の法律で、これによって陪審はそれまでの専権である事実の認定に加えて、裁判官との協同による法の適用および刑の量定が行えるようになりました。ところがこの改革は、不首尾に終わりました。裁判官三名と陪審員一二名の合計一五名による合議は、その大所帯のため円滑に話し合いが進まなかったのです。

この弊害を克服すべく、一九四一年の法律で、陪審員の人数がそれまでの一二名から六名に減らされました。（ただし、のちに陪審に対する裁判官の影響が大きすぎるとして増員され、現在では陪審員数は九名ということになっています。）また、陪審の専権事項であった事実の認定を裁判官も行えるようになり、ここに実質的にフランスに参審制度が誕生したと言えます。現在も実質的にはフランスは参審制度の国なのですが、フランスではこれを陪審（jury）と表現し、今なお、その制度に改良の余地を残しつつ、あるべき司法の姿を模索していると言えます。

(4) ドイツの近代化と陪審

フランス革命の頃のドイツは、大小三〇〇あまりの国家が群れをなし、それぞれが緩く結びついている状態でした。そして、それらの領邦では専制君主が人民に対して絶対的な地位に立ち統治していました。そのような状況のもと、ドイツでは旧体制からの解放と自由の獲得が希求されましたが、具体的にそれを実現する力がドイツにはありませんでした。革命を起こすべきブルジョワジーが弱い存在でしかなかったのです。

フランスで革命が起こり旧体制が崩壊し王制が打倒されると、ヨーロッパ各国は革命が自国に波及するのを恐れ、フランスに対し干渉戦争を仕掛けます。しかし、ナポレオンが指揮するフランス軍は、民族解放の旗印のもと、その強大な軍事力で、とうとうヨーロッパを制圧し、ドイツも支配下に置きます。

占領された地域ではフランス主導のもと次々と改革が進められていきます。占領下にあったラインラントでは、近代化の諸政策が押し進められ、その際にフランスの陪審制度が導入されたのです。これが契機となって、民衆の裁判への参加が活発に議論されることになり、陪審制の導入の機運が高まりました。というのも、この頃のドイツでは官僚色が強く専断的な裁判に不満が高まっていたのです。

一八四八年、フランスの二月革命に触発されたドイツ三月革命が起こり民主化の要求が高まる中、ドイツ各地に刑事陪審制度が導入されていきます。主だったところをあげると、一八四八年にはバイエルン、一八四九年にはプロイセンで陪審制度が導入されています。しかし、革命が失敗に終わると政治運動の制限や出版に対する検閲など民主的な活動に対する統制が強まっていきます。「反動の時代」が到来したのです。

このような一八五〇年代、陪審の管轄から出版や政治に関する重大な事件を除外したり、陪審制度を廃止する地域もあらわれてきました。その一方で、ハノーファーを筆頭に参審制度が次々と各地に導入されていきます。参審制度とは裁判官と市民が合議の上、判決を下す制度で、その管轄は軽微な犯罪にかぎられていました。

さて、この後のドイツは激動の時代を迎えることになります。国内において政治・経済・社会は大きく変化し、また、その一方で、二度の世界大戦の引き金を引いてしまうなど、ヨーロッパだけでなく世界を激動の時代へと導いてゆきます。そしてドイツの裁判制度も、激変する社会情勢に呼応するように変化していきます。

一八七七年に制定された裁判所構成法では重大な犯罪については陪審制度、軽微な犯罪については参審制度の管轄とし、また職業裁判官による裁判も認められていました。

一九一四年に勃発した第一次世界大戦でドイツは敗れ、一九一八年には革命によってドイツ帝国は崩壊し、その翌年にワイマール共和国が成立します。敗戦による巨額の賠償金はドイツ国民にとって大きな負担となり、その不満が社会に充満していました。また、この時期、ドイツ経済はインフレーションが進み、失業率は高い状態でした。このような情勢の中で一九二四年には刑事司法の改革を目指したエミンガー改革により、ドイツの陪審制度は廃止されてしまいます。一九二九年の世界恐慌はドイツ経済にも深刻な影響を及ぼし、またテロが頻繁に発生するなど社会不安が高まる中で、一九三三年にヒトラーが首相に就任、ナチスが権力を掌握していきます。

一九三九年にドイツのポーランド侵攻によって第二次世界対戦が勃発、この年に参審制度も廃止されます。

戦後の一九四七年になって参審制度が復活しますが、陪審制度は戦前に廃止されたままで、今のところ復活の兆しはありません。

現代世界の陪審裁判の状況

鹿児島大学法学部助教授　指宿　信

1　アメリカ合衆国

映画やドラマででてくるのはアメリカの陪審です。それはひとつには、我が国のメディアにアメリカの作品が多く流れているという理由がありますが、たしかに、世界の陪審裁判のうち九割はアメリカ合衆国でおこなわれていると言われるほど、アメリカは陪審が盛んです。

なぜアメリカでそれほど陪審が盛んなのでしょうか。ひとつには、憲法において、陪審裁判を受ける権利が保障されていることが理由です。そして、建国以来、刑事裁判、民事裁判を問わず、その権利が擁護されてきました。また、自治・自警思想や民主主義の伝統を背景にした、市民の権力作用への参加が社会制度のひとつとして組み込まれてきたという政治的背景も見逃すことができません。

アメリカでは年間三〇万件もの陪審裁判が開かれていると言われます。それだけ多くの市民が裁判所に集められているということです。陪審員だけでなく、選出される前の候補者も含めると、毎年数百万の市民が裁判所に召集されていると言えるでしょう。テレビでは陪審法廷の模様が中継され（州裁判のみ）、裁判がかかわるドラマや映画では当然ながら陪審が頻繁に登場します。

2 その他の国々

陪審制度を導入しているのはアメリカばかりではありません。いわゆる英米法と呼ばれるイギリス法の伝統を受け継ぐ国々ではだいたいにおいて陪審制を採っています。カナダ、オーストラリア、ニュージーランドがその代表です。

イギリスは、陪審制の母国として長い伝統を持っています。一三世紀には、審理方式として「神判」を用いることができなくなったイングランドで、刑事事件につき被告人が望んだ場合にかぎって陪審が始まったとされています。その後、イギリスの植民地の拡大と共に陪審制は世界に広がることになるのです。

ヨーロッパ諸国では、多くの国が、市民と裁判官の合同の審理方法である参審制を採用しています。その中でも、たとえばスウェーデンやデンマークなどでは、陪審と参審を併用しています。フランスは、陪審を採り入れていますが、三名の裁判官と九名の陪審員という参審に似た陪審制になっており、デンマークの陪審もそれと同様です。

最近になって陪審制を採り入れた国としてロシアが挙げられます。

一九九三年、ロシア連邦共和国が陪審制を復活させました。ソビエト時代には参審制を採っていたのですが、ペレストロイカの推進によって一部地域で実験的に開始され、徐々に拡大されていると言われています。陪審裁判が適用される罪種には制限があり、殺人、国家犯罪、強姦、職務犯罪などの重罪の一部に限られています。陪審は一二名で構成され、三時間で全員一致に達しない場合には七名以上の多数決制度を採っています。有罪評決が出た場合でも、裁判長は陪審を更新することが許されていますが、無罪評決への陪審更新は許されていません。被告人は陪審裁判所の判決に不服があるときには上訴することができます。

あるロシア政府の高官の言葉を引用しておきましょう。

「われわれの民主化は、陪審制の採用によってようやく完成するのだ」

我が国は、民主化された国と言えるでしょうか?

3　陪審制と民主主義――アメリカを例にして

陪審裁判を受ける権利は、アメリカ合衆国においては憲法上の権利とされています。憲法三章二条と、修正六条は刑事事件において陪審裁判を受ける権利を保障しており、修正七条は、民事事件で二〇ドル以上の争訟について陪審裁判を求める権利を保障しています。修正五条は大陪審の告発を要求しており、刑事裁判での陪審裁判を受ける権利の保障は、修正一四条を通して州にも適用されることとなっています。

以下では、陪審裁判の重要な手続のひとつである陪審選定手続と、陪審制と民主主義との関連についてアメリカを例にして述べています。

4　陪審選定手続

(1)　陪審員有資格者

通常、陪審裁判がおこなわれるとき、裁判所は陪審員を務める資格を有する者のリストを作成します。これがMASTER WHEELと呼ばれる候補者原簿です。一九六〇年まで、この原簿の作成は「キー・マン・システム」と呼ばれる方式で裁量的におこなわれていました。ところが、この方法では、コミュニティのどのような階層から候補者を集めるにあたって恣意的な操作が可能だったのです。当時の原簿作成者は、「合理的な判断をくだせる教養のある人、健康な人、そして良い道徳を有する人」を選ぶ権限を有していましたから、こうした方法は言うまでもなく社会のある一定の階層に陪審員候補者を限定する恐れがありました。一九五〇年代に作られた非常に有名な映画、「一二人の怒れる男」では、陪審員たちは全員白人で三〇代以上でした。この作品はフィクションですが当時の実際の陪審員の構成をはっきりと表しています。つまり、そうした構成は単なる選定結果の偶然ではなく、もともと候補者原簿の作成に原因があったのです。

合衆国最高裁がこの方式を合憲であるとしたにもかかわらず（Carter v. Jury Commissioner of Greene County, 396 U.S. 320（1970））、人種による陪審員候補者の偏りに対する世論の批判と、一九六八年のJURY SELECTION AND SERVICE ACTの制定の結果、次第にキー・マン・システムは人気がなくなります。連邦にならって、各州もコミュニティからより横断的に候補者を集める方式を採用し、選挙人登録名簿や運転免許者リストなど複数のデータから原簿が作成され、候補者の人種構成は人口の人種構成に比例するようになっていきます。

しかし、未だにヒスパニック系、貧困者層、若年者層は選挙人名簿への登録率が低いため、候補者原簿への登録も人口比にすると低い水準にあると見られているのが現実です。

(2) 陪審員候補者と選定

さて、続いて陪審員の選定のために、陪審員候補者が原簿からランダムに抽出され、裁判所に召喚されることになります。集められた人々をJURY POOLあるいはPANELと呼びます。その後、候補者の中から、陪審員を選びだす選定作業がおこなわれます。この手続はVOIR DIREと呼ばれますが、VOIRとはフランス語で「真実」を、DIREは「語る」を意味します。すなわち、この言葉は陪審員候補者は彼らになされた質問に真実に答える、と解されているのです。したがって、候補者から陪審員を選ぶ作業は当然ながら質問によって進められるのですが、その質問の目的は、候補者が「予断と偏見」を有していないかを判別し、公平な陪審員を確保することにあります。

質問の手続きは連邦では裁判官によって、州の多くは訴訟当事者によっておこなわれます。訴訟当事者は、陪審員候補者の回答を聞いて、陪審員として採用するか拒否するかの選択をします。この権利行使にあたっては、理由のある場合と理由のない場合があり、どちらか一方の当事者が拒否するとその候補者は陪審席に座ることはありません。通常の事件であれば質問は短く、形式的なものですが、センセーショナルなケースや、事実関係に人種がからんでくるときには質問は非常に詳細で多岐にわたります。

こうした詳細な選定手続きは、裁判を長期化させる一因となる一方で、どのようなパーソナリティーを陪審が有しているかに社会の注目を集める結果となります。なぜなら、多くの人は陪審のパーソナリティーが陪審のパフォーマンスを決定すると信じているからです。それは法律家も同じで、自らの側に有利な陪審員候補者を陪審席に着けようと努力するのが一般です。

現代アメリカの陪審裁判の主要なテーマのひとつは「公平な陪審の形成」にありますが、その理由は言うまでもなく、「公平さ」を確保することを妨げるほど熱心に、有利なパーソナリティーを得ようと陪審選定作業が行われる現実がそこに存在するからです。合衆国最高裁は、ＪＥＢ対アラバマ州事件（J.E.B. v. Alabama, 511 U.S.127（1994））で、婚外子扶養請求訴訟において男性の陪審候補者を理由抜きに忌避しようとするやり方は、平等条項違反であると判示しました。性別を根拠にしたと合理的に推測される理由抜き忌避を違憲とした最高裁判例は初めてですが、人種だけを理由とした忌避方法は最高裁によって既に一九八六年には検察側に（Batson v. Kentucky, 476 U.S.79 (1986)）、九二年には弁護側に禁止されています（Georgia v. McCollum, 505 U.S.42 (1992)）。

こうした上級裁判所が憲法違反として禁ぜざるをえないような忌避（拒否）テクニックが使用される背景には、刑事事件の場合は被告人と人種的同一性が強い陪審が弁護側にとって有利であると考えられ、被害者と人種的同一性の強い陪審が検察側にとって有利であると期待されているからです。O・J・シンプソン事件の際に、黒人が陪審員の多数を占めていたことに一部報道で批判が出たことがその典型例でしょう。

(3) 陪審の政治的性格

人種以外にも、陪審の選別に向けたテクニックは事実認定過程での一方当事者への有利不利に関係するのみならず、国内の政治問題や社会問題に対する個人的なアプローチの差異が評議室の中に持ち込まれることをも意味していると言われています。陪審候補者が政治的にリベラルか、コンサーバティブかが、選定のメルクマールとして利用されることが知られています。政治的にリベラルと目される場合は、被告人に有利と考えられ、コンサーバティブと目される場合は、検察に有利とみなされることが多いのです。このような選別基準の暗黙の存在は、どうしても陪審選定にあたって、質問内容を政治的にし、個々人の政治的傾向を調査しようとする傾向を生み出します。けれども、重要なことは、かりに被告人に有利な背景を持った陪審員が揃った場合でも有罪の評決はくだされていますし、逆に検察に有利な背景を持った陪審が無罪の評決をくだすケースも無数に存在する、という事実です。

陪審選定のテクニックが政治的色彩を帯びたからといって、強盗や殺人事件の認定がそのことだけで左右されていると考えるのはあまりに単純すぎる見方でしょう。したがって、日常的な財産犯や身体犯の事案で政治的な陪審選定の効果は小さいものと考えられています。

米国でもこうした陪審選定手続における政治的性質の介在に懐疑的な見方もありますが、政治的志向を表面にださないまま、中立というフィクションの名の下に司法行政当局の信頼のある人間だけを事実認定者に任じる方法と、個別的な政治的志向を明らかにしつつ、そのうえで公平な裁判が確保できるかを考える方法とを比較した場合に、民主主義の要請は、明らかに後者に立つのです。むしろ、司法当局によって任命されたキャリアの裁判官が権力サイドに有利な判決しかくだせないシステムよりも、こうした陪審員の政治的性格を判決の背景に据えるほうに、民主的な正統性を認めることができるでしょう。

（同様の見地は、ドイツの参審制にも見られます。たとえば、労働事件につき社会裁判所では、雇用者側と労働者側に立つ参審員がそれぞれ選ばれています。）

5　陪審員の判断と民主主義

(1)　裁判官の価値判断と陪審の価値判断

職業裁判官も時代によって変化する社会の価値観から逃れることは出来ません。プロフェッションだからと言って、時代状況と法的な価値判断から無縁であるというのは神話に過ぎません。我が国の例をみてみましょう。従前許されなかった、有責配偶者からの離婚請求が条件付きではあれ認められるようになった最高裁判例の変更や、刑法に定められていた「尊属殺重罰規定」が最高裁によって違憲とされるなど、職業裁判官も時々の社会の価値観と無縁ではないのです。

それが、陪審制を採用すると、より速やかに直接的に時代の変化が反映されることになるでしょう。陪審員が持っている信条や価値観にその時代の社会の政治的状況が強く反映され、それが陪審のパフォーマンスに直截な影響を持っていることは諸外国でもよく知られているからです。

イギリスの著名な判事デブリン卿は、「すべての陪審は小さな議会である。陪審の感覚が議会の感覚なのだ」（Patric Devlin, TRIAL BY JURY, 114（Stevens & Sons 1956））と述べています。この言葉は、第一に、陪審が法を社会に適用するについて最終的な権限を持っていること、第二に、場合によっては議会が定めた法を、陪審は事件への不適用という形で無視することができることを示しています。この第二の権限は、jury-nullification（陪審による法の無視）と呼ばれますが、nullify（無視）されるのは、主として「人気のない法律」に対する場合と、「人気のない政策」に対する場合です。

前者は、被害者のない犯罪、とりわけ道徳的な理由に基づいて作られた法律に関する事件が対象となることが多いとされています。たとえば、売春や違法な物品の頒布、違法なサービスなどです。我が国の場合、ほとんど違法性がなく処罰する価値もないと裁判官が考える場合でも、有罪を避けることが難しい制度になっています。そこで、裁判官は執行猶予つきの罰金刑といった名目的な刑を選ぶことがあります。そうした意味のない有罪判決を正面から解放することも陪審はできるのです。ただし米国では、薬物事犯についでは殺人よりも高い有罪率が示されており、この場合は薬物取締法はナリファイされていないと解することができるでしょう。

後者は、農業政策や工業政策、税政策や各種の統制などのケースにおいて、違反者を処罰しないという態度を示すことによって民衆の法への不支持が表明される場合です。もっとも、法や政策に対する民衆の感情は時代とその社会によって変化しますから、政治的コンテクストの変化と陪審のパフォーマンスが対応することがしばしばあるとされています。いくつかの具体的な問題を例に述べてみましょう。

(2)　陪審の価値判断の例

まず最初に、レイプに関する有罪率の変化を見てみます。

一九五〇年代、レイプの有罪率はかなり低い数値を示していました。陪審の経験的研究で著名なカルバンとツァイゼルは、彼らが調査したレイプ事件は四二件中三件しか有罪とならなかったと報告しています(Harry Kalven and Hans Zeisel, THE AMERICAN JURY, 251 (Univ. of Chicago Press 1971))。しかし、レイプの有罪率はその後、急激に上昇し、連邦では六〇年代の四〇％から、七〇年代に入ると七〇％を越えるようになります。この原因として、女性の権利の拡大と公的支援の増大、女性陪審員の増加、法執行官のより強い同情、被害者の意識の変化、レイプに関する法の改善などが考えられるでしょう。しかし、最もおおきなファクターは、陪審の意思決定過程における陪審員の態度にあると推測されます。もちろん、性差別はいまだにアメリカにおいても強固ですが、セクハラの問題の表面化や、夫婦間レイプ問題に関する夫の地位による免責の不承認など、自己のセクシャリティーをコントロールする女性の権利はより強い法的な保護をかち取っていますし、社会もそれを受けいれるようになっていったと言えるでしょう。こうした変化を陪審は、はっきりとレイプ事件で反映したのです。

二番目は、公民権事案に関する変化です。一九六四年から六八年にかけて議会は人種差別を禁ずるいくつかの公民権法を制定しました。しかし、法律の執行当初は、地方の人種差別的伝統と無縁ではなかった検察官でも起訴せざるをえないほど事実の明白なケースだけが陪審に送られたにもかかわらず、わずか一九%という有罪率でした。陪審員はほとんどが全部白人で構成されていて、とりわけ南部では連邦政府の地方への介入を不愉快に思う空気が強かったことはよく知られているとおりです。

まさに、ナリフィケーションによる法の不適用が実施されていました。しかしながら、七〇年代には公民権侵害は全米的現象に広がり、有罪率も五〇%まで上昇するようになります。一九六八年のカーナー・レポートは人種差別問題は全米に浸透した、と結論づけましたが（Report of the National Advisory Commission on Civil Disorders, 1（Bantam Books 1968））、こうした社会の受容が陪審の評議室にも反映していったと考えられるでしょう。八〇年代には六五%にまで達した有罪率は、その後も、法執行官、検察、とりわけ司法省の強いリードによって上昇を続けており、法執行当局の自由主義的傾向が白人の陪審員の態度にまで影響を与えていることを示しているのです。

三番目は、徴兵拒否者に対する事案です。ベトナム戦争時期の戦争政策への支持と陪審員の態度を比較すると、一九六八年以降、戦争反対の傾向が強まり、撤退支持率が六七年の一〇%から七一年には七〇%へと急上昇する一方で、それと平行して、徴兵拒否者への無罪率も五%から二〇%へと増加しています。陪審は社会の声に反応していると言えるでしょう。

もちろん、このような評決の時代による変化を単純に政治的変化に結び付けることには慎重でなければならないことは言うまでもありません。個々の事件には、証拠の十分さ、検察官による事件のセレクション、法の改正など、いくつものファクターが介在しているからです。しかしながら、最高裁判所が解釈論として個別の戦争への道徳的な反対意見は良心に基づく徴兵拒否理由とならないとしたにもかかわらず、陪審は自らの権限によって、戦争に対する政治的な判断を被告人への判断と同じように表しているのです。

ただし、見落としてはならない点は、実際の刑事法廷では、以上のようなカテゴリーの事例は相対的には少ないということです。法廷では、殺人、強盗、窃盗、薬物事犯といった人身、財産そして社会の安全をめぐる犯罪が多くを占めています。これらの日常的な犯罪については、陪審はそのナリフィケーションの機能を発揮することはほとんどないことを忘れてはなりません。

6　陪審と社会

陪審は公的な規範を率先して規定する役割を担っており、さらに議会の定めた法を無視する権限をも有しているのです。同時に、内在的な文化として、市民のすべてを陪審員候補者とすることによって社会、コミュニティの内に根を下ろしています。

7　結びに代えて

一九九七年にイギリスで出版された、陪審に関する最も新しい研究書である「正義・民主主義と陪審制度(James Gobert, Justice, Democracy and the Jury (Dartmouth, 1997))」という本のなかで、著者のエセックス大学教授ゴバートは次のように序文に記しています。

「この本の執筆中に、わたしはロンドンに駐在するひとりの日本人の裁判官の来訪を受けた。日本は、第二次世界大戦後に停止していた陪審制度を復活させるかどうかを検討中であるということだった。……わたしは羨ましかった。(なぜなら)日本は、わたしがやりたかったことをそのまま実施できる立場にあるからだ。

つまり、最近のいろいろな判決の影響を受けることなく、演繹的に、有利な点からこの制度を研究することができるのである。」

日本がよりよい陪審制度を選ぶために、以上の情報が役立つことを願ってやみません。

【参考文献】

J.P. Levine, JURIES AND POLITICS (Brooks/Cole, 1992).

第六部

陪審法改正案とそのコメント
「陪審制度を復活する会」

☆「陪審法改正案」

第一章　総則

（陪審の任務）

第一条　裁判所は、この法律が定めるところによって、刑事事件について、陪審の評議に付して判決をすることができる。

②この法律に定めていない事項については、刑事訴訟法による。

（法定陪審事件）

第二条　死刑又は無期の懲役若しくは禁錮に当たる事件は、陪審の評議に付する。

（請求陪審事件）

第三条　長期一年を超える有期の懲役又は禁錮に当たる事件であって地方裁判所の管轄に属するものについて、被告人の請求があったときは、陪審の評議に付する。

第四条　削除

☆「陪審法」

第一章　総則

第一条（陪審ノ任務）裁判所ハ本法ノ定ムル所ニ依リ刑事事件ニ付陪審ノ評議ニ付シテ事実ノ判断ヲ為スコトヲ得

第二条（法定陪審事件）死刑又ハ無期ノ懲役若ハ禁錮ニ該ル事件ハ之ヲ陪審ノ評議ニ付ス

第三条（請求陪審事件）長期三年ヲ超ユル有期ノ懲役又ハ禁錮ニ該ル事件ニシテ地方裁判所ノ管轄ニ属スルモノニ付被告人ノ請求アリタルトキハ之ヲ陪審ノ評議ニ付ス

第四条（陪審不適事件）左ニ掲クル罪ニ該ル事件ハ前二条ノ規定ニ拘ラス之ヲ陪審ノ評議ニ付セス

一　大審院ノ特別権限ニ属スル罪

二　刑法第二編第一章乃至第四章及第八章ノ罪

（請求期間）
第五条　第三条の請求は、第一回公判期日前にしなければならない。ただし、その期日前であっても公判期日の召喚を受けた日から十日を経過したときは、これをすることができない。
（陪審の辞退・請求の取下げ）
第六条　被告人は、公判廷における陪審員選定手続開始前は何時でも事件を陪審の評議に付することを辞退し、又は第三条の請求を取り下げることができる。
②前項の場合においては、事件を陪審の評議に付することはできない。
（陪審除外）
第七条　被告人が、公判又は公判準備において、起訴状に記載された訴因のすべてを有罪であると認めたときは、事件を陪審の評議に付することはできない。ただし、共同被告人の中に訴因を有罪であると認めない者

三　治安維持法ノ罪
四　軍機保護法、陸軍刑法又ハ海軍刑法ノ罪其ノ他軍機ニ関シ犯シタル罪
五　法令ニ依リテ行フ公選ニ関シ犯シタル罪
第五条（請求期間）第三条ノ請求ハ第一回公判期日前ニ之ヲ為スヘシ但シ其ノ期日前ト雖最初ニ定メタル公判期日ノ召喚ヲ受ケタル日ヨリ十日ヲ経過シタルトキハ之ヲ為スコトヲ得ス
第六条（辞退・請求の取下）①被告人ハ検察官ノ被告事件陳述前ハ何時ニテモ事件ヲ陪審ノ評議ニ付スルコトヲ辞シ又ハ請求ヲ取下クルコトヲ得
②前項ノ場合ニ於テハ事件ヲ陪審ノ評議ニ付スルコトヲ得ス
第七条（請求の制限）被告人公判又ハ公判準備ニ於ケル取調ニ於テ公訴事実ヲ認メタルトキハ事件ヲ陪審ノ評議ニ付スルコトヲ得ス但シ共同被告人中公訴事実ヲ認メサル者アルトキハ此ノ限ニ在ラス

があるときは、この限りでない。

（管轄移転の請求）

第八条　地方の情況によって陪審の評議が公平を欠くおそれがあるときは、検察官及び被告人は、直近上級の裁判所に管轄移転の請求をすることができる。

②公判に係属する事件について前項の請求があったときには、訴訟手続を停止しなければならない。

（管轄移転請求の手続）

第九条　前条第一項の請求をするには、理由を付けた請求書を管轄裁判所に提出しなければならない。

②裁判所は、移転の決定又は移転の請求を却下する決定をするには、検察官及び被告人の意見を聴かなければならない。

（管轄移転の請求の失効）

第一〇条　被告人が事件を陪審の評議に付することを辞

第八条（管轄移転の請求）①地方ノ情況ニ由リ陪審ノ評議公平ヲ失スルノ虞アルトキハ検察官ハ直近上級裁判所ニ管轄移転ノ請求ヲ為スコトヲ得

②公判ニ繫属スル事件ニ付前項ノ請求アリタルトキハ訴訟手続ヲ停止スヘシ

第九条（管轄移転請求の手続）①前条第一項ノ請求ヲ為スニハ理由ヲ附シタル請求書ヲ管轄裁判所ニ差出スヘシ

②前項ノ請求書ヲ差出スニハ管轄裁判所ニ対応スル検察庁ノ検察官ヲ経由スヘシ

③公判ニ繫属スル事件ニ付管轄移転ノ請求ヲ為シタルトキハ速ニ其ノ旨ヲ裁判所ニ通知シ且請求書ノ謄本ヲ被告人ニ交付スヘシ

④被告人ハ謄本ノ交付ヲ受ケタル日ヨリ三日内ニ意見書ヲ差出スコトヲ得

⑤管轄裁判所ハ検察官ノ意見ヲ聴キ決定ヲ為スヘシ

第一〇条（管轄移転請求と陪審拋棄）①管轄移転ノ請求アリタルトキハ被告人ハ検察官ノ被告事件陳述後ト雖

退し、又はその請求を取り下げたときは、管轄移転の請求はその効力を失う。

②共同被告人の中に事件を陪審の評議に付することを辞退し、又は請求を取り下げた者があるときは、その被告人に関する管轄移転の請求についても前項と同じである。

（上訴審と陪審）

第一一条　上訴裁判所においては、事件を陪審の評議に付することはできない。

第二章　陪審員及び陪審の構成

（陪審員の資格）

第一二条　陪審員は、衆議院議員の選挙権を有する者であることを要する。

②前項の要件は、その年の九月一日現在による。

其ノ決定アル迄事件ヲ陪審ノ評議ニ付スルコトヲ辞シ又ハ請求ヲ取下クルコトヲ得

②被告人事件ヲ陪審ノ評議ニ付スルコトヲ辞シ又ハ請求ヲ取下ケタルニ因リ事件陪審ノ評議ニ付スヘカラサルニ至リタルトキハ検察官ノ管轄移転ノ請求ハ之ヲ取下ケタルモノト看做ス

③共同被告人中事件ヲ陪審ノ評議ニ付スルコトヲ辞シ又ハ請求ヲ取下ケタル者アルトキハ其ノ被告人ニ関スル管轄移転ノ請求ニ付亦前項ニ同ジ

第一一条（上訴審と陪審）上訴裁判所ニ於テハ事件ヲ陪審ノ評議ニ付スルコトヲ得ス

第二章　陪審員及陪審ノ構成

第一二条（資格）①陪審員ハ左ノ各号ニ該当スル者タルコトヲ要ス

一　帝国臣民タル男子ニシテ三十歳以上タルコト

二　引続キ二年以上同一市町村内ニ住居スルコト

三　引続キ二年以上直接国税三円以上ヲ納ムルコト

四　読ミ書キヲ為シ得ルコト

（欠格事由）
第一三条　次に掲げる者は、陪審員となることができない。
一　破産者で復権を得ない者
二　一年以上の懲役又は禁錮の刑に処せられた者

（同前）
第一四条　次に掲げる者は、陪審員の職務につくことができない。
一　天皇、皇后、太皇太后、皇太后及び皇嗣
二　国務大臣
三　裁判官
四　検察官
五　会計検査院検査官
六　最高裁判所事務総長、最高裁判所長官秘書官、最高裁判所判事秘書官、司法研修所教官、裁判所書記官研修所教官、家庭裁判所調査官研修所教官、高等

---

②前項第二号及第三号ノ要件ハ其ノ年九月一日ノ現在ニ依ル
第一三条（欠格事由）左ニ掲クル者ハ陪審員タルコトヲ得ス
一　禁治産者、準禁治産者
二　破産者ニシテ復権ヲ得サルモノ
三　聾者、唖者、盲者
四　懲役、六年以上ノ禁錮、旧刑法ノ重罪ノ刑又ハ重禁錮ニ処セラレタル者
第一四条（同前）左ニ掲クル者ハ陪審員ノ職務ニ就カシムルコトヲ得ス
一　国務大臣
二　在職ノ判事、検察官、陸軍法務官、海軍法務官
三　在職ノ行政裁判所長官、行政裁判所評定官
四　在職ノ宮内官吏
五　現役ノ陸軍軍人、海軍軍人
六　在職ノ庁府県長官、郡長、島司、庁支庁長
七　在職の警察官吏
八　在職ノ監獄官吏
九　在職ノ裁判所書記官長、裁判所書記

裁判所長官秘書、裁判所調査官、裁判所事務官、裁判所書記官、裁判所速記官、裁判所速記官補、家庭裁判所調査官、家庭裁判所調査官補、裁判所技官、執行官及び廷吏

七　中央更生保護審査会、地方更生保護委員会及び保護観察所の職員

八　法務省の官吏

九　検事総長秘書官、検察事務官、検察技官その他の検察庁の職員

十　検察審査会事務官

十一　国家公安委員会委員、都道府県公安委員会及び警察職員

十二　司法警察職員としての職務を行う者

十三　自衛官

十四　監獄官吏

十五　経済調査官吏

十六　収税官吏、税関官吏及び専売官吏

（除外）

第一五条　陪審員は、次の場合には、職務の執行から除外される。

十　在職ノ収税官吏、税関官吏、専売官吏

十一　郵便電信電話鉄道及軌道ノ現業ニ従事スル者並船員

十二　市町村長

十三　弁護士、弁理士

十四　公証人、執達吏、代書人

十五　在職ノ小学校教員

十六　神官、神職、僧侶、諸宗教師

十七　医師、歯科医師、薬剤師

十八　学生、生徒

第一五条（除斥）陪審員ハ左ノ場合ニ於テ職務ノ執行ヨリ除斥セラルヘシ

一　陪審員被害者ナルトキ

一　陪審員が被害者であるとき
二　陪審員が関連訴訟事件の当事者であるとき
三　陪審員が被告人、被害者又は関連訴訟事件の当事者の親族であるとき、又はあったとき
四　陪審員が被告人、被害者又は関連訴訟事件の当事者の同居人又は雇人であるとき
五　陪審員が被告人又は被害者の法定代理人、後見監督人又は保佐人であるとき
六　陪審員が事件について告発又は請求をしたとき
七　陪審員が事件について証人又は鑑定人となったとき
八　陪審員が関連訴訟事件について被告人の代理人となったとき
九　陪審員が事件について裁判官、検察官、検察審査員、司法警察職員又は陪審員として職務を行ったとき

（職務の辞退）
第一六条　次に掲げる者は、陪審員の職務を辞することができる。
一　年齢七十年以上の者

二　陪審員私訴当事者ナルトキ
三　陪審員被告人、被害者若ハ私訴当事者ノ親族ナルトキ又ハ親族タリシトキ
四　陪審員被告人、被害者又ハ私訴当事者ノ属スル家ノ戸主又ハ家族ナルトキ
五　陪審員被告人、被害者又は私訴当事者ノ法定代理人、後見監督人又ハ保佐人ナルトキ
六　陪審員被告人、被害者又ハ私訴当事者ノ同居人又ハ雇人ナルトキ
七　陪審員事件ニ付告発ヲ為シタルトキ
八　陪審員事件ニ付証人又ハ鑑定人ト為リタルトキ
九　陪審員事件ニ付被告人ノ代理人、弁護人、輔佐人又ハ私訴当事者ノ代理人ト為リタルトキ
十　陪審員事件ニ付判事、検察官、司法警察官又ハ陪審員トシテ職務ヲ行ヒタルトキ

第一六条（辞退）左ニ掲クル者ハ陪審員ノ職務ヲ辞スルコトヲ得
一　六十歳以上ノ者
二　在職ノ官吏、公吏、教員

二　国会又は地方公共団体の議員。ただし、会期中のときに限る。

三　病気その他やむを得ない事由があって管轄裁判所の承認を受けた者

第一七条ないし第二一条　削除

三　貴族院議員、衆議院議員及法令ヲ以テ組織シタル議会ノ議員但シ会期中ニ限ル

第一七条（資格者名簿の調製）①市町村長ハ四年毎ニ陪審員資格者名簿ヲ調製シ其ノ年ノ九月一日現在ニ依リ其ノ市町村内ニ於テ資格ヲ有スル者ヲ之ニ登載スヘシ

②陪審員資格者名簿ニハ資格者ノ氏名、身分、職業、住居地、生年月日及納税額ヲ記載スヘシ

③市町村長ハ陪審員資格者名簿ノ副本ヲ調製シ之ヲ管轄区裁判所判事ニ送付スヘシ

第一八条（名簿の縦覧）市町村長ハ十月一日ヨリ七日間其ノ庁ニ於テ陪審員資格者名簿ヲ縦覧ニ供スヘシ

第一九条（名簿に対する異議）①法律ニ違反シテ陪審員資格者名簿ニ登載セラレタル者ハ縦覧期間内及其ノ後七日以内ニ市町村長ニ異議ノ申立ヲ為スコトヲ得

②法律ニ違反シテ陪審員資格者名簿ニ登載セラレサル者ハ前項ノ規定ニ依リ異議ノ申立ヲ為スコトヲ得

③異議ノ申立ハ書面ヲ以テシ其ノ理由ヲ疎明スヘシ

第二〇条（異議に対する処置）①市町村長異議ノ申立ヲ

（予定数の割当て）
第二二条　地方裁判所長は、陪審員候補者名簿を調製する年の九月一日までに、その翌年から四年間必要な陪審員の員数を定め、管轄区域内の市町村の選挙管理委員会に通知しなければならない。
（候補者名簿の調製）
第二三条　市町村の選挙管理委員会は、前条の通知を受けたときは、衆議院議員の選挙に用いられる当該市町村の選挙人名簿に登録された者の中から、同条の規定

正当トスルトキハ遅滞ナク陪審員資格者名簿ヲ修正シ其ノ旨ヲ管轄区裁判所判事及異議申立人ニ通知スヘシ
②市町村長異議ノ申立ヲ不当トスルトキハ遅滞ナク意見ヲ附シ申立書ヲ管轄区裁判所判事ニ送付スヘシ
第二一条（同前）①前条第二項ノ場合ニ於テ区裁判所判事異議ノ申立ヲ理由ナシトスルトキハ其ノ旨ヲ市町村長及異議申立人ニ通知スヘシ異議ノ申立ヲ理由アリトスルトキハ陪審員資格者名簿ヲ修正スヘキコトヲ命シ其ノ旨ヲ異議申立人ニ通知スヘシ
②前項ノ通知ハ異議申立書ノ送付ヲ受ケタル日ヨリ二十日以内ニ之ヲ為スヘシ
第二二条（予定数の割当）地方裁判所長ハ陪審員資格者名簿ヲ調製スル年ノ九月一日迄ニ其ノ翌年ヨリ四年間所要ノ陪審員ノ員数ヲ定メ管轄区域内ノ市町村ニ割当テ之ヲ市町村長ニ通知スヘシ
第二三条（候補者名簿の調製）①市町村長前条ノ通知ヲ受ケタルトキハ第二十条及第二十一条ノ規定ニ依リ整理シタル陪審員資格者名簿ニ基キ抽籤ヲ以テ前条ノ規定ニ依リ割当テラレタル員数ノ陪審員候補者ヲ選定シ

により割り当てられた員数の陪審員予定者をくじで選定して陪審員候補者名簿を調製しなければならない。
②前項の規定によりくじを行うときは、衆議院議員の選挙権を有する者三人以上が立ち会わなければならない。
③市町村の選挙管理委員会は第一項の規定により選定された陪審員候補者について、その氏名、住所及び生年月日を記載した陪審員候補者名簿を調製しなければならない。

第二四条 削除

（名簿の送付・通知・告示）
第二五条 市町村の選挙管理委員会は、第二十二条の通知を受けた年の十一月三十日までに陪審員候補者名簿を管轄地方裁判所長に送付しなければならない。
②市町村の選挙管理委員会は、陪審員候補者名簿に登載された者にその旨を通知し、かつ、その氏名を告示しなければならない。

（候補者の欠落）

陪審員候補者名簿ヲ調製スヘシ
②前項ノ抽籤ハ資格者三人以上ノ立会ヲ以テ之ヲ為スヘシ
③第十七条第二項及第三項ノ規定ハ陪審員候補者名簿ニ之ヲ準用ス

第二四条（判事の監督指示権）①区裁判所判事ハ陪審員候補者ノ選定ニ関スル事務ニ付市町村長ヲ監督ス
②区裁判所判事ハ前項ノ事務ニ付市町村長ニ必要ナル指示ヲ為スコトヲ得

第二五条（名簿の送付、通知・告示）①市町村長ハ十一月三十日迄ニ陪審員候補者名簿ヲ管轄地方裁判所長ニ送付スヘシ
②市町村長ハ陪審員候補者名簿ニ登載セラレタル者ニ其ノ旨ヲ通知シ且其ノ氏名ヲ告示スヘシ

第二六条（候補者の欠落）市町村長前条ノ規定ニ依リ陪

第二六条　市町村の選挙管理委員会が前条の規定により陪審員候補者名簿を送付した後に、その候補者中死亡し若しくは衆議院議員の選挙権を失った者があるとき、又は第十三条若しくは第十四条の各号の一に該当するに至った者があるときは、市町村の選挙管理委員会は遅滞なくこれを管轄地方裁判所長に通知しなければならない。

（陪審員候補者の選定）

第二七条　陪審員の評議に付する事件について公判期日が定まったときは、地方裁判所長は予め定めた市町村の順序により、各陪審員候補者名簿から一人又は数人の陪審員候補者を抽籤し、陪審員三十六名を選出しなければならない。

②前項の抽籤は、裁判所書記官の立会いをもってしなければならない。

（再選の制限）

第二八条　陪審員候補者として呼出しに応じた者は、その市町村における陪審員候補者名簿に登載された者の四分の三が呼出しに応じた後でなければ、その陪審員候補者名簿調製の翌年から四年間は再び陪審員候補者

審員候補者名簿ヲ送付シタル後其ノ候補者中死亡シ若ハ国籍ヲ喪失シタル者アルトキ又ハ第十三条若ハ第十四条ノ各号ノ一ニ該当スルニ至リタル者アルトキハ市町村長ハ遅滞ナク之ヲ管轄地方裁判所長ニ通知スヘシ

第二七条（陪審員の選定）①陪審ノ評議ニ付スヘキ事件ニ付公判期日定リタルトキハ地方裁判所長ハ予メ定メタル市町村ノ順序ニ依リ各陪審員候補者名簿ヨリ一人又ハ数人ノ陪審員ヲ抽籤シ陪審員三十六人ヲ選定スヘシ

②前項ノ抽籤ハ裁判所書記ノ立会ヲ以テ之ヲ為スヘシ

第二八条（再選の制限）陪審員トシテ呼出ニ応シタル者ハ其ノ市町村ニ於ケル陪審員候補者名簿ニ登載セラレタル者四分ノ三呼出ニ応シタル後ニ非サレハ其ノ陪審員候補者名簿調製ノ年ノ翌年ヨリ四年間再ヒ陪審員ニ選定セラルルコトナシ

に選定されることがない。

（陪審の構成）

第二九条 陪審は、十二人の陪審員をもってこれを構成する。

（陪審構成の不変更）

第三〇条 陪審は、検察官が起訴状朗読を行うときから裁判所書記官が陪審の答申を朗読するまで、同一の陪審員をもって構成することを要する。

（補充陪審員）

第三一条 裁判長は、事件が二日以上引き続き開廷を必要とすると考えるときは、十二人の陪審員のほかに一人又は数人の補充陪審員を公判に立ち会わせることができる。

②補充陪審員は、陪審員が病気その他の事由により職務を行うことができない場合において、これに代わるものとする。

③補充陪審員が数人ある場合において、前項の職務を行うのは、第六十五条の規定によって行った抽選の順序による。

第三二条 削除

第二九条（陪審の構成）陪審ハ十二人ノ陪審員ヲ以テ之ヲ構成ス

第三〇条（陪審構成の不変更）陪審ハ検察官被告事件ヲ陳述スル時ヨリ裁判所書記陪審ノ答申ヲ朗読スル迄同一ノ陪審員ヲ以テ之ヲ構成スルコトヲ要ス

第三一条（補充陪審員）①裁判長ハ事件二日以上引続キ開廷ヲ要スト思料スルトキハ十二人ノ陪審員ノ外一人又ハ数人ノ補充陪審員ヲ公判ニ立会ハシムルコトヲ得

②補充陪審員ハ陪審ヲ構成スヘキ陪審員疾病其ノ他ノ事由ニ因リ職務ヲ行フコト能ハサル場合ニ於テ之ニ代ルモノトス

③補充陪審員数人アル場合ニ於テ前項ノ職務ヲ行フハ第六十五条ノ規定ニ依リ為シタル抽籤ノ順序ニ依ル

第三二条（数個の事件）同日ニ数箇ノ事件ノ公判ヲ開ク

第三三条　削除

（旅費などの支給）
第三四条　陪審員及び陪審員候補者には、最高裁判所規則の定めるところによって旅費、日当及び宿泊料を支払う。

第三章　陪審手続
第一節　準備公判

（準備公判期日の指定）
第三五条　陪審の評議に付すべき事件については、裁判長は準備公判期日を定めなければならない。

（弁護人）
第三六条　被告人が、準備公判期日前に弁護人を選任していないときは、裁判長は、被告人のために弁護人を選任しなければならない。

場合ニ於テハ数箇ノ事件ニ付同一ノ陪審員ヲ以テ陪審ヲ構成スルコトヲ得此ノ場合ニ於テハ最初ノ事件ノ取調前其ノ手続ヲ為スヘシ

第三三条（他の事件）検察官及被告人異議ナキトキハ一ノ事件ノ為構成セラレタル陪審ヲシテ同日ニ審理スヘキ他ノ事件ノ為其ノ職務ヲ行ハシムルコトヲ得

第三四条（旅費等の給与）陪審員ニハ勅令ノ定ムル所ニ依リ旅費、日当及止宿料ヲ給与ス

第三章　陪審手続
第一節　公判準備

第三五条（準備期日の指定）陪審ノ評議ニ付スヘキ事件ニ付テハ裁判長ハ公判準備期日ヲ定ムヘシ

第三六条（弁護人）①被告人公判準備期日前弁護人ヲ選任セサルトキハ裁判長ハ其ノ裁判所所在地ノ弁護士中ヨリ之ヲ選任スヘシ
②被告人ノ利害相反セサルトキハ同一ノ弁護人ヲシテ数

②被告人の利害が相反しないときは、同一の弁護人に数人の被告人の弁護をさせることができる。

（召喚・通知）

第三七条　準備公判期日には、被告人を召喚しなければならない。

②準備公判期日は、検察官、弁護人及び補佐人に通知しなければならない。

（猶予期間）

第三八条　召喚状の送達日と準備公判期日との間には、少なくとも五日の猶予期間をおかなければならない。

（公判期日と準備公判期日）

第三九条　公判期日を定めた後に、被告人の請求により事件を陪審の評議に付することになったときは、その公判期日を準備公判期日とする。

（関係者の出席）

第四〇条　準備公判期日における手続は、検察官、被告人及び弁護人を出席させて公開してこれを行う。

人ノ弁護ヲ為サシムルコトヲ得

第三七条（召喚、通知）①公判準備期日ニハ被告人及弁護人ヲ召喚スヘシ

②公判準備期日ハ之ヲ検察官ニ通知スヘシ

第三八条（猶予期間）召喚状ノ送達ノ日ト公判準備期日トノ間ニハ少クトモ五日ノ猶予期間ヲ存スヘシ

第三九条（公判期日と公判準備期日）公判期日ヲ定メタル後被告人ノ請求ニ因リ事件ヲ陪審ノ評議ニ付スヘキモノトシタルトキハ其ノ公判期日ヲ公判準備期日トス

第四〇条（列席者、弁護人の出頭、密行）①公判準備期日ニ於ケル取調ハ定数ノ判事、検察官及裁判所書記列席シテ之ヲ為ス

②公判準備期日ニ於テハ弁護人出頭スルニ非サレハ取調ヲ為スコトヲ得ス弁護人数人アルトキハ其ノ一人ノ出頭ヲ以テ足ル

（冒頭手続）

第四一条　準備公判期日における冒頭の手続は、刑事訴訟法第二百九十一条を準用する。

（辞退可能の告知）

第四二条　第二条の規定により事件を陪審の評議に付するときは、裁判長は、被告人に対し事件を陪審の評議に付することを辞退することができることを告知しなければならない。

（証拠の準備）

第四三条　検察官は、起訴後速やかに、弁護人に対し、被告事件に関する全ての証拠の標目を交付しなければならず、弁護人は証拠の閲覧・謄写を請求することができる。

②検察官、被告人及び弁護人は証拠調を請求することができる。

③裁判所は、前条の手続の後、検察官、被告人及び弁護人の意見を聴いて、証拠調の範囲、順序及び方法を決定する。

---

③公判準備期日ニ於ケル取調ハ之ヲ公行セス

第四一条（辞退可能の告知）第二条ノ規定ニ依リ事件ヲ陪審ノ評議ニ付スルトキハ裁判長ハ被告人ニ対シ事件ヲ陪審ノ評議ニ付スルコトヲ辞シ得ヘキ旨ヲ告知スヘシ

第四二条（被告人訊問）①公判準備期日ニ於テハ裁判長ハ公訴事実ニ付出頭シタル被告人ヲ訊問スヘシ

②陪席判事ハ裁判長ニ告ケ被告人ヲ訊問スルコトヲ得

③検察官及弁護人ハ裁判長ノ許可ヲ受ケ被告人ヲ訊問スルコトヲ得

第四三条（証拠の準備）①公判準備期日ニ於テハ裁判所ハ必要ナル証拠調ノ決定ヲ為スヘシ

②検察官、被告人及弁護人ハ証人訊問、鑑定、検証又ハ証拠物若ハ証拠書類ノ集取ヲ請求スルコトヲ得

③前項ノ請求ヲ却下スルトキハ裁判所ハ決定ヲ為スヘシ

④前二項の規定は、公判期日における刑事訴訟法第二百九十七条及び第二百九十八条に基づく手続を妨げるものではない。

（準備公判調書の記載事項）

第四四条 裁判所書記官は、準備公判調書を作り、準備公判期日の訴訟手続の内容を記載しなければならない。

②陪審審理における訴訟関係者の発言は、すべて速記して記録にとどめる。

第四五条 削除

（調書の整理・押印）

第四六条 準備公判調書は、三日以内に整理し、裁判所書記官が記名押印し、裁判長が認印しなければならない。

②裁判長は、認印前に準備公判調書を閲読し、意見があるときはそのことを記載しなければならない。

（期日前の証拠調請求）

第四四条（準備調書の記載事項）裁判所書記ハ公判準備調書ヲ作リ公判準備期日ニ於ケル被告人ニ対スル訊問及其ノ供述、検察官被告人弁護人ノ申立、裁判所ノ裁判其ノ他一切ノ訴訟手続ヲ記載スヘシ

第四五条（同前）公判準備調書ニハ前条ニ規定スル事項ノ外被告事件、被告人及出頭シタル弁護人ノ氏名並手続ヲ為シタル裁判所年月日及裁判長陪席判事検察官裁判所書記ノ官氏名ヲ記載シ被告人出頭セサルトキハ其ノ旨ヲ記載スヘシ

第四六条（調書の整理署名検閲）①公判準備調書ハ三日以内ニ之ヲ整理シ裁判長及裁判所書記署名捺印スヘシ

②裁判長ハ署名捺印前ニ公判準備調書ヲ検閲シ意見アルトキハ其ノ旨ヲ記載スヘシ

第四七条（期日前の証拠調請求）①検察官、被告人及弁

第四七条　検察官、被告人及び弁護人は、準備公判期日の前に第四十三条第二項の請求をすることができる。

（期日外の証拠決定の通知）

第四八条　裁判所が準備公判期日外において証拠決定をしたときは、検察官、被告人及び弁護人に通知しなければならない。

（期日外証人尋問と立会）

第四九条　準備公判期日外において証人又は鑑定人の尋問をするときは、検察官、被告人及び弁護人は、これに立ち会うことができる。

（期日外証人尋問の通知）

第五〇条　前条の手続をすべき日時及び場所は、被告人及び弁護人に通知しなければならない。

（通常手続による審判）

第五一条　準備公判期日中に陪審の評議に付すべきでない事由が生じたときは、通常の手続に従って手続を行う。

護人ハ公判準備期日前第四三条第二項ノ請求ヲ為スコトヲ得公判期日七日前迄亦同シ

②第四三条第三項ノ規定ハ前項ノ場合ニ之ヲ準用ス

第四八条（期日外の証拠決定の通知）裁判所公判準備期日外ニ於テ証拠決定ヲ為シタルトキハ之ヲ検察官、被告人及弁護人ニ通知スヘシ

第四九条（期日外証人訊問と立会）①公判準備期日外ニ於テ証人又ハ鑑定人ノ訊問ヲ為ストキハ被告人モ亦之ニ立会フコトヲ得

②裁判所外ニ於テ前項ノ手続ヲ為ストキハ拘禁セラレタル被告人ハ之ニ立会フコトヲ得ス但シ裁判所必要ト認ムルトキハ之ニ立会ハシムルコトヲ得

第五〇条（期日外証人訊問の通知）前条第一項ノ手続ヲ為スヘキ日時及場所ハ被告人ニ之ヲ通知スヘシ但シ急速ヲ要スル場合ハ此ノ限リニ在ラス

第五一条（通常手続による審判）①公判準備中陪審ノ評議ニ付スヘカラサル事由生シタルトキハ通常ノ手続ニ従ヒ審判ヲ為スヘシ

②公判準備期日ニ於テ前項ノ事由生シタルトキハ其ノ期

②準備公判期日において前項の事由が生じたときは、その期日を公判期日とする。ただし、訴訟関係人中に出頭しない者があるときは、この限りでない。

（管轄違の申立）

第五二条　被告人は、準備公判期日に管轄違の申立をすることができる。

（公訴棄却・管轄違）

第五三条　裁判所は、準備公判期日に公訴棄却又は管轄違の事由があることを認めたときは、決定をしなければならない。

（免訴）

第五四条　裁判所が、準備公判期日に免訴の事由があることを認めたときは、決定をしなければならない。

②免訴の決定が確定したときは、同一の事件について更に公訴を提起することはできない。

（決定の手続・抗告）

第五五条　前二条の決定をするには、訴訟関係人の意見を聴かなければならない。

日ヲ公判期日トス但シ訴訟関係人中出頭セサル者アルトキハ此ノ限ニ在ラス

第五二条（管轄違の申立）①被告人ハ公判準備期日ニ管轄違ノ申立ヲ為スコトヲ得

②前項ノ申立ハ予審ヲ経タル事件ニ付テハ予審判事ニ対シテ其ノ申立ヲ為シタル場合ニ非サレハ之ヲ為スコトヲ得ス

第五三条（公訴棄却・管轄違）裁判所公判準備期日ニ公訴棄却又ハ管轄違ノ原由アルコトヲ認メタルトキハ決定ヲ為スヘシ

第五四条（免訴）①裁判所公判準備期日ニ免訴ノ原由アルコトヲ認メタルトキハ決定ヲ為スヘシ

②免訴ノ決定確定シタルトキハ同一ノ事件ニ付更ニ公訴ヲ提起スルコトヲ得ス

第五五条（決定の手続、抗告）①前二条ノ決定ヲ為スニハ訴訟関係人ノ意見ヲ聴クヘシ

②決定ニ対シテハ即時抗告ヲ為スコトヲ得

②決定に対しては、即時抗告をすることができる。

（手続の効力維持）

第五六条　第五十一条又は第五十三条の場合において準備公判中にした手続はその効力を失わない。

（陪審員の招集）

第五七条　公判期日には第二十七条の規定によって選定した陪審員候補者を招集しなければならない。

②第三十八条の規定は、前項の場合に準用する

（招集状）

第五八条　陪審員候補者に対する招集状には、出頭すべき日時、場所及び招集に応じないときは、過料に処せられることがあることを記載しなければならない。

（辞職）

第五九条　陪審員候補者は病気その他やむを得ない事由により招集に応じられない場合においては、裁判所の承認を得てその職務を辞することができる。この場合には資料をもってその事由を説明しなければならない。

第二節　公判手続及び公判の裁判

（陪審構成手続）

第五六条（手続の効力維持）第五十一条又ハ第五十三条ノ場合ニ於テ公判準備中ニ為シタル手続ハ其ノ効力ヲ失ハス

第五七条（陪審員の呼出）①公判期日ニハ第二十七条ノ規定ニ依リテ選定シタル陪審員ヲ呼出スヘシ

②第三八条ノ規定ハ前項ノ場合ニ之ヲ準用ス

第五八条（呼出状）陪審員ニ対スル呼出状ニハ出頭スヘキ日時、場所及呼出ニ応セサルトキハ過料ニ処スルコトアルヘキ旨ヲ記載スヘシ

第五九条（辞職）陪審員疾病其ノ他已ムコトヲ得サル事由ニ因リ呼出ニ応スルコト能ハサル場合ニ於テハ其ノ職務ヲ辞スルコトヲ得此ノ場合ニ於テハ書面ヲ以テ其ノ事由ヲ疏明スヘシ

第二節　公判手続及公判ノ裁判

第六〇条（陪審構成手続）①陪審構成ノ手続ハ判事、検

第六〇条　陪審構成の手続は、裁判官、検察官、裁判所書記官、被告人、弁護人及び陪審員候補者が出席し、公判廷においてこれを行う。

（出席定足数）

第六一条　前条の手続は、陪審員候補者が二十四人以上出席するのでなければ行うことができない。

②出席した陪審員候補者が二十四人に達しないときは、裁判長はこれを補充するために、裁判所所在地又は、その附近の市町村の陪審員候補者名簿から抽選で必要な員数の陪審員候補者を選定して、適当な方法によって呼び出さなければならない。

③前項の抽選は、裁判所書記官の立会いのもとに行う。

（除外）

第六二条　陪審員候補者が二十四人以上出席したときは、裁判長は、陪審員候補者の氏名、職業及び住居地を記載した書面を示して、陪審員候補者、検察官、被告人及び弁護人に対して、陪審員候補者の中に除外されるべき者があるかないかを問わなければならない。

②裁判長は、陪審員候補者に被告人の氏名、職業及び住居地を告げ、除外の理由があるかないかを問わなければ

察官、裁判所書記、被告人、弁護人及陪審員列席シ公判廷ニ於テ之ヲ行フ

②前項ノ手続ハ之ヲ公行セス

第六一条（出頭定足数）①前条第一項ノ手続ハ陪審員二十四人以上出頭スルニ非サレハ之ヲ行フコトヲ得ス

②出頭シタル陪審員二十四人ニ達セサルトキハ裁判長ハ之ヲ補充スル為裁判所所在地又ハ其ノ附近ノ市町村ノ陪審員候補者名簿ヨリ抽籤ヲ以テ必要ナル員数ノ陪審員ヲ選定シ便宜ノ方法ニ依リ之ヲ呼出スヘシ

③前項ノ抽籤ハ裁判所書記官ノ立会ヲ以テ之ヲ為スヘシ

第六二条（除斥）①陪審員二十四人以上出頭シタルトキハ裁判長ハ其の氏名、職業及住居地ヲ記載シタル書面ヲ示シ検察官及被告人ニ対シ陪審員中除斥セラルヘキ者アリヤ否ヲ問フヘシ

②裁判長ハ陪審員ニ被告人ノ氏名、職業及住居地ヲ告ケ除斥ノ原由アリヤ否ヲ問フヘシ

③検察官、被告人及陪審員除斥ノ原由アリトスルトキハ其ノ旨ノ申立ヲ為スヘシ

ばならない。

③検察官、被告人、弁護人及び陪審員候補者は、除外の理由があるときには、その旨を申し出なければならない。

④除外の事由があるときには、裁判所は決定をしなければならない。

（欠格）

第六三条　出頭した陪審候補者の中に十二条、十四条及び十五条の規定により陪審員となる資格を有しない者があるときは、裁判所は決定をしなければならない。

（無条件忌避）

第六四条　検察官及び被告人は、陪審を構成する陪審員及び補充陪審員の員数を超過する員数について、それぞれその半数を忌避することができる。忌避することのできる人数が奇数であるときは、被告人はなお一人を忌避することができる。

②被告人が数人あるときは、忌避は共同して行う。共同の方法につき協議が整わないときは、忌避を行わせる方法は、裁判長が定める。

③裁判長は、無条件忌避に先立って、第一項の忌避に必

④除斥ノ原由アリトスルトキハ裁判所ハ決定ヲ為スヘシ

第六三条（欠格）出頭シタル陪審員中第十二条乃至第十四条ノ規定ニヨリ陪審員タル資格ヲ有セサル者アリトスルトキハ裁判所ハ決定ヲ為スヘシ

第六四条（専断的忌避）①検察官及被告人ハ陪審ヲ構成スヘキ陪審員及補充陪審員ノ員数ヲ超過スル員数ニ付各其ノ半数ヲ忌避スルコトヲ得忌避スルコトヲ得ヘキ人員奇数ナルトキハ被告人ハ尚一人ヲ忌避スルコトヲ得

②被告人数人アルトキハ忌避ハ共同シテ之ヲ行フ共同ノ方法ニ付協議整ハサルトキハ忌避ヲ行ハシムル方法ハ裁判長之ヲ定ム

要な事項に関して、検察官、被告人に陪審候補者に対する口頭質問の機会を与えねばならない。

（忌避手続）

第六五条 裁判長は、陪審員候補者の番号票を抽選箱に入れた後、検察官及び被告人が忌避することのできる員数を告知しなければならない。

②裁判長は、番号票を一票ごと抽選箱から抽選して読み上げ、そのものを陪審席に順次十二名になるまで着席させる。

③裁判長は、検察官および被告人が着席した十二名の中に忌避したい者の申し出をしたときには、その者に忌避されたことを伝え、退廷を許さなければならない。

④裁判長は、忌避された者が出た場合は、直ちに補充の抽選を行い、その番号を読み上げて着席させる。この忌避の手続は、検察官から始め、被告人を後にし、順次交代で割り当てられた人数分が終了するか、または、検察官及び被告人の双方が忌避を辞退するまで行う。

⑤本手続による忌避の理由は、陳述してはならない。

⑥本手続による忌避は、これを取り消すことができない。

（陪審選定終了の宣言）

第六五条（忌避手続）①裁判長ハ陪審員ノ氏名票ヲ抽籤函ニ入レタル後検察官及被告人ノ忌避スルコトヲ得ル員数ヲ告知スベシ

②裁判長ハ氏名票ヲ一票宛抽籤函ヨリ抽出シ之ヲ読上クヘシ

③裁判長氏名ヲ読上ケタルトキハ検察官及被告人ハ承認又ハ忌避スル旨を陳述スヘシ其ノ順序ハ検察官ヲ先ニシ被告人ヲ後ニス

④忌避ノ理由ハ之ヲ陳述スルコトヲ得ス

⑤次ノ氏名票ヲ抽籤函ヨリ抽出ス迄ニ陳述ヲ為ササルトキハ承認ノ陳述ヲ為シタルモノト看做ス裁判長抽籤終リタル旨ヲ宣言スル迄陳述ヲ為ササルトキ亦同シ

⑥陳述ハ次ノ氏名票ヲ抽出シタル後ハ之ヲ取消スコトヲ得ス裁判長抽籤終リタル旨ヲ宣言シタル後亦同シ

第六六条（抽せん終了の宣言）前条ノ手続ニ依リ陪審ヲ

第六六条　前条の手続により陪審を構成すべき陪審員及び補充陪審員の数を満たしたときは、裁判長は陪審選定が終ったことを宣言しなければならない。

（陪審員と補充陪審員）
第六七条　陪審を構成する陪審員は、初めに当選した十二人をあて、補充陪審員はその他の当選者をあてる。

（着席順序）
第六八条　陪審員は、第六十五条の規定によって行った抽選の順序に従って着席しなければならない。

（宣誓）
第六九条　裁判長は、検察官の起訴状朗読前に、陪審員に対して、陪審員の心得を告げ、宣誓させなければならない。
②宣誓は、宣誓書によって行う。
③宣誓書には、良心に従い公平誠実にその職務を行うことを誓う旨を記載しなければならない。
④陪審員は、起立して宣誓書を朗読したうえ、これに署名押印をしなければならない。

（陪審員の質問権）
第七〇条　裁判長は、陪審員が証人に対する補充の質問

構成スヘキ陪審員及補充陪審員ノ数ヲ充シタルトキハ裁判長ハ抽籤終リタル旨ヲ宣言スヘシ

第六七条（陪審員と補充陪審員）陪審ヲ構成スヘキ陪審員ハ初ニ当選シタル十二名ヲ以テ之ニ充テ補充陪審員ハ其ノ他ノ当籤者ヲ以テ之ニ充ツ

第六八条（着席順序）陪審員ハ第六十五条ノ規定ニ依リ為シタル抽籤ノ順序ニ従ヒ着席スヘシ

第六九条（宣誓）①裁判長ハ検察官ノ被告事件陳述前陪審員ニ対シ陪審員ノ心得ヲ諭告シ之ヲシテ宣誓ヲ為サシムヘシ
②宣誓ハ宣誓書ニ依リ之ヲ為スヘシ
③宣誓書ニハ良心ニ従ヒ公平誠実ニ其ノ職務ヲ行フヘキコトヲ誓フ旨ヲ記載スヘシ
④裁判長ハ起立シテ宣誓書ヲ朗読シ陪審員ヲシテ之ニ署名捺印セシムヘシ

第七〇条（陪席判事、陪審員の審理）①裁判長ハ陪席判事ノ一人ヲシテ被告人ノ訊問及証拠調ヲ為サシムルコ

がある時は、それを書面にして提出させ、許可を与えたものを公開の法廷で代読して質問することができる。この場合、検察官、被告人及び弁護人の意見を聴取しなければならない。

（直接主義・口頭主義）
第七一条　証拠は、別段の規定がある場合を除くほか、公判廷において直接口頭で取り調べたものに限る。

（伝聞証拠禁止の原則）
第七二条　第七十三条ないし第七十五条及び刑事訴訟法第三百二十三条、第三百二十五条ないし第三百二十八条に規定する場合を除いては、公判期日における供述に代えて書面を証拠とし、又は公判期日外における他の者の供述を内容とする供述を証拠とすることはできない。

（被告人以外の者の供述書・供述録取書の証拠能力）
第七三条　被告人以外の者が作成した供述書又はその者の供述を録取した書面で供述者の署名若しくは押印の

トヲ得
②陪審員ハ裁判長ノ許可ヲ受ケ被告人、証人、鑑定人、通事及翻訳人ヲ訊問スルコトヲ得

第七一条（直接審理主義）証拠ハ別段ノ定アル場合ヲ除クノ外裁判所ノ直接ニ取調ヘタルモノニ限ル

第七二条（証拠能力のある書類）左ニ掲クル書類図画ハ之ヲ証拠ト為スコトヲ得
一　公判準備手続ニ於テ取調ヘタル証人ノ訊問調書
二　検証、押収又ハ捜索ノ調書及之ヲ補充スル書類図画
三　公務員ノ職務ヲ以テ証明スルコトヲ得ヘキ事実ニ付公務員ノ作リタル書類
四　前号ノ事実ニ付外国ノ公務員ノ作リタル書類ニシテ其ノ真正ナルコトノ証明アルモノ
五　鑑定書又ハ鑑定調書及之ヲ補充スル書類図画

第七三条（訊問調書の証拠能力）裁判所、予審判事、受命判事、受託判事其ノ他法令ニ依リ特別ニ裁判権ヲ有スル官署、検察官、司法警察官又ハ訴訟上ノ共助ヲ為

あるものは、左の場合に限り、これを証拠とすることができる。
一　裁判官の面前における供述を録取した書面については、その供述者の死亡、精神若しくは身体の故障、所在不明若しくは国外にいるため公判準備又は準備公判期日若しくは公判期日において供述することができないとき、又は供述者が公判準備又は準備公判期日若しくは公判期日において前の供述と異った供述をしたとき。
二　前号に掲げる書面以外の書面については、供述者が死亡、精神若しくは身体の故障、所在不明又は国外にいるため公判準備又は準備公判期日若しくは公判期日において供述することができず、且つ、その供述が犯罪事実の存否の証明に欠くことができないものであるとき。ただし、その供述が特に信用すべき情況の下にされたものであるときに限る。
②被告人以外の者の公判準備又は準備公判期日若しくは公判期日における供述を録取した書面又は裁判所若しくは裁判官の検証の結果を記載した書面は、前項の規定にかかわらず、これを証拠とすることができる。

ス外国ノ官署ノ作リタル訊問調書及之ヲ補充スル書類図画ハ左ノ場合ニ限リ之ヲ証拠ト為スコトヲ得
一　共同被告人若ハ証人死亡シタルトキハ疾病其ノ他ノ事由ニ因リ之ヲ召喚シ難キトキ
二　被告人又ハ証人公判外ノ訊問ニ対シテ為シタル供述ノ重要ナル部分ヲ公判ニ於テ変更シタルトキ
三　被告人又ハ証人公判廷ニ於テ供述ヲ為サザルトキ

③検察官、検察事務官又は司法警察職員の検証の結果を記載した書面は、その供述者が公判期日において証人として尋問を受け、その真正に作成されたものであることを供述したときは第一項の規定にかかわらず、これを証拠とすることができる。

④鑑定の経過及び結果を記載した書面で鑑定人の作成したものについても、前項と同様である。

（被告人の供述書・供述録取書の証拠能力）

第七四条　被告人が作成した供述書又は被告人の供述を録取した書面で被告人の署名若しくは押印のあるものは、その供述が被告人に不利益な事実の承認を内容とするものであるときは、その供述に当り予め資格のある弁護人の援助を受けた場合に限り、これを証拠とすることができる。ただし、被告人に不利益な事実の承認を内容とする書面は、その承認が自白でない場合においても、刑事訴訟法第三百十九条の規定に準じ、任意にされたものでない疑があると認めるときは、これを証拠とすることができない。

②被告人の公判準備又は準備公判期日若しくは公判期日における供述を録取した書面は、その供述が任意にさ

第七四条（供述録取書の証拠能力）前二条ノ場合ノ外裁判外ニ於テ被告人其ノ他ノ者ノ供述ヲ録取シタル書類又ハ裁判外ニ於テ作成シタル書類図画ハ供述者若ハ作成者死亡シタルトキ又ハ疾病其ノ他ノ事由ニ因リ召喚シ難キトキニ限リ之ヲ証拠ト為スコトヲ得

れたものであると認めるときに限り、これを証拠とすることができる。

（伝聞供述の証拠能力）

第七五条　被告人以外の者の公判準備又は準備公判期日若しくは公判期日における供述で被告人の供述をその内容とするものについては、前条の規定を準用する。

②被告人以外の者の公判準備又は準備公判期日若しくは公判期日における供述で被告人以外の者の供述をその内容とするものについては、第七十三条第一項第二号の規定を準用する。

（説示前の弁論）

第七六条　証拠調が終った後で、検察官、被告人及び弁護人は、犯罪の構成要素に関する事実上及び法律上の問題について意見を陳述しなければならない。

②被告人又は弁護人には、最終に陳述する機会を与えなければならない。

（説示）

第七七条　前条の弁論が終結した後、裁判長は、陪審に対して、犯罪の成立に関して法律上の論点及び問題に

第七五条（異議のない書類の証拠能力）証拠ト為スコトニ付訴訟関係人ノ異議ナキ書類図画ハ前三条ノ規定ニ拘ラス之ヲ証拠ト為スコトヲ得

第七六条（説示前の弁論）①証拠調終リタル後検察官、被告人及弁護人ハ犯罪ノ構成要素ニ関スル事実上及法律上ノ問題ノミニ付意見ヲ陳述スヘシ

②弁護人数人アル場合ニ於テ被告人ノ為ニスル意見ノ陳述ハ重複シテ之ヲ為スコトヲ得ス

③公判廷ニ現ハレサル証拠ハ之ヲ援用スルコトヲ得ス

④被告人又ハ弁護人ニハ最終ニ陳述スル機会ヲ与フヘシ

第七七条（説示）前条ノ弁論終結後裁判長ハ陪審ニ対シ犯罪ノ構成ニ関シ法律上ノ論点及問題ト為ルヘキ事実並証拠ノ要領ヲ説示シ犯罪構成事実ノ有無ヲ問ヒ評議

なる事実を説示し、評議したうえで、被告人が有罪であるか無罪であるかを答申することを命じなければならない。ただし、取り調べられた証拠の要領やその信用性及び被告人の罪責の有無に関して意見を表示することはできない。

（説示に対する異議）

第七八条　検察官、被告人及び弁護人は、裁判長の説示に対して異議を申し立てることができる。

②裁判所は、前項の申立について決定をしなければならない。

③前項の決定に対しては、抗告をすることができない。

第七九条　削除

ノ結果ヲ答申スヘキ旨ヲ命スヘシ但シ証拠ノ信否及罪責ノ有無ニ関シ意見ヲ表示スルコトヲ得ス

第七八条（説示に対する異議）裁判長ノ説示ニ対シテハ異議ヲ申立ツルコトヲ得ス

第七九条（問）①裁判長ノ問ハ主問ト補問トニ区別シ陪審ニ於テ然リ又ハ然ラスト答ヘ得ヘキ文言ヲ以テ之ヲ為スヘシ

②主問ハ公判ニ付セラレタル犯罪構成事実ノ有無ヲ評議セシムル為之ヲ為スモノトス

③補問ハ公判ニ付セラレタルモノト異リタル犯罪構成事実ノ有無ヲ評議セシムル必要アリト認ムル場合ニ於テ之ヲ為スモノトス

④犯罪ノ成立ヲ阻却スル原由ト為ルヘキ事実ノ有無ヲ評

第八〇条　削除

第八一条　削除

（評議）

第八二条　裁判長は、評議をさせるために、陪審員を評議室に退廷させなければならない。

②裁判長は、公判廷において取調をした証拠物及び証拠書類を陪審に交付することができる。

（評議室の交通遮断）

第八三条　陪審員は、裁判長の許可を受けなければ評議を終る前に評議室を出たり、他人と交通することはできない。

②　陪審員でない者は、裁判長の許可を受けなければ評議室に入ることはできない。

（退出時の遵守事項）

議セシムル必要アリト認ムルトキハ其ノ問ハ他ノ問ト分別シテ之ヲ為スヘシ

第八〇条（問の変更の申立）①陪審員、検察官、被告人及弁護人ハ問ノ変更ノ申立ヲ為スコトヲ得

②前項ノ申立アリタルトキハ裁判所ハ決定ヲ為スヘシ

第八一条（問書）①裁判長ハ問書ニ署名捺印シ之ヲ陪審ニ交付スヘシ

②陪審員ハ問書ノ謄本ノ交付ヲ請求スルコトヲ得

第八二条（評議）①裁判長ハ評議ヲ為サシムル為陪審員ヲシテ評議室ニ退カシムヘシ

②裁判長ハ公判廷ニ於テ示シタル証拠物及証拠書類ヲ陪審ニ交付スルコトヲ得

第八三条（評議室の交通遮断）①陪審員ハ裁判長ノ許可ヲ受クルニ非サレハ評議ヲ了ル前評議室ヲ出テ又ハ他人ト交通スルコトヲ得ス

②陪審員ニ非サル者ハ裁判長ノ許可ヲ受クルニ非サレハ評議室ニ入ルコトヲ得ス

第八四条（退出時の遵守事項）陪審ノ答申前陪審員ヲシ

第八四条 陪審の答申前に陪審員を裁判所から退出させる場合には、裁判長は、陪審員に対し、滞留する場所及び他人との交通に関して遵守すべき事項を指示しなければならない。

（違反者の職務執行禁止）

第八五条 陪審員が第八十三条第一項の規定に違反したとき、又は前条の規定により指示された事項を遵守しないときは、裁判所は、その陪審員に対し、職務の執行を禁止することができる。

（陪審長）

第八六条 陪審員は陪審長を互選しなければならない。

②陪審長は、議事を整理する。

（再説示の請求）

第八七条 陪審は、評議を終る前、更に説示を請求することができる。この場合には、公判廷においてその申立をしなければならない。

（評決）

第八八条 評決は、有罪又は無罪で行う。ただし、事実の一部を有罪又は無罪とするときは、その一部について有罪又は無罪の形で評決するものとする。

テ裁判所ヲ退出セシムル場合ニ於テハ裁判長ハ陪審員ニ対シ滞留ノ場所及他人トノ交通ニ関シ遵守スヘキ事項ヲ指示スヘシ

第八五条（違反者の職務執行禁止） 陪審員第八十三条第一項ノ規定ニ違反シタルトキ又ハ前条ノ規定ニ依リ指示セラレタル事項ヲ遵守セサルトキハ裁判所ハ其ノ陪審員ニ対シ職務ノ執行ヲ禁止スルコトヲ得

第八六条（陪審長） ①陪審員ハ陪審長ヲ互選スヘシ

②陪審長ハ議事ヲ整理ス

第八七条（再説示の請求） 陪審ハ評議ヲ了ル前更ニ説示ヲ請求スルコトヲ得此ノ場合ニ於テハ公判廷ニ於テ其ノ申立ヲ為スヘシ

第八八条（答申） 答申ハ問ニ対シ然リ又ハ然ラスノ語ヲ以テ之ヲ為スヘシ但シ問ニ掲クル事実ノ一部ヲ肯定又ハ否定スルトキハ之ニ付然リ又ハ然ラスノ語ヲ以テ答申スヘシ

第八九条　削除

（意見の表示）

第九〇条　陪審員は、それぞれその意見を述べなければならない。

②陪審長は、最後にその意見を述べなければならない。

（制限多数決主義）

第九一条　被告人を有罪とするには、陪審員の十人以上の意見によらなければならない。

②被告人を有罪とする陪審員の意見が十人に達しないときは、無罪としたものとする。

（評決書、評決書訂正命令）

第九二条　答申は、評決書に記載し、陪審長が署名押印して、裁判長に提出しなければならない。

②評決書に不備又は食い違いがあるときは、裁判長は、評決書を返し、更に評議をして評決書を訂正するよう命じなければならない。

（評決書の朗読）

第八九条（評議の順序）①評議ハ先ツ主問ニ付之ヲ為スヘシ

②主問ヲ否定シタル場合ニ於テ補問アルトキハ之ニ付評議ヲ為スヘシ

第九〇条（意見の表示）①陪審員ハ問ニ付各其ノ意見ヲ表示スヘシ

②陪審長ハ最後ニ其ノ意見ヲ表示スヘシ

第九一条（過半数主義）①犯罪構成事実ヲ肯定スルニハ陪審員ノ過半数ノ意見ニ依ルコトヲ要ス

②犯罪構成事実ヲ肯定スル陪審員ノ意見其ノ過半数ニ達セサルトキハ之ヲ否定シタルモノトス

第九二条（答申書、答申訂正命令）①答申ハ問書ニ記載シ陪審長署名捺印シテ之ヲ裁判長ニ提出スヘシ

②答申ニ不備又ハ齟齬アルトキハ裁判長ハ問書ヲ返付シ更ニ評議ヲ為シ答申ヲ訂正スヘキ旨ヲ命スヘシ

第九三条（答申の朗読）裁判長ハ公判廷ニ於テ裁判所書

第九三条　裁判長は、公判廷において裁判所書記官に陪審の評決書を朗読させなければならない。

（陪審員の退廷）

第九四条　前条の手続が終ったときは、裁判長は、陪審員を退廷させなければならない。

第九五条　削除

（有罪答申と量刑手続）

第九六条　陪審が有罪の評決をした場合には、刑の量定についての証拠調に移らなければならない。

②前項の証拠調が終った後、検察官は、法律の適用及び刑の量定について意見を陳述することができる。

③被告人及び弁護人は、意見を陳述することができる。

④被告人又は弁護人には、最終に陳述する機会を与えなければならない。

（無罪評決）

第九七条の一　陪審が無罪の評決をした場合には、裁判所は無罪を言い渡さなければならない

（答申に基づく判決の言渡）

記ヲシテ問及之ニ対スル陪審ノ答申ヲ朗読セシムヘシ

第九四条（陪審員の退廷）前条ノ手続終リタルトキハ裁判長ハ陪審員ヲ退廷セシムヘシ

第九五条（陪審の更新）裁判所陪審ノ答申ヲ不当ト認ムルトキハ訴訟ノ如何ナル程度ニ在ルヲ問ハス決定ヲ以テ事件ヲ更ニ他ノ陪審ノ評議ニ付スルコトヲ得

第九六条（答申後の弁論）①陪審犯罪構成事実ヲ肯定スルノ答申ヲ為シタル場合ニ於テ裁判所前条ノ決定ヲ為ササルトキハ検察官ハ適用スヘキ法令及刑ニ付意見ヲ陳述スヘシ

②被告人及弁護人ハ意見ヲ陳述スルコト得

③被告人又ハ弁護人ニハ最終ニ陳述スル機会ヲ与フヘシ

第九七条（答申に基く判決の言渡）①陪審ノ答申ヲ採択

第九七条の二　有罪の言渡をするには、罪となるべき事実及び法令の適用を示さなければならない。刑の加重減免の理由となる事実が主張されたときは、これに対する判断を示さなければならない。
②無罪の言渡をするには、陪審の評決が、無罪の評決であることを示さなければならない。

（手続の更新）
第九八条　引き続き七日以上開廷しなかった場合には、公判手続を更新しなければならない。
②陪審を構成する陪審員が病気その他の事由によって職務を行うことができない場合において、補充陪審員がないときも前項と同じとする。
③前二項の場合においては、新たに陪審構成の手続をしなければならない。

（形式的裁判）
第九九条　裁判所は、訴訟がいかなる程度にあるかを問わず、公訴棄却、管轄違又は免訴の裁判をすべき事由があることを認めた場合においては、陪審の評議に付することなく裁判をしなければならない。

シテ判決ノ言渡ヲ為スニハ裁判所ハ陪審ノ評議ニ付シテ事実ノ判断ヲ為シタル旨ヲ示スヘシ
②有罪ノ言渡ヲ為スニハ罪ト為ルヘキ事実及法令ノ適用ヲ示スヘシ刑ノ加重減免ノ原由タル事実上ノ主張アリタルトキハ之ニ対スル判断ヲ示スヘシ
③無罪ノ言渡ヲ為スニハ犯罪構成事実ヲ認メサルコト又ハ被告事件罪ト為ラサルコトヲ示スヘシ

第九八条（手続の更新）①引続キ七日以上開廷セサリシ場合ニ於テハ公判手続ヲ更新スヘシ
②陪審ヲ構成スヘキ陪審員疾病其ノ他ノ事由ニ因リ職務ヲ行フコト能ハサル場合ニ於テ補充陪審員ナキトキ亦前項ニ同シ
③前二項ノ場合ニ於テハ新ニ陪審構成ノ手続ヲ為スヘシ

第九九条（形式的裁判）裁判所ハ訴訟ノ如何ナル程度ニ在ルヲ問ハス公訴棄却、管轄違又ハ免訴ノ裁判ヲ為スヘキ原由アルコトヲ認メタル場合ニ於テハ陪審ノ評議ニ付セスシテ審判ヲ為スヘシ

（公判調書）

第一〇〇条　裁判所書記官は、陪審員の氏名、陪審の構成その他陪審に関する訴訟手続及び裁判長の説示を公判調書に記載しなければならない。

②陪審審理における訴訟関係者の発言は、すべて速記して記録にとどめる。

第三節　上訴

（控訴の制限）

第一〇一条　陪審の評議に付した事件の判決に対しては控訴をすることができない。ただし、刑の量定についてはこの限りでない。

（上告）

第一〇二条　陪審の評議に付した事件の判決に対しては、最高裁判所に上告をすることができる。

（上告理由）

第一〇三条　上告は、刑事訴訟法において第二審の判決に対し上告をすることのできる理由がある場合及び有罪判決に重大な事実の誤認を疑うべき顕著な事由がある場合並びに再審の請求をすることができる場合に当

第一〇〇条（公判調書）裁判所書記ハ陪審員ノ氏名、陪審ノ構成其ノ他陪審ニ関スル訴訟手続及裁判長ノ説示ノ要領ヲ公判調書ニ記載スヘシ

第三節　上訴

第一〇一条（控訴禁止）陪審ノ答申ヲ採択シテ事実ノ判断ヲ為シタル事件ノ判決ニ対シテハ控訴ヲ為スコトヲ得ス

第一〇二条（上告）陪審ノ答申ヲ採択シテ事実ノ判断ヲ為シタル事件ノ判決ニ対シテハ大審院ニ上告ヲ為スコトヲ得

第一〇三条（上告理由）上告ハ刑事訴訟法ニ於テ第二審ノ判決ニ対シ上告ヲ為スコトヲ得ル理由アル場合ニ於テ之ヲ為スコトヲ得但シ事実ノ誤認ヲ理由トスル場合ハ此ノ限ニ在ラス

る事由があるときにすることができる。

（絶対的上告理由）

第一〇四条　次の場合においては、常に上告の理由があるものとする。

一　法律に従って陪審を構成しなかったとき

二　第十二条第一項又は第十三条の規定によって陪審員になることのできない者が評議に関与したとき。ただし、評議を終わる前に訴訟関係人が異議を述べなかったときは、この限りでない。

三　法律によって職務の執行から除外されるべき陪審員が評議に関与したとき。ただし、第六十二条第三項の申立をしなかったときはこの限りでない。

四　忌避せられた陪審員が評議に関与したとき。ただし、評議を終わる前に訴訟関係人が異議を述べなかったときは、この限りでない。

五　裁判長の説示が憲法及び法律に違反したとき

六　裁判長が法律上の論点に関して不当な説示をしたとき

（破棄自判・差戻移送）

第一〇四条（絶対的上告理由）左ノ場合ニ於テハ常ニ上告ノ理由アルモノトス

一　法律ニ従ヒ陪審ヲ構成セサリシトキ

二　第十二条一項一号又ハ第十三条ノ規定ニ依リ陪審員タルコトヲ得サル者評議ニ関与シタルトキ但シ評議ヲ了ル前訴訟関係人異議ヲ述ヘサリシトキハ此ノ限ニ在ラス

三　法律ニ依リ職務ノ執行ヨリ除斥セラルヘキ陪審員評議ニ関与シタルトキ但シ第六十二条第三項ノ申立ヲ為ササリシトキハ此ノ限ニ在ラス

四　忌避セラレタル陪審員評議ニ関与シタルトキ但シ評議ヲ了ル前訴訟関係人異議ヲ述ヘサリシトキハ此ノ限ニ在ラス

五　裁判長ノ説示法律ニ違反シタルトキ

六　裁判長証拠トシテ説示シタルモノ法律上証拠ト為スコトヲ得サルモノナルトキ

七　裁判長法律上ノ論点ニ関シ不当ノ説示ヲ為シタルトキ

第一〇五条（破毀自判・差戻移送）①上告裁判所原判決

第一〇五条　上告裁判所が原判決を破棄する場合においては、事実の審理をしないで自ら裁判をする場合を除き、事件を原裁判所に差し戻し、又は原裁判所と同等の他の裁判所に移送しなければならない。

②破棄の理由となった事項が陪審の評議結果に影響のないものであるときは、陪審の答申はその効力を有する。この場合においては、事件の差戻し又は移送を受けた裁判所は、答申以後の手続のみを行う。

第四章　陪審費用

（陪審費用）

第一〇六条　次に掲げる費用は、陪審費用とし、訴訟費用の一部としない。

一　陪審員及び陪審員候補者の呼出に要する費用

二　陪審員及び陪審員候補者に支給すべき旅費、日当及び宿泊料

第一〇七条　削除

ヲ破毀スル場合ニ於テハ事実ノ審理ヲ為サスシテ自ラ裁判ヲ為ス場合ヲ除クノ外事件ヲ原裁判所ニ差戻シ又ハ原裁判所ト同等ナル他ノ裁判所ニ移送スヘシ

②破毀ノ理由ト為リタル事項陪審ノ評議ノ結果ニ影響ナキモノナルトキハ陪審ノ答申ハ其ノ効力ヲ有ス此ノ場合ニ於テハ事件ノ差戻又ハ移送ヲ受ケタル裁判所ハ答申以後ノ手続ノミヲ為スヘシ

第四章　陪審費用

第一〇六条（陪審費用）左ニ掲クルモノヲ以テ陪審費用トシ訴訟費用ノ一部トス

一　陪審員ノ呼出ニ要スル費用

二　陪審員ニ給与スヘキ旅費、日当及止宿料

第一〇七条（費用の負担）陪審費用ハ第三条ノ場合ニ於テ刑ノ言渡ヲ為ストキハ其ノ全部又ハ一部ヲ被告人ノ負担トス

第五章　罰則

（過料）

第一〇八条　陪審員は次の各号に該当する場合においては、十万円以下の過料に処する。

一　理由なく呼出に応じないとき

二　宣誓を拒んだとき

三　第八十三条第一項の規定に違反したとき

四　理由なく退廷したとき

五　第八十四条の指示に違反したとき

（秘密漏示）

第一〇九条　陪審員が、評議の模様又は各員の意見若しくはその多少の数を漏らしたときは、二十万円以下の罰金に処する。

②前項の事項を新聞紙その他の出版物に掲載したときは、新聞紙にあっては編集人及び発行人を、その他の出版物にあっては著作者及び発行者を四十万円以下の罰金に処する。

（交通禁止違反）

第一一〇条　裁判長の許可を受けないで陪審の評議室に入室し、又は陪審の評議が終わる前に裁判所内におい

第五章　罰則

第一〇八条（過料に処するとき）陪審員ハ左ノ場合ニ於テハ五百円以下ノ過料ニ処ス

一　故ナク呼出ニ応セサルトキ

二　宣誓ヲ拒ミタルトキ

三　第八十三条第一項ノ規定ニ違反シタルトキ

四　故ナク退廷シタルトキ

五　第八十四条ノ指示ニ違反シタルトキ

第一〇九条（漏泄）①陪審員評議ノ顛末又ハ各員ノ意見若ハ其ノ多少ノ数ヲ漏泄シタルトキハ千円以下ノ罰金ニ処ス

②前項ノ事項ヲ新聞紙其ノ他ノ出版物ニ掲載シタルトキハ新聞紙ニ在リテハ編輯人及発行人其ノ他ノ出版物ニ在リテハ著作者及発行者ヲ二千円以下ノ罰金ニ処ス

第一一〇条（交通禁止違反）裁判長ノ許可ヲ受ケスシテ陪審ノ評議室ニ入リ又ハ陪審ノ評議ヲ了ル前裁判所内ニ於テ陪審員ト交通シタル者ハ五百円以下ノ罰金ニ処

て陪審員と交通した者は、十万円以下の罰金に処する。

（請託・私議）

第一一一条　陪審の評議に付せられた事件について、陪審員に対し、請託をし、又は評議を終わる前に私に意見を述べた者は、一年以下の懲役又は四十万円以下の罰金に処する。

（過料の手続）

第一一二条　過料の裁判は、陪審員を呼び出した裁判所が、検察官の意見を聴き、決定をもってしなければならない。

②前項の決定に対しては、抗告をすることができる。この抗告は、執行を停止する効力を有する。

③過料の裁判の執行については、非訟事件手続法第二百八条の規定を準用する。

第六章　補則

（東京都特別区に関する規定）

第一一三条　東京都特別区においては、この法律中市に関する規定を特別区に準用する。

ス

第一一一条（請託・私儀）陪審ノ評議ニ付セラレタル事件ニ付陪審員ニ対シ請託ヲ為シ又ハ評議ヲ了ル前私ニ意見ヲ述ヘタル者ハ一年以下ノ懲役又ハ二千円以下ノ罰金ニ処ス

第一一二条（過料の手続）①過料ノ裁判ハ陪審員ヲ呼出シタル裁判所検察官ノ意見ヲ聴キ決定ヲ以テ之ヲ為スヘシ

②前項ノ決定ニ対シテハ抗告ヲ為スコトヲ得此ノ抗告ハ執行ヲ停止スル効力ヲ有ス

③過料ノ裁判ノ執行ニ付テハ非訟事件手続法第二百八条ノ規定ヲ準用ス

第六章　補則

第一一三条（市町村に関する規定）①市制第六条ノ市ニ於テハ本法中市ニ関スル規定ハ区ニ、市長ニ関スル規定ハ区長ニ之ヲ適用ス

②町村制ヲ施行セサル地ニ於テハ本法中町村ニ関スル規

第一一四条　削除

附則

この法律の施行期日は平成十三年四月一日とする。

定ハ町村ニ準スヘキモノニ、町村長ニ関スル規定ハ町村長ニ準スヘキモノニ之ヲ適用ス

第一一四条（直接国税の種類）第十二条直接国税ノ種類ハ勅命ヲ以テ之ヲ定ム

「附則」

①本法施行ノ期日ハ各条ニ付勅命ヲ以テ之ヲ定ム（一二条―一四条・一七条―二六条・一一三条・一一四条は昭和二年六月一日施行―昭和二年勅命一四四号―その他は昭和三年一〇月一日施行昭和三年勅命一五六号）

②本法施行前公判期日ノ定リタル事件ニ付テハ本法ヲ適用セス

★「陪審法ノ停止ニ関スル法律」（昭和一八年四月一日・法八八号）

施行　昭和一八年四月一日（附則）

改正　昭和二一年勅令一六一号

陪審法ハ其ノ施行ヲ停止ス

附則（抄）

②本法ハ本法施行前陪審手続ニ依ル公判期日ノ定リタル

事件ニ関シテハ之ヲ適用セズ本法施行前其ノ裁判ノ確定シタル事件ニ関スル陪審法第四章又ハ第五章ノ規定ノ適用ニ付亦同ジ

③陪審法ハ今次ノ戦争終了後再施行スルモノトシ其ノ期日ハ各条ニ付勅命ヲ以テ之ヲ定ム。

④前項ニ規定スルモノノ外陪審法ノ再施行ニ付必要ナル事項ハ勅命ヲ以テ之ヲ定ム

（「陪審法」及び「陪審法ノ停止ニ関スル法律」は、『旧法令集』（有斐閣）に典拠した。）

陪審法改正案のコメント

立命館大学名誉教授・弁護士　佐伯千仞

Ⅰ

大阪の「陪審制度を復活する会」では先年来、大正陪審法を、その制定から七〇数年後の今日のわが国の実情に適合するように修正する計画をたて研究と工夫を重ねてきたが、どうやらその改正案が纏まった。なお、「陪審制度を復活する会」では、この改正の作業を二段構えで進めてきた。ひとつは、大正陪審法を土台としつつ、それにその制定後の社会事情の変化、特に戦後行われた諸変革を踏まえた修正、変更を加えそれを現代化するというやり方であり、いまひとつは、大正陪審法を土台にするのではなく、むしろそれから離れて今日における理想的な陪審法を構想して見るという行き方であった。会員の努力によって、どうやら一つの改正案ができ上がったのである。すなわち大正陪審法を土台としつつそれを現代化する作業の成果が、ここにコメントしようとする陪審法改正案である。以下のコメントは、専ら大正陪審法を土台としつつ、それに必要な修正、変更を加えた陪審法改正案についてのものである。

Ⅱ

1　大正陪審法を土台としつつそれに様々の修正、変更を加えてこれを現代日本に適合した陪審法にしようとした「陪審法改正案」は、大正陪審法の陪審裁判の骨格はこれを維持しながら、多くの点について、それに対する重大な変更を加えている。

2　以下それらの点について、条文の順序に従って見ていくことにしよう。

(1)　法定陪審事件（二条）と請求陪審事件（三条）の区別は維持されるが、後の請求陪審事件は、大正陪審法では長期三年を超ゆる有期の懲役、禁錮に該る事件をいうことになっていたが、改正案はこれを「長期一年を超える」事件に広げた。陪審裁判を受け得る者の範囲が拡大されるのである。

(2)　大正陪審法は四条に「陪審不適事件」として、①大審院の特別権限に属する事件（天皇や皇族に対する危害罪や内乱罪、皇族の犯した禁錮以上の刑に処すべき犯罪等・旧裁判所構成法五〇条第二）。②刑法第二編第一章乃至第四章及び第八章の罪、

③治安維持法の罪、④軍機保護法、陸軍刑法又は海軍刑法の罪その他軍機に関して犯した罪及び法令に依りて行う公選に関し犯した犯罪等多くの犯罪について陪審裁判から除外していた。しかし、改正案はそれらを陪審裁判の対象から除外する理由がないとして削除し二条又は三条に該当するすべての犯罪が陪審裁判の対象となるとの原則を貫いたのである。原則を貫くものとして評価されるが、しかし、現実のわが国の法制としては、現在でも、内乱罪（刑法七七条乃至七九条）の第一審については高等裁判所に裁判権があるとされているし（裁判所法一六条四号）、また独占禁止法の八五条は同法八九条から九一条までの罪に係る訴訟については、東京高等裁判所が裁判権を有すると定めており、検察審査会法（三〇条）もそれらをその審査対象から除外しているのであって、ここでも考慮する必要がないであろうか。

(3) 陪審構成の不変更に関する三〇条は大正陪審法が「陪審員ハ検察官被告事件ヲ陳述スル時ヨリ裁判所書記陪審ノ答申ヲ朗読スル迄同一ノ陪審員ヲ以テ之ヲ構成スルコトヲ要ス」としていたのを受けた規定であるが、傍線部分を「検察官が起訴状の朗読を行うときから」と改めた。ところで、改正案によれば、陪審が関与する陪審公判以前にも、裁判官と検察官、被告人、弁護人だけの間で行われる「準備公判」という段階があって、そこでも起訴状の朗読が行われるのである。即ち、改正案四一条には「準備公判期日における冒頭の手続は、刑事訴訟法第二百九十一条を準用する」とあり、またその準用される刑訴法二九一条には、「検察官はまず、起訴状を朗読しなければならない」（一項）とあるからである。結局、改正案によれば、陪審が関与する以前の準備公判手続きの段階で既に検察官の起訴状朗読があり、更にその後の陪審員が列席して開かれる陪審裁判の公判廷でも重ねて起訴状朗読が行われ、起訴状朗読が二回行われることになる。起訴状朗読は、当該刑事裁判における問題の提起であって、起訴状の記載に対する裁判所や被告、弁護人からの釈明とそれに対する検察官の答弁が行われ、場合によっては起訴状の記載の修正、変更も行われる刑事裁判上の最初の関門である。陪審員が列席して開かれる陪審公判で又同じような起訴状に対する釈明までおこなわれることは、陪審裁判の予想するところではあるまい。改正案によれば、陪審員の列席する陪審法廷でも同じ検察官の起訴状朗読があり、更に検察官の冒頭陳述が行われることになるが、そこで又起訴状に対する釈明や起訴状の変更まで行われることまでは予定されていないであろう。そこでは、更に進んで検察官が証拠によって証明する事実（公訴事実）を具体的に陳述する冒頭陳述を行い、陪審員はそれによって公訴事実の内容を分かりよく説明されることになるのである。陪審裁判でも、この検察官の冒頭陳述が実質的な審理の出発点となるのである。

(4)　準備公判（三五条以下）に「公判準備」として対応する規定をおいていたのであるが、それは陪審員の在廷する本来の陪審裁判を準備するために、裁判所に裁判官と、検事及び被告人本人と弁護人だけが集まって本来の陪審裁判が円滑に進むように準備する手続きであった。しかし、そこでの手続きは非公開であって、関係者以外の傍聴も許されてはいなかったのである（大正陪審法四〇条三項）。改正案は、これを改めて、傍聴も可能な公開の準備公判手続とし、そこでの手続については現行刑訴法の二九一条が準用され、検察官の起訴状の朗読から始まるのである。改正案では、この準備公判手続も傍聴を許す公開の公判手続として構想されているのである。この準備公判は本来の陪審員が在廷して開かれる陪審公判廷における公判審理が円滑に進行するようにその準備をするための手続きであって、検察官、被告人及び弁護人は陪審公判廷で調ぶべき証拠調の請求を行い、裁判所はその採否についての決定を行うのであるが、これについて、改正案に「検察官は、起訴後速やかに、弁護人に対し、被告事件に関するすべての証拠の標目を交付しなければならず、弁護人は証拠の閲覧・謄写を請求することができる」という明文をおくことを提案している（四三条）。大正陪審法が施行せられた当時は、旧刑事訴訟法が施行されていたが、この旧刑訴法では、検事は、公訴提起もしくは予審請求と同時に、その捜査中に収集もしくは作成した証拠物、証拠書類の一切を予審判事又は裁判所に送致することになっていて、弁護人はそれらの送致された証拠物、証拠書類を閲覧・謄写することができたので（旧刑訴法四四条、三〇三条）、このような明文は必要がなかったのである。しかし、現行刑事訴訟法では、公訴提起後も証拠物、証拠書類のすべては検察官の手許に残されるものと変更され、弁護人はそれらを閲覧・謄写するためにはいちいち検察官の許可を受けることが必要なことになって、公訴提起後も被告側弁護人は旧刑訴法当時のようにそれらを当然閲覧、謄写する権利を奪われてしまった。そのため現行刑訴法施行頭初から、起訴後の検察官手持証拠の開示が刑訴法の解釈、運用上の大問題となり、検察側と弁護側の争いの種となって今日に至るまで、その解決がつかないままになっているのである。わが国における無罪率の著しい低さも、それと関係があると思われるが、それは今日まで刑事訴訟法の運用、解釈上の重要問題となって残っているのである。せっかく陪審裁判が復活しても、この証拠開示の問題を解決しておかない限り、陪審裁判も机上の空論と化するおそれがある。改正案が思い切って準備公判の段階で、このような証拠の全面開示を提案したことには、極めて大きな意味があるといわなければならない。

(5) 陪審員の質問権（七〇条）について、大正陪審法は「陪審員ハ裁判長ノ許可ヲ受ケ被告人、証人、鑑定人、通事及翻訳人ヲ訊問スルコトヲ得」と規定しているが、改正案はこれを次のように改めている。曰く「裁判長は、陪審員が証人に対する補充の質問がある時は、それを書面にして提出させ、許可を与えたものを公開の法廷で代読して質問することができる。この場合、検察官、被告人及び弁護人の意見を聴取しなければならない。」（七〇条）。アメリカ等における経験を踏まえた改正のようであるが、大正陪審法実施の経験では、陪審員に直接質問させても混乱が生ずることはなかったようである。大正陪審法の実際の運用に当った経験のある裁判官や弁護士の回想談でも、陪審員によってなかなか優れた質問がなされて関心したという話はあるが、それが審理を混乱させたという話はないようである。草案のように、証人尋問の途中で質問しようとする陪審員に、それを書面に書いて提出させ、許可されたものだけを法廷で代読するというのでは繁雑すぎて陪審員の質問意欲を阻害・萎縮させることになってしまうのではあるまいか。むしろ大正陪審法と同じく「陪審員ハ裁判長ノ許可ヲ得テ被告人、証人、鑑定人、通事及翻訳人ヲ訊問スルコトヲ得」（七〇条）とするに留め、具体的な問題の処理は裁判長の訴訟指揮による指導に委ねておいた方がよかったのではあるまいか。

(6) その他証拠に関しても、大正陪審法の直接審理主義（七一条）の維持、発展に努め、目覚ましい改正が提案されている（七一条以下）。既に大正陪審法においてもその直接審理主義の趣旨を貫くために、旧刑訴法の「法令ニ依リ作成シタル訊問調書」（旧刑訴三四三条・例えば予審訊問調書）とその他の「供述録取書」（検事や警察官の作成した「聴取書」がそれにあたる）とを区別し、前の訊問調書は、その供述者が死亡し又は病気その他で公判廷に召喚できず、或いは出廷しても以前に作られた訊問調書中でなした供述の重要な部分を公判廷において変更し、若くは公判廷で黙秘して供述しない場合に有罪認定の証拠とすることが許されたが（七三条）、訊問調書でない単なる供述録取書（検事や警察官が捜査中に作成したいわゆる聴取書・七四条）は、その供述者（又は作成者）が死亡し又は疾病その他の事由によって召喚し難いときに限り証拠とすることが許されるだけで、法廷における供述に対する反証とすることは認められなかったのである（七四条・旧刑訴三四三条）。しかし、現行刑事訴訟法はこの原則を覆し、証人が公判廷で捜査中に作られた検面調書の記載と違った供述をすれば、前に作られた検面調書を有罪認定の証拠とできるように改めた（刑訴法三二一条一項二号後段）。法文自体は、法廷での供述より前の検面調書に記載されている供述の方を「信用すべき特別の情況の存するときに限る」という制限的規定となっているが（三二一条一項二号後段）、実際の裁判では検面調書と違った供述をすれば、その殆どの場合に検面調書が裁判所により証拠として採用され有罪認定の証拠とされているのである。戦後の無罪率が〇・〇X％という低さになったのはそのためである。

改正案七二条以下の規定は、この問題を解決しようとした熱意の産物である。それは一見現状を転覆しようとする過激な提案のように感ぜられるかも知れないが、決してそうでなく、むしろ五〇年以前の我国に実在した刑事訴訟法及び陪審法の証拠法の復活と受取られるべきものである。

その特色は、陪審裁判では、現行刑訴法三二一条一項二号の検察官の面前供述録取書に関する特別扱いをやめ、現在の三号を二号として検面調書もその中に含ませることにした点にある。即ち、現在の刑事訴訟法では、検面調書は裁判官の面前供述を録取した一号書面と並ぶ二号書面として、じっさいの裁判では有罪認定の証拠として殆どオールマイティ的働きをしているのであるが、改正案の七三条二号はこのような検面調書の証拠としての特権的扱いをやめ、それを他の一般の供述録取書と同様に「供述者が死亡、精神若しくは身体の故障、所在不明又は外国にいるため公判準備又は準備公判期日若しくは公判期日において供述することができず、且つその供述が犯罪事実の存否の証明に欠くことができないものであるときで、しかも、その供述が特に信用すべき情況の下になされたものであるとき」に限って証拠とすることができるものと改めたのである。これで、現在の刑事判決の殆どがその有罪認定の証拠としている検面調書の証拠としての特権的優越性はなくなる。しかしそのことは、旧刑訴法と大正陪審法の時代の証拠法に戻ることに過ぎないのである。しかも、そうなった場合にも、検察官は、裁判官の勾留質問調書（刑訴法六一条）或いは刑訴法二二六条、二二七条の証人訊問請求の規定をいままで以上に活用することにより、裁判官の面前供述録取書を入手しておくよう努力することになるであろう。

(7) 以上は被告人以外の者の供述に関する改正案であるが、被告人の供述調書については、曰く、「被告人が作成した供述書又は被告人の供述を録取した書面で被告人の署名若しくは押印のあるものは、その供述が被告人に不利益な事実の承認を内容とするものであるときは、その供述に当り予め資格のある弁護人の援助を受けた場合に限り、これを証拠とすることができる。ただし、被告人に不利益な事実の承認を内容をする書面は、その承認が自白でない場合においても、刑事訴訟法三一九条の規定に準じ、任意にされたものでない疑があると認めるときは、これを証拠とすることができない」となっている。現行刑訴法三二二条第一項をこう改めようという提案である。現行刑訴法三二二条は、同様の書面で、その供述が自己に不利益な事実の承認を内容とするものであるとき、又は特に信用すべき情況の下になされたものであるときに限り証拠とできると定め、且つその自己に不利益な事実の承認が任意になされたものでない疑があるときは証拠となり得ない等、一応、被告人の利益を考慮したような規定となっているが、その「特に信用すべき情況の下でなされたときに限り」という条件が充されているという保証はない。被疑者は自分を犯人と疑い或いは思い込んでいる警察官や検察官に、多くの場合に逮捕、勾留されて自由を奪われた状態で取り調べられるのである。取調の始めには黙秘権の告知があるけれども、捜査の中心は被疑者に供述させることにあるのだから執拗に被疑事実に関する供述が求められ、黙秘の継続は困難であり、一度口を開けば追及は自白させるまで止まない。弁護人の助けが欲しいのだが、従来の刑訴法三九条三項による検察官による接見指定は大切なときの弁護人の接見をさえ屡々阻止してきたのである。しかし、身柄を拘束されている被疑者との弁護人の接見は、実は、検察官の接見指定によって阻止されるような弱いものではない。それは、従来単に被疑者の「弁護人依頼権」の根拠とされてきた憲法三四条の英文憲法——憲法制定と同時に日、英両文が発表された——には、実は「被疑者はいつでも資格のある弁護士の援助を受けることができる」(At all times the accused shall have the assistance of competent counsel) とあるのであって、検察官には被疑者が弁護人との接見により援助を受けることを阻止する権利はないのである。改正案はこのことを重視して、この七四条でも、供述録取書中の「供述が被告人に不利益な事実の承認を内容とするものであるときは、その供述に当り予め資格のある弁護人の援助を受けた場合に限り」という絞りをかけることにした。これによって、被告人の権利擁護は格段に上ることになると思われる。それがやがて刑事訴訟法の三二二条の規定そのものの改正を先取りすることになるのを期待したい。

(8)　弁論（七六条）。改正案は、陪審法廷における検察側と被告弁護側双方の立証活動を中心とする「証拠調べが終わった後で、検察官、被告人及び弁護人は、犯罪の構成要素に関する事実上及び法律上の問題について意見を陳述しなければならない（一項）。被告人又は弁護人には、最後に陳述する機会を与えなければならない（二項）」という規定を提案している。陪審裁判は、被告人が有罪を争い無罪を主張する裁判であるから、陪審の前で行われる検察側と弁護側の立証活動も、専らこの被告人の有罪を立証しようとする検察側の立証（証人、鑑定人或いは使用された凶器と称せられる物その他の物証）と、それを争い被告人を有罪とする証拠はない（或いは信用できない）とする被告、弁護側の立証とが、陪審員の面前で展開されるのである。それは専ら有罪、無罪の争いであって、有罪を前提とした情状の立証は一切除外される。この有罪、無罪についての双方の立証活動が終わったところで、検察官と被告、弁護側の双方は、しめくくりとして、それぞれが立証してきたことを、――検察官は被告人の有罪を、被告弁護人はその無罪という主張が立証されたということをそれぞれ陪審員に理解してもらうための弁論を行うのである。陪審員は、これら双方の弁論に耳を傾け、被告人が有罪か無罪かについての各自の考えをまとめて行くのである。この関係で、大正陪審法は、なお「公判廷ニ現ハレサル証拠ハ之ヲ援用スルコトヲ得ス」（七六条三項）と規定していた。本案は当然のこととして、その明文化を省略しているが、しかし、陪審員は、唯法廷に提出された証拠のみによって有罪、無罪を判断しなければならないということを示すためにかような法文も残した方がよかったのではあるまいか。

右の検察官と被告弁護側の双方からなされた立証に基いて行われる検察側と被告弁護側の弁論は陪審裁判の最も緊張する場面であるが、実は改正案は更にもうひとつの弁論の存在を予定しているのである。それは、陪審の答申が有罪と出た場合に、それに引き続いて行われる有罪を前提として裁判官のみの面前で行われる量刑のための情状立証のために開かれる公判廷における弁論である。改正案九六条の「有罪答申と量刑手続」に関する規定がそれである。これについては、後の⑾に譲る。

⑼　裁判長の説示（七七条）。改正案七七条は、前条の弁論（有罪か無罪かの証拠調が終わった後で行われる検察官と弁護人双方の弁論）が終結した後、裁判長は、「陪審に対して、犯罪の成立に関して法律上の論点及び問題になる事実を説示し、評議したうえで、被告人が有罪であるか無罪であるかを答申することを命じなければならない。但し、取り調べられた証拠の要領やその信用性及び被告人の罪責の有無に関して意見を表示することはできない」と規定することを提案している。これは大正陪審法七七条が同じ問題について「法律上ノ論点及問題ト為ルヘキ事実並証拠ノ要領」を説示するものとしていた中の「証拠の要領」の説示を削ったものである。これは、裁判官による「証拠の要領」の纏め方の中に裁判官の主観が自ら混入し陪審の判断に影響することを防ごうとしたものであろうが、実はその分だけ陪審の負担は逆に重くなるのである。取り調べられた多数の証拠、証言の要領を掴み、それと要証事実との関連を確かめることは陪審裁判の中心であるが、それをつかむことは実は容易なことではない。大正陪審法はそれを考慮して、裁判官の説示中にこの「証拠の要領」を入れていたのであるが、しかしその説示に歪みがある場合にもそれに対する異議の申立が禁止されていたので（大正陪審法七八条）、その歪んだ説示の訂正ができなかった。しかし改正草案はこの七八条を改めて、この裁判長の説示に対しても異議の申立ができることとし、それに対して裁判長は決定をしなければならないという様に改めたのだから（七八条）、いっそ証拠の要領についても――方法をきびしく制限して――裁判長の説示を認めておいた方が実際的ではなかったろうか。

⑽　制限多数決主義（九一条）。大正陪審法の九一条は「犯罪構成事実ヲ肯定スルニハ陪審員ノ過半数ノ意見ニ依ルコトヲ要ス」（一項）、「犯罪構成事実ヲ肯定スル陪審員ノ意見其ノ過半数ニ達セザルトキハ之ヲ否定シタルモノトス」（二項）と規定しているが、改正案の九一条はこれを、「被告人を有罪とするには、陪審員の一〇人以上の意見によらなければならない（一項）。被告人を有罪とする陪審員の意見が一〇人に達しないときは、無罪としたものとする（二項）」と

いう「制限多数決主義」に改めた。大正陪審法は過半数主義をとったためにその下では過半数、即ち七人の陪審員が有罪との意見であれば有罪判決が言い渡されたのであるが、改正案では一〇人の陪審員が有罪意見でなければ、有罪判決はできないことになったのである。七名の陪審員が有罪意見であれば裁判所は有罪の判決をせねばならなかったものであるから、大正陪審法の下でよりも、無罪判決の可能性が高まることになるが、この辺おそらく意見の分かれるところであろう。

⑾　有罪答申と量刑手続（九六条）。陪審の有罪又は無罪の答申がなされると陪審の任務は終わり、退廷し、その後で裁判所と検察官及び被告、弁護人の間で、更に有罪を前提とした刑の量定に関する情状についての証拠調のための公判手続が始まる（九六条）。この公判手続きには陪審はもはや関与せず、裁判所と検察官、被告人及びその弁護人の間における通常の公判手続きとして進行する。それは既に陪審の決定した有罪を前提として被告人にいかなる種類、程度の刑を科すべきかということを決める別の公判手続きである。そこで始めて、検察側と被告、弁護側の双方から量刑の情状に関する証拠、資料が提出されるのである。陪審公判の段階ではそれらは陪審員に予断、偏見を抱かせるおそれがあるので一切提出は許されない。陪審裁判では、このように有罪、無罪の立証の段階と量刑に関する情状の立証とが段階的にはっきり区別されている。現行刑訴法ではこの様に有罪無罪をきめる罪体の立証と刑の量定に関する情状の立証とを段階的にはっきり区別していないので、情状に関するような証拠調を除外できないのである。陪審裁判では以上のような情状についての証拠調が終わった後、検察官は、法律の適用及び刑の量定について意見を述べる（いわゆる論告求刑、九六条二項）。これに対して、被告人及び弁護人も意見を述べるが（弁論・九六条三項）、最終に陳述する権利は被告人又は弁護人にある（最終陳述の権利、九六条四項）。

この陪審の有罪答申後の量刑手続きの公判によって事件の公判審理は終了し、後は裁判所の判決（この場合は刑の宣告）を待つだけということになる。

陪審の有罪答申後のこの量刑手続に関する大正陪審法の規定（九六条）は極めて簡単で、陪審の有罪答申があると直ちに検察官の論告求刑と被告、弁護人の弁論が続くかのような誤解を招きかねない表現であった（大正陪審法九六条）。改正案は、陪審員の関与する陪審公判手続きとその有罪答申の後に続く陪審員抜きの通常の公判手続とをはっきり区別しているので、この間の経過が明瞭になったことは大きな前進である。

(12) 改正案の九七条の一は、無罪の評決の場合は無罪を言い渡すという規定であり、九七条の二は有罪の評決の場合の規定であるが、これらの場合にも、大正陪審法九七条一項のように「裁判所は陪審の評議に付して事実の判断を為したる旨を示さねばならぬ」という規定は必要ないであろうか。

(13) 上訴(一〇一条以下)については、大正陪審法に一、二、重要な修正が加えられている。その一つは、控訴禁止の原則(一〇一条)にただし書きを加え「ただし、刑の量定については、この限りでない」としたことである。刑の量定は、陪審の有罪答申が終わった後で裁判官のみによって行われる裁判手続で陪審員は関与していないのだからそれについて上訴禁止の制限を外しても、陪審裁判の本質とは関係ない筈であって、これまで禁止する理由はないと思われるからである。

その二は、上告理由について、大正陪審法一〇三条が「上告ハ刑事訴訟法ニ於テ第二審ノ判決ニ対シ上告ヲ為スコトヲ得ル理由アル場合ニ於テ之ヲ為スコトヲ得、但シ事実ノ誤認ヲ理由トスル場合ハ此ノ限ニ在ラス」と規定して事実誤認を理由とする上告まで排除していたのを改め、本文を「及び有罪判決に重大な事実の誤認を疑うべき顕著な事由がある場合並びに再審の請求をすることができる場合」をも上告理由に加えた点が注目される。上訴については、既に事実誤認を理由とする控訴が制限されているのであるが、陪審裁判も所詮は人の営む裁判であって、陪審の判断にも事実誤認がないとはいいきれない。そのような場合には、せめて最高裁判所に対する事実誤認を理由とする上告の道を開いておくことは必要であると思われるので、この改正は歓迎すべきである。

(14) 一〇六条は、陪審費用に関する規定であって、陪審員及び陪審員候補者の呼出に要する費用、及び陪審員及び陪審員候補者に支給すべき旅費、日当及び宿泊料は、被告人に負担させないと規定した。大正陪審法では、三条の請求陪審事件の場合に有罪で刑の言渡を為すべき場合に、その費用の全部又は一部を被告人に負担させることとなっていたが、しかし当時でもそれが意外な高額になることがありそのことが請求陪審事件における陪審請求を萎縮させるという意見もあったので、改正案はこの陪審費用の負担に関する規定を削除することとした。妥当な提案であろう。

(15) 新聞、テレビ等による陪審員に対する不当な影響の防止の問題について、改正案は陪審員を陪審裁判の継続中は裁判所構内に設けられた陪審員宿舎に宿泊させ、外部との関係を遮断していた大正陪審法の制度をとらないで、法廷終了後は各自の自宅に帰宅させることにしているようである。そうすると英米で問題になっているような、新聞・テレビ・ラジオ等による報道機関等の犯罪報道が陪審員の判断に不当な影響を与えはしないかという問題が、わが国の陪審裁判でも問題になる。

そのための法廷侮辱罪の規定による報道制限という問題が起こるはずであって、この方面での議論の展開が要求されるであろう。

第七部　資　料

陪審員のためのハンドブック
（オレゴン州）

1　陪審による裁判

陪審員による裁判は何世紀にもわたって、自由と公正の礎石でありました。オレゴン州並びにアメリカ合衆国憲法は、陪審裁判を受ける権利を司法に欠くことのできない市民の権利として守っています。陪審員としてのあなた方の公的な任務は、私達の民主主義の中で最も重要な機能の一つを果たしているといえます。陪審制度が正しい効果的役割を果たすには、陪審員達の知性、誠実性、良識ある判断と完全に公平を期することが要求されます。

このハンドブックは州裁判所での陪審任務をよく理解していただくためのものです。それは皆さんの地区の裁判所において行われる陪審員のためのオリエンテーションを補うためのものです。これには一般的な知識だけが記載されています。もし皆さんが陪審員として選ばれた場合には、裁判官が、その事件に適用される法律について皆さんに説示するでしょう。裁判官の説示はこのハンドブックの内容にかかわりなく、常に陪審員としてのあなた方の仕事をコントロールするのです。

「彼ら（陪審員のこと）は、冷たく狭い法律の禁止を支える正と悪の民衆の価値観を持ち込む地域社会の良心として記述されてきた。トマス・ジェファーソンらは、彼らを、州が抑圧的に行動してきた場合のそれに対する防御のための民衆の戦列と考えてきたし、ジェファーソンは、上に述べた理由で、かつて、陪審裁判を受ける権利は、民主主義を維持するためには、選挙権よりもっと貴重なものだと述べたことがある。」

（ジョン・ギンサー、アメリカの陪審）

2　オレゴン州からのご挨拶

質問　陪審員の「招集状」とはなんですか?

答え　「招集状」とは裁判所からの命令です。陪審任務のために裁判所に出頭せよという呼出状をもらったら、決められた時間と場所で陪審員としての役目を果たす事を裁判所から命ぜられたことになります。

質問　もし陪審要請を受けて無視した場合どうなりますか？

答え　裁判所はその人に出頭を求める命令書を発行します。もし招集を無視すれば裁判所は裁判所侮辱で身体を拘束することができます。同様に裁判所の許可なく陪審義務を怠った場合、裁判所侮辱として処罰されます。招集に応じられない場合、「辞退」の手続をしなくてはなりません。

質問　なぜ私が「招集」されたのでしょうか。

答え　あなたの郡もしくは地区裁判所の書記官が、陪審員のできる人の年間マスターリストを編集します。このリストは登録選挙人名簿や自動車運転免許取得者名簿など信頼できる資料から作られます。郡の人口の少なくとも二％がこのマスターリストに載せられています。このリストから無作為に名前が選ばれた後、陪審任務のための呼出しがなされます。もしこのマスターリストが使用し尽くされてしまって（こんなことはめったにありませんが）、緊急を要する場合、裁判所はどんな出所からでも陪審員を招集することができます。ただ道をあるいているだけの人からさえも。

3　雇用の保障

質問　陪審任務を果たすことで職を失うようなことはありますか？

答え　いいえ。オレゴン州法では雇用主は従業員を陪審任務のために解雇してはならない様に決められています。また解雇をほのめかしたり、脅したり、強制したりしてもいけません。裁判所はこの法を犯したものには法的手段をとってもよいことになっています。

質問　雇用主は陪審任務の間も給料を支払いますか？

答え　雇用主に従業員の陪審任務中、給料や賃金を支払うように命じた法律はありません。雇用主個人の方針や、雇用主と従業員との間での特別な取り決めにしたがって、補償金を支払うかどうかが決定されるでしょう。陪審任務中の補償金に関する雇用主の方針や従業員との取り決めは（病気給付、有給・無給休暇、長期休暇を使うのと同様に）有効です。

4　陪審員補償

質問　陪審員には報酬が支払われますか?

答え　はい。陪審員の手当ては立法機関によって決められています。州の裁判所では日に一〇ドルと自宅から裁判所までマイルあたり八セントが加算されます。その一〇ドルは所得税がかかりますが、社会保障目的のため報告する必要はありません。陪審員は出頭すれば実際には参加しなかったり点呼のすぐ後に出て行っても一日としてみなされ報酬を受ける権利があります。陪審評議の際もし必要とあれば裁判官は食料、飲み物、宿泊施設や交通手段を状況に応じて提供することもあります。陪審員の手当ては明らかに通常の所得の代わりとなるものではありません。陪審任務はある程度の経済的犠牲を伴うのです。日給と交通費はあくまで基本的にかかる経費程度のものです。陪審員達がかれらの任務を私達の社会における民主主義の必要かつ正統な一部であるとみなすことが期待されているのです。

5　陪審任務の辞退

質問　陪審任務の辞退はどのようにできますか?

答え　裁判官か裁判所書記官だけが任務の辞退を許可できます。七〇歳以上の人が断ると自動的に許可されます。七〇歳以下の人の場合そうはいきません。任務の可能な人が「極度に困難」であったり、「非常に不都合」であると訴え出たときのみ許可されます。その困難や不都合は招集された本人、家族、雇用主、公務について存在しなければなりません。裁判官または書記官が辞退を認めるかどうかを決定するためには、「地域社会全体の代表である陪審のための公共の必要性と、陪審任務の辞退を正当化するために提出された個人的状況の両方を慎重に考慮し秤量する」ことが要請されます。「同輩による陪審」に対する権利を堅持するためには、すべての市民グループが自分達を陪審任務に役立つように用意をしていることが重要です。我々の社会は広くて多様です。だからこそ陪審は全地域を代表しなければならないのです。

質問　陪審任務の辞退までは行かない場合に陪審任務が延期されることがありますか？

答え　はい。もし「相当な理由」が示された場合には、書記官はその人が招集された開廷期の後一年内に始まる他の開廷期の陪審任務に延期することができます。

6　特別なニーズのある陪審員

質問　身体障害者は陪審員として不適格とされますか？

答え　いいえ。盲目の人、耳の不自由な人、言語障害のある人、身体障害者などは陪審員として認められます。裁判官は特定の公判でその人の存在がおおいに進行の妨げとなるとか、特定の公判でその陪審員の存在が当事者を害するようなら、陪審員から外すことができます。

質問　特別な補助の要る陪審員に何か援助はありますか？

答え　はい。もし言語障害や聴力障害のために特別な補助が要る場合は、裁判所に対してその要請を文章にして申し立てるべきです。裁判所は通訳の必要があるとか陪審員として参加するのに補助的なコミュニケーションの工夫をしなくてはならないとわかれば、必要なサービスを裁判所の費用で提供しなければなりません。

7　差別禁止

質問　陪審任務における差別は許されますか？

答え　いいえ。オレゴン州法では陪審任務において差別をすることを禁止しています。「陪審員をする機会を、人種、民族、性別、年齢、宗教、収入、職業その他オレゴン州内のグループを識別するなんらかの要素に基づいて否定したり、制限したりしてはならない。」

8　陪審員の資格

質問　どのような人が陪審員の資格があると考えられますか？

答え　(1)一八歳以上である(2)アメリカ市民である(3)招集された地域に居住している、を満たしていればどんな人でも陪審員になれます。多くの郡や地区の裁判所は、前もって陪審員として服務できるかどうかを決めるための記入用紙を使用しています。

質問　どのような人が陪審員になれませんか？

答え　オレゴン州裁判所または連邦裁判所で最近二四か月以内に陪審員として服務した人はできません。また重罪で有罪判決を受けた人で(1)州刑務所に入っている人(2)郡拘置所への期限付き服役を条件にした宣告猶予の判決を受けた人(3)もしくは保護観察取り消しである期間を服役しなくてはならない人、はできません。刑事事件の場合、重罪の有罪判決を受けたり、一五年以内に軽罪で服役している人はできません。

質問　陪審員に立候補することはできますか？

答え　いいえ。陪審員を特別に配置することは、無作為の陪審員選択という目標にそむきます。選抜したり招集したりする義務のある人は、陪審員になりたい人に特別扱いをすることを引き受けてはなりません。ある人のために陪審任務を手に入れたり、手に入れることを申し出たりしても違法です。手にいれようとした人も、その申し出をした者も罰金が科せられます。

9　陪審員の任期

質問　どのくらいの日数陪審員をするのですか？

答え　各郡がそれぞれ違った期間を定めています。どの公判の陪審も進行中の審理を終わらせる必要があるとき以外は一〇日以上服務を求められることはありません。毎日期間中に出席さえすれば服務したとみなされます。

質問　一つ以上の審理に服務することはありますか？

答え　郡によっては一件きりのこともあります。また郡によっては二週間という期間に何件も服務することもあります。他の郡では陪審員が三〇日の期間中、いつ出廷が必要かを決めるために陪審員が書記官室へ電話することを要求しています。

10　裁判所と陪審の役割

質問　陪審員の役目は？

答え　証拠から事実を判定するのが陪審の義務です。陪審は事実の唯一の裁判官です。陪審員は法廷で証拠を聞き、事実が何であるかを判断し、そしてそれらの事実に法を適用するのです。法律は公判裁判官の説示の中に含まれるでしょう。陪審員は証拠を評価して、証拠を信頼するか否か、信憑性があるかどうかを判断します。そうやって陪審員が評決に達するのです。

質問　公判裁判官の役目は？

答え　裁判官は公判審理を主宰し、どの法律を適用するかを決定します。そして、それぞれの事件における正しい法律を陪審員に説示します。

質問　陪審員は公判裁判官の説示を無視してもいいですか？

答え　いいえ。裁判官の説示を無視することは、陪審員の宣誓を破ったことになります。事件の事実を判定するため、陪審員は身勝手にはできません。陪審が法を「無効にする」ことができると主張している人もいますが、その見解は法的には正しくなく、司法の運営を著しく損なうものです。裁判官は法について陪審員に説示する責任があります。陪審員の役目はその事件の事実に法を適用することです。

「私達の社会の中で、このようなものは他にはない。一つの部屋に閉じこもり、聞いた事柄から真実が何かを求める間、他人同士が一つのグループとして集まり、静かに座り耳をすまし、個人的には関心のない話をいろんな角度から聞く。

それが陪審員である。

彼らは、評決をすることのほかに、何の目的も、何の持続的な役目ももたない。評決が済めばそれぞれの場所へ帰って行きその事件にはもはや何の責任もない。ほんの一時か（時には数時間もない）、または長い期間（時には一年を越える）彼らをとりこにした事件だが。しかし到達する評決結果によってある者は生活を失い、またある者は認定された不法行為の賠償として何百ドルも支払うように要求されてきた。陪審の決定は時として歴史の流れを変え、法律を破棄させ、もしくは改正させ、我々の自由の保障を形づくってきた。これらすべてをなし遂げるについて、陪審員達は彼らの行動のための理由を示さず、想像しうるいかなるグループにも似ず、彼ら自身のほかに何ものをも求めない。最高裁判所判事のウィリアム　O・ダグラス氏がかつていったように、彼らは我々の政治体制の中で野心をもたない唯一の機関である。」

（ジョン・ギンサー、アメリカの陪審）

11　陪審員の選定

質問　特定の裁判に対しどのように陪審員は選ばれるのですか?

答え　まず、裁判所書記官が大まかな陪審員候補者群の中から無作為に一五～三五人を選びます。この小さな陪審員候補者のグループが法廷に揃います。そして裁判官付きの書記官か廷吏がそれぞれの名前がタイプされた紙を一枚ずつ置きます。これらの紙を一つの箱に入れ、職員がその箱をよく振り、紙がよく混ざるようにします。その後一回ずつ紙を引いて人数分の紙が引かれたら呼ばれ、これらの陪審員候補者が宣誓をします。これが最終で最も大事な段階であり、『ボワー　ディアー』（Voir dire）とよばれます。

質問　『ボワー　ディアー』とは何ですか?

答え　『ボワー　ディアー』とはフランス語で「真実を語る」という意味です。陪審選定手続の中で『ボワー　ディアー』は質問をすることによって陪審員を選ぶ手順に関係しています。個々の陪審員が公平に行動して、特定の審理において公平な事実の発見者となる資格があるかどうかを決めるための質問をするのです。『ボワー　ディアー』は通常裁判官やロイヤー（lawyer：弁護士と検察官のこと）が簡単に、審理される事件の概要を自分達の名前やその事件に関係する当事者の名前と一緒に説明するときにはじめられます。陪審員の候補者はどのような質問にも正直に答えるという宣誓をします。裁判官は二、三の一般的な質問からはじめます。普通はその人がその訴訟に関係する誰かと知り合いではないかが尋ねられ、その事件に関して知識があるかを尋ねられます。それから当事者の代理人であるロイヤーが替わって質問をします。時にはロイヤーが陪審員を個々に質問したり、全員に一度に質問したりします。

「陪審員を効果的に選ぶにはその事件をよく知らなくては

ならない。計画がどの様であれ、いつも最後には印象で決めるしかないのだ。ある陪審員は、君が好ましく思う人々、話しかけることのできる人達のように見えるのだ。」

（スコッツ・トゥロー・推定無罪）

12 陪審員の公正

質問 『ボワー　ディアー』の間ロイヤーはどのような質問をするのですか？

答え 陪審員候補者の背景、態度、一般的な信念を知ろうとする様々な質問がされます。その目的は各陪審員が審理される特定の事件の事実の公正かつ偏頗のない判断ができることを確保することにあります。

陪審員の一人一人が質問に前向きに答え、ロイヤーに対し十分に率直であることが重要です。すべての陪審員がすべてのタイプの裁判に適しているというわけではありません。当事者にとって一人の特定の陪審員が公正かどうかを判定するための唯一の方法は陪審員が『ボワー　ディアー』の間に質問に正直に完全に答えたかどうかです。

13 陪審員の忌避

質問 陪審員が「忌避される」とはどういうことですか？

答え もし質問の間、陪審員になる可能性のある人が特定の裁判において陪審員として法的に資格がないと判断されたら、ロイヤーは「この陪審員に理由付き忌避をします」と言うでしょう。もし裁判官が忌避のために述べられた理由が妥当と考えるならばその陪審員は解任されます。陪審員全員が質問に答え、もう「理由付き忌避」がないとわかった後、双方のロイヤーがある人数の「専断的忌避」権を行使します。

質問 なぜ陪審員は「理由付き」忌避をされるのですか？

答え オレゴン州では以下の理由により陪審員を不適格とすることができます。

(1) 陪審員が陪審任務をはたす資格がない。

(2) 陪審員が精神的または肉体的に当事者の実質的な権利を侵害することなしに、特定の訴訟において陪審員の義務を行うことができない。

(3) 陪審員が当事者（もしくは起訴された犯罪の被害者

とされている者）と四親等内の血族または姻族である。
(4)　陪審員が現に、当事者（もしくは犯罪の被害者とされている者）と、後見人と被後見人、医者と患者、主人と召使い、家主と借家人、弁護士と依頼人、借主と貸主や保証人の関係にある。
(5)　陪審員が当事者とビジネス上のパートナーであったり、雇用関係がある。
(6)　陪審員が以前の同一の訴訟で陪審員をしたことがある。または同じ訴訟の同一当事者間の別の訴訟で、または実質的に同一の事実ないし法律行為を含む訴訟において陪審員をしたことがある。
(7)　陪審員がその訴訟の結果や重要な問題に関係を持っている。
(8)　陪審員に「現に偏見」がある。

質問　「現に偏見」があるとはどういう意味ですか？陪審員が偏見をもってはいけないのですか？

答え　陪審員のそれぞれが個々の経験と意見を持って出廷します。何も書かれていない石盤のような人は誰もいません。「現に偏見」を持つという言葉は専門用語で、陪審員が、当事者の真の権利を害することなしに、公正に裁判にあたろうとする人の能力を邪魔する心の状態を意味しています。その心の状態はその訴訟の当事者、性別、ロイヤー、被害者や証人、人種的ないし民族的グループに関して存在するでしょう。陪審員が自分でおそらく見聞きしたことからその裁判の争点について意見をもっている場合には、そのような意見が「現に偏見」を形作るのは、すべての状況が自分自身の意見を無視して争点を公平に判断することができないということを指し示している場合だけです。

質問　「専断的」忌避とは何ですか？

答え　各当事者は一定数の陪審員を理由なしに忌避してよいのです。これを専断的忌避と呼びます。専断的忌避は理由がなくてもよいのですが、オレゴン州法においては人種、民族、性別を基に解任するのは不適当としています。

当事者のロイヤーが理由を述べずに陪審員を解任するには様々な理由が考えられます。たとえば、刑事裁判では、弁護人や被告人は、警察官や保安官など法の執行に従事する人の親しい友人や家族である陪審員を外したいと思うかもしれません。専断的忌避によって解任せられた陪審員は憤慨する必要はありません。

14　質問に答えること

質問　裁判官やロイヤーがボアー　ディアーの間に困った質問をすることがあるでしょうか?

答え　誰も陪審員候補者に対して困るようなことをしたいとは考えていません。しかしロイヤーや裁判官はしばしば期待される陪審員候補者の個人的な生活や信条について多くの質問をするでしょう。そのような質問は詮索的に聞こえるかもしれませんが妥当で必要な質問なのです。当事者やロイヤーは訴訟に決断を下すであろう人々についてできる限り知るための正当な関心を抱いているのです。

質問　陪審員が陪審選定の間に故意に情報を隠した場合どうなりますか?

答え　情報を隠したり答えなかったりすることは陪審員の宣誓の重大な違背になります。もし忘れていて、後で思い出したら、そのことを公判裁判官に速やかに申し出るべきです。新しい、もしくは思い出した情報を裁判官に知らせなかった場合、審理やり直しで当事者に多大な費用をかけることになります。

15　陪審の確定

質問　陪審はいつ審理のために「確定」するのですか?

答え　双方が審査を終え、解任した陪審員候補者の後任を決めた後、陪審員席の中に残った陪審員達が「確定」されます。陪審員はそれから二度目の宣誓をさせられます。

質問　なぜ陪審は二度宣誓をしなくてはならないのですか?

答え　最初の宣誓は陪審員候補者が陪審選定の間、質問に正直に答えるということを誓うものです。一旦陪審が選定されると二度目の宣誓は陪審が「心から原告と被告の間で問題になっている事柄を公判審理で与えられた法や証拠に基づいて真の評決を下すこと」を誓うのです。陪審員がこの宣誓をする時、彼らは事件のすべての事実問題の裁判官となり、各当事者によってなされた主張を決定する法的組織の一部となります。彼らは公平に偏らないようにする義務があり、もはや感情や情緒で行動できなくなり、ひたすら理性や判断に基づいて裁判官の明確な説示のもとで行動をしなければならなくなります。

質問　大陪審の陪審員は違った宣誓をさせられますか?

答え　はい。大陪審は一人の人物が犯罪を犯したとして訴追すべきかどうかを決定する責任があります。大陪審の陪審員は個々に次のような宣誓をさせられます。「～郡の大陪審の陪審員として、次のことを厳粛に誓います。まじめに調査し、この郡内で州に対して犯したまたは犯そうとした犯罪で知るところとなったものに関して、真実の告発ないし正式起訴をします。私や、州のロイヤー（検察官のこと）や、自分自身の弁護士、自分の同輩達の前で行われた手続に関して秘密を守ります。ねたみや憎悪、恨みによる起訴、恐れ、ひいき、愛情、報酬への期待からの不起訴はしません。そうでなく、真実と法に従い証拠をもとに起訴をします。神よ助けたまえ。」

質問　信仰的理由や、個人的理由から宣誓のできない人も「誓い」をしなくてはなりませんか?

答え　いいえ。宣誓をしたくない人は、かわりに「確約」だけをすることが許されています。「確約」をしたとき、「偽証の苦痛と刑罰」の下に陪審員として引き受けた役目を遂行することを約束するのです。

16　訴訟と陪審の種類

質問　違った種類の陪審があるのですか?

答え　はい。一般的に三種類の陪審があります。「公判陪審」は民事刑事の個別の事件を決定します。「大陪審」は検察官から持ち出された証拠に基づき、刑事の正式起訴をするかどうかを決定します。「検死陪審」は特別な事実を調査するためのものです。陪審は民事刑事の二種類の事件の評決を下します。

質問　なぜ陪審によって陪審員の人数が違うのですか?

答え　時間的制約、戦略、罪状の性質、問題になっている金銭の額などが陪審員の人数を決定します。裁判の「重要性」が陪審員の人数を決めるものではないのです。六人の陪審員の裁判が、一二人の裁判よりももっと重要であるかもしれません。ある裁判においては補充陪審員が選ばれて陪審員同様に証拠を聞くこともあります。これは病気やその他の緊急の出来事で陪審員を交代させる必要がある事件で行われます。もし、どの陪審員も交代させられなかった場合、陪審が評議のために退廷したら補充陪審員は解任されます。

質問　法廷ではどのように裁判ははじめられますか?

答え　民事、刑事のほとんどの場合、当事者は書面を裁判所へ提出することによって訴訟をはじめます。これらの書類を「訴答書面」といい、各当事者の事実上及び法律上の主張が提示されます。「訴答書面」は単に当事者が互いに主張を述べ合い、その主張に対して応答する手段にすぎません。訴答書面はその中で主張されている事実の証拠とはなりません。

質問　「当事者」とは何ですか?

答え　「当事者」とは訴訟を開始する原告と、訴訟を申し立てられた被告のことを言います。刑事事件においては原告は通常オレゴン州となります。

質問　「民事事件」はどのようにはじめられますか?

答え　民事事件は通常金銭賠償の請求か、権利侵害や、財産権に関する一定種類の請求を包含しています。事件をはじめた側を「原告」と呼びます。原告はロイヤー（弁護士のこと）を通して、「訴状」と呼ばれる訴答書面で請求を提示します。訴状は裁判所に提出され、法的責任を問われ、申し立てられた人に送達されます。この人を「被告」と呼びます。別のロイヤーを通して、被告は「答弁書」を提出します。その中に訴状の請求に対する承認または否認、特別な抗弁が述べられるのです。時には被告が原告に対して、逆に請求することもあります。これを「反訴」といいます。一つの訴訟において各一組以上の原告や被告が存在することもあります。

質問　「刑事裁判」はどのようにはじめられますか?

答え　刑事裁判は行政当局の名の下に持ち込まれます。大部分の刑事裁判は地区首席検事によってオレゴン州の名の下に持ち込まれます。多くの事件で起訴は検察官の指導監督の下に大陪審に持ち込まれます。大陪審によって提出される起訴状は「正式起訴状」と呼ばれます。刑事事件はまた「略式起訴状」の提出によってはじめられることもあります。「略式起訴状」は大陪審の代わりにある人――通常は地区首席検事――によって、宣誓された刑事訴追です。被告がまず大陪審の調査を受ける権利のある事件の場合には、被告は代わりに略式起訴状の提出に同意してもよいのです。起訴された人は大陪審の前で、自分を弁護することはできませんし、証人を反対尋問することもできません。それゆえに起訴状が提出されたという事実、あるいは、大陪審が起訴に持ち込んだという事実から被告が有罪であるとか有罪であるかもしれないというようなことは、一切考えてはなりません。

17　公　判

質問　公判はどのようにはじめられますか?

答え　陪審が確定した後始まります。公判裁判官がその裁判についての予備的な説示を陪審員にすることから出発します。各当事者のロイヤーが冒頭陳述をします。原告のロイヤーが普通最初に話します。冒頭陳述は事実に関する主張と各当事者の持ち出そうとする証拠について述べられます。冒頭陳述は証拠ではありません。それは単に双方がこれから証拠で明らかにしようと期待している事柄の概要にすぎません。

質問　証拠はどのように陪審員に提示されますか?

答え　双方が交互に証人を呼び質問をします。普通原告が最初にすべての証人を呼び出します。証人に質問することは「直接尋問」として知られています。双方がお互いの証人に質問をする権利があります。これを「反対尋問」というのです。その時点で望む証人が出揃ったら片方が休止します。もう一方が証人を呼びまた同じように休止します。こうして関係者が証言を終えるまで続けられます。原告と被告の両方が一通り証言し終えたら原告は被告側証人の証言を「反証する」ために証人を呼ぶことができます。これを反証証言と呼びます。被告は追加の反証証人を呼ぶことができます。

質問　すべての証拠が提示された後どうなるのですか?

答え　ロイヤーが最終弁論に入ります。ロイヤーは証拠をもう一度簡単に要約し陪審が自分の依頼者に有利な事実を認定してくれるよう説得に努めます。裁判官がそれから陪審員に「説示」（charge or instruction）を与え、陪審員が判定しなくてはならない争点を明らかにします。その裁判に適用される法律についての説示も与えます。裁判官が説示を終えると評議のため陪審員は陪審室に退去します。

18　証　拠

質問　証拠とは何ですか?

答え　証拠とは、裁判官が陪審が聴取し審議することを許したものです。証拠は証人によって提示されます。証人は普通陪審員の前で、本人自ら証言します。時には証人の証言は、テープ・ビデオまたは速記録のデポジション（証言録取書と訳されています）によって提示されます。証拠はまた手紙や、図表、書類や写真のような物理的なものもあります。目撃者の証言のような直接的な証拠もあります。証拠にはまた、一連の立証が一定の事実の存在または不存在を示す状況証拠もあります。陪審は信ずるに値する証拠をすべて考慮しなくてはなりません。陪審は冷静に証拠をはかりにかけ、その事件の当否を判定するために感情的にならないようにしなければなりません。

質問　「デポジション」とは何ですか?

答え　宣誓の下に行われる証人の公判前の尋問です。それは大抵裁判官抜きでロイヤーの事務所で行われます。法廷速記者がその手続を速記します。反対尋問中に証言を比べたりするため、もしくは証言した者が公判に出頭できないという理由またはその他の理由で公判で読みあげられたりすることがあります。

19　証拠に対する異議

質問　なぜロイヤーは証拠に異議を唱えるのですか?

答え　公判中双方のロイヤーが質問や証拠に対して異議を唱えます。これはロイヤーの仕事なのです。公判は決められたルールで進められ、ロイヤーは証拠法則に違反すると信ずる質問に対して異議を唱える権利があるのです。

質問　裁判官が異議に対して言う「認めます」や「却下します」とはどういう意味ですか?

答え　裁判官がもしその異議を正しいと思うなら異議を「認めます」といいます。正しいと思わないなら異議を「却下する」といい、陪審は証拠を考慮するのを許されることになります。陪審は異議に対する裁判官の裁定の理由を推測してはなりません。裁判官の裁定は片方またはもう一方の当事者またはロイヤーをひいきして言っているのではありません。たとえ裁判官が片方の異議をすべて認めたからといって、彼らに勝って欲しいと思っているのではありません。裁判官の裁定はただ単にその質問が適切な形でなされているかどうか、証拠法則の下で陪審がどの証拠を考慮すべきかを単に決めているだけなのです。

20　裁判官席での協議と待ち時間

質問　公判の途中で陪審が審理から外れることがありますか?

答え　はい。ときに裁判官は陪審を退廷させ、法律上の問題や異議に関して話し合うことができます。どちらの場合も陪審は軽視されたとか、何を言っているのかと案じたりすべきではありません。ロイヤーが陪審の退廷を要求したとしても憤慨すべきではありません。時にロイヤーは陪審に聞こえないように裁判官と話し合う事もあります。このような短い協議はよく裁判官の席で行われ陪審が退廷したり入室したりする面倒を省くために行われます。

質問　陪審員はなぜ長く待たされるのですか?

答え　実際に法廷で証拠や弁論を聞く代わりに、公判の開始を待つためや、裁判官席での協議の間中待機している陪審員の待ち時間が余りに長すぎるように思えるかもしれません。よく陪審は裁判官が他の事件を処理しなければならないために待機しなければなりません。しばしばこれらの遅延の理由は皆さんに説明できないのです。裁判官席での協議はいくつかの理由により必要であることを知っておいてほしいのです。

(1)　その公判に関係する争点を簡潔にするため。

(2)　双方が事実について同意して、陪審が時間をかけて証拠を聞く必要を省くよう訴訟上の合意をするため。

(3) あらかじめ、微妙な領域のことを話し合うことによって、審理無効になるのを避けるため。

(4) もし正しく決定されなければ上訴や再公判になりかねない法律上の問題について慎重な考慮をするため。時にはそのような協議の中で解決がつく事件さえあるのです。

このような協議はその時点では陪審の時間の浪費のように思えますが、ある事件の審理の必要がなくなるということは、長い目で見れば裁判所や陪審員にとって時間を節約できることになるのです。

21 陪審員の行動

質問　公判中陪審員はどのように振る舞えばよいのですか?

答え　陪審員のすべては機敏であることが要求されます。それぞれの陪審員がすべての証拠を聴かなくてはなりませんから、遅刻は裁判官、ロイヤー、当事者、証人、更に他の陪審員にも迷惑がかかります。遅延は、当事者、裁判所及び全ての関係者に高くつきます。一般的に陪審員は、陪審席の同じ場所にいつも座り、裁判官、書記官及びロイヤーにわかりやすくしておかねばなりません。開廷したら、裁判官は法廷に入り、法廷にいる全員が起立します。陪審員は提出された全証拠に慎重な注意を払わねばなりません。もし陪審員が証人、ロイヤー、裁判官の声が聞こえにくいときは、そのことを裁判官に伝えなければなりません。

質問　陪審員は評議に入る前に討論してもいいですか?

答え　いいえ。陪審員である間、評議するために陪審室へ行くまで、事件に関しては誰とも話をしてはなりません—他の陪審員とも。また、他の誰にもその話をあなたにすることを許してもいけません。ロイヤーや、証人、当事者と親しく談笑することさえ避けなければなりません。公判に関するラジオやテレビの放送を聞いたり見たり、新聞記事を読んだりしてはいけません。公判が未解決の間は、家族や友達と話し合ってもいけません。もし人があなたと公判についてしつこく話そうとしたり、陪審員であるあなたに影響を与えようとするなら直ちに裁判官に申し出ること。

質問　陪審員は質問することができますか?

答え　一般的なルールとして、陪審員は証人に質問してはなりません。公判の過程で陪審員の心に浮かんだ質問の大半は公判の少し後に答えが得られます。公判において何が証拠でありえるかについての法則がありますから、証人に対してする質問には規制があるのです。これが普通、ロイヤーだけが質問をゆるされている理由なのです。もし陪審員がどうしても公判中に重要な点が見逃されていると感じるとき、裁判官に書面でそのような質問をしてよいかどうか尋ねるとよいでしょう。

質問　陪審員は公判中メモをとってもいいですか?

答え　陪審員は公判中メモをとってもよいのです。もしメモをとる場合は、証人を観察し値踏みするのを忘れてはいけません。両当事者ともにあなたの全部の注意を要求する権利があることを心に留めておいて下さい。評議中、もし他の陪審員のメモがあなたの記憶と矛盾する場合には、他の陪審員のメモを重視しすぎてはなりません。もしメモをとるなら、そのメモはいつも陪審室に残さなければなりません。

質問　陪審は通常隔離されたり、一晩中引き留められますか?

答え　いいえ。ただ、稀なケースで、陪審のメンバーが公判審理の間自宅から離れた所に引き留められることがあります。陪審員は昼食をとったり、夜間帰宅する許可をもらうことができますが、誰とも、たとえ家族の一員であっても、事件について議論することはできません。

質問　陪審員は公判中に提示されなかった証拠を考慮してもいいですか?

答え　いいえ。陪審員は法廷で見たり聞いたりした証拠だけを考慮することができます。裁判官は陪審員にそれぞれの事件で、何が証拠となり、何が証拠にならないかを説示します。証拠と考えてはいけないこともたくさんあります。たとえばロイヤーの冒頭陳述や最終弁論、異議などは証拠ではありません。陪審員が聞いたが、裁判官が記録から「削除」するように命じた証言もまた証拠ではありません。陪審員は「削除」されたすべての証言を聞かなかったことにしなくてはなりません。同様に、ロイヤーが証拠の申請をした事柄で、裁判官が提出を許さなかったものも、証拠と考えてはいけません。陪審員はどんな情報も本や辞書で、調べてはいけません。独自に個人的な調査をしてもいけません。もし陪審員がある特定の裁判の事実に関する特別な知識や情報を持っている場合には、その陪審員はその情報を他の陪審員に伝えてはなりません。その事件の結論を下すについて、陪審員は、自分のもつすべての経験、常識、一般知識を働かせることが期待されています。私的な情報源に頼ってはならないのです。

質問　公判中に不適当なことがあれば陪審員はどうすべきですか？

答え　もし陪審員が裁判官に知らせなくてはならないことがあるとわかった場合、裁判官に会うように求めることができます。陪審員は陪審担当の事務官や廷吏や裁判所書記官に伝言を渡したらよいのです。

質問　「記録」とは何ですか？

答え　訴答書面、公判前の中立、証拠物、法廷速記者による速記がそうです。若干の裁判所では録音装置が速記の代わりに用いられています。

22　陪審室での行動

質問　陪審員はどのように評議をすべきですか？

答え　評議のために陪審員が陪審室に入った上で、陪審長を一人選びます。陪審長の義務は評議がきちんとした形で進められているか、考慮すべき問題が十分に公平に話し合われているかを見届けることです。陪審長は、すべての陪審員があらゆる疑問について考えていることを発言する機会を確保すべきです。投票で決める必要がある場合、陪審長はきちんと投票されているか見守ります。陪審長は、裁判官からの書面の要求に署名しなければなりません。よい陪審長は、討論を道がそれないように軌道修正したり、時間を節約し、正義が行われることを確保します。

質問　どのようにして陪審員は評決に達するのですか？

答え　それぞれの陪審員は法廷の説示に従わなくてはなり

ません。

陪審員としては、法の正当性、不当性についてのあなたの感情はあなたの判定に影響してはなりません。陪審員は法ではなく、事実を判断するのです。陪審の評決は証拠と法に関する裁判官の説示のみに基づいて決められるべきです。陪審員としてのあなたの役目は裁判官や証人、ロイヤーのいうことを聞いて、評議する際、証拠を静かに公正にはかりにかけなければなりません。それぞれの陪審員が他の陪審員の見解を注意深く聞き、心を開いてそれらを考慮しなくてはなりません。あなたの判定を知性の高い、正当なものにするべきです。このようにするのに必要なすべての情報は、審理中あなたに明らかにされています。宣誓をしたことを絶えず心に留めておいてください。あなたは、地域社会の住民に対して、重要な義務を果たしていることを忘れないように。

質問　投票はどのようになされますか?

答え　あなたの最終投票はあなた自身の意思を表すものでなければなりません。陪審員の間で意見の食い違いがあるとき、陪審員はどう思うか、なぜそう思うかを述べなければなりません。陪審員は客観的に他の陪審員の意見を聞き、評議の間平静を保つべきです。評議中に自分の意見が変わったとき、自分の見解を変えるのをためらってはなりません。陪審員は無理に同意させようとしてはいけません。陪審員は他の人の議論や意見を聞くのを拒否すべきではありません。クジや「コイン占い」による決定なども許してはいけません。評決を決定するのに必要な陪審員の数は、陪審員の人数や刑事か民事か、及び裁判所の管轄によって変わります。裁判官は評決に必要な特定の陪審員の人数を説示します。

質問　陪審員が評決にたどり着いたらどうすべきですか?

答え　陪審員が評決にたどり着いたら、陪審長が評決書をつくってサインし、廷吏か書記官に知らせます。陪審員全員がもう一度法廷に入り、公開の法廷で評決を述べます。

23 上訴

質問　上訴とは何ですか?

答え　上訴とは訴訟当事者が公判中に公判裁判官によってなされた間違いを訂正するために上級裁判所に持ち込む要求です。一般に信じられているのとは反対に、当事者が陪審によって下された事実の認定について上訴することはできません。これらの判決は最終的であって、上級裁判所で再検討されることはありません。

しかしながら、もし公判裁判官が証拠もしくは訴訟の手続に関する裁定や陪審への説示について間違いをした場合には、上級裁判所はこれらの論点を上訴で考慮することができるのです。

質問　オレゴン州の上級裁判所には何がありますか?

答え　オレゴン最高裁判所は、州の司法機関としては一番上です。州の全裁判所に対して一般的な行政権をもっています。オレゴン最高裁には州全体から選ばれた七人の判事がいます。州にはまたオレゴン上訴裁判所と呼ばれる中間の上訴裁判所があります。オレゴン上訴裁判所には広く州民から選ばれた一〇人の判事がいます。どちらの裁判所もセーラム市にあり、最高裁判所ビルの中の法廷において審理が行われます。上訴を決するについて、上訴裁判所は、事実審理をした裁判所の判決を、棄却し（同意する）、変更し（変える）または破棄し（同意しない）ます。最高裁は、上訴裁判所の判決の再審査をするかどうかの裁量権を持っており、もし再審査をする場合には、やはり棄却し、変更し、あるいは破棄します。オレゴン上訴裁は下級裁判所からの上訴において、専属的管轄権を持っています。ただし加重殺人の有罪判決や、オレゴン州最高裁が専属的管轄権をもつ事件はこの限りではありません。

それ以上のオレゴン最高裁の上訴による再審査は、ほとんどの場合自由裁量に任せられています。オレゴン最高裁が弁論に値いする重要な案件を探して選び出すのです。連邦法や憲法の問題を包含するような若干の事件では、オレゴン最高裁の判決はアメリカ合衆国最高裁判所に上訴することができます。

質問　連邦裁判所とは何ですか?

答え　連邦裁判所はオレゴン州ではなくアメリカ合衆国の統治機関によって司られています。連邦地方裁判所は連邦法のもとに起きた犯罪、連邦法令の問題に関して持ち込まれた事件や、違う州の市民の間で持ち上がった事件を裁く事実審裁判所です。現在ではオレゴン地方の連邦地方裁判所は、ポートランド市のマークオーハットフィールド裁判所及びユージン市の連邦裁判所にあります。オレゴン地方において持ち込まれた裁判のための、中間上訴裁判所は第九巡回区連邦上訴裁判所と呼ばれます。ポートランドにある連邦パイオニア裁判所でもよく裁判は開かれますが、第九巡回区はカリフォルニア州サンフランシスコにあり、西海岸の九つの州の裁判を担当します。最高の連邦裁判所であり、かつ合衆国における最高の裁判所は、首都ワシントン市にあるアメリカ合衆国最高裁判所です。

（渡辺花子・下村幸雄共訳）

索引（省略）

文献案内

《入門書》

丸田隆『陪審裁判を考える』中公新書九二七

「法廷にみる日米文化比較」の副題通りのすぐれた入門書。著者は現在関西学院大学教授であるが、著者の陪審への思い入れが生彩に富む叙述を生んでいる。

後藤昌次郎編『陪審制度を考える』岩波ブックレットNo.一九〇

陪審制の概説と戦前岩手県で起こった放火事件の陪審裁判を素材にした模擬裁判の実況を伝える。無罪をとった弁護人佐藤邦雄氏の講演も収録されている。

青木英五郎著作集Ⅲ『陪審裁判のすすめ』田畑書店、一九八六年

刑事裁判官、刑事弁護士として令名の高かった著者の遺言のような「陪審裁判」（もと朝日選書）のほか、「市民のための刑事訴訟法」（合同出版）など周辺の文章を収める。

宮本三郎『陪審裁判』イクォリティ、一九八七年

市民の視点からの市民による陪審案内書。大変分かりやすい。

埼玉陪審フォーラム『「国vs伊藤」陪審裁判―その実践』、イクォリティ、一九八九年

一九八八年に池田市で実施された模擬陪審裁判劇の多彩な記録。パネルディスカッションや陪審員へのインタヴューも入っている。事件は業務上過失致死。

伊佐千尋『逆転』文春文庫

副題にあるように、「アメリカ支配下・沖縄の陪審裁判」で、米兵死傷事件の陪審員を務めた著者によるノンフィクション。

メルビン・B・ザーマン、篠倉　満・横山詩子訳『陪審裁判への招待』日本評論社、一九九〇年

陪審員になった経験のある市民によるアメリカ人のための陪審ガイドブック。面白く読ませるだけでなく、水準が高い。

四宮啓『O・J・シンプソンはなぜ無罪になったか』現代人文社、一九九七年

著者は弁護士で陪審研究のためアメリカに留学した。シンプソン裁判を傍聴し、わが国のマスコミの作った事件像をただし、アメリカ陪審制の真の姿を分かりやすく活写する。

セイムア・ウイッシュマン、新倉　修・梅沢利彦・田中隆治訳『陪審制の解剖学』現代人文社、一九九八年

二〇年間検察官と弁護人を経験してきた著者による高度の入門書。黒人青年による医師夫人強姦殺人事件を例として、陪審員候補者の呼び出しから始めて無罪の評決に終る陪審審理を詳述し、補足として陪審研究の状況が述べられている。

《専門書》

丸田隆『アメリカ陪審制度研究』法律文化社、一九八八年

アメリカの陪審制度の発展と機能を、ジュリー・ナリフィケーション（陪審による法無視）を中心にして検討し、解明した論文集。

大阪弁護士会監修『陪審制度』第一法規出版、一九八九年

大阪弁護士会司法問題対策委員会司法制度改革部会による陪審制度米国視察団が一九八八年に訪米したアメリカ視察報告である。

佐伯千仭『陪審裁判の復活』第一法規出版、一九九六年

理論的にも実務的にも刑事法の最高峰に位置する著者による論文集。陪審の復活にかける著者の情熱が迫力のある文体と相まって読む者を圧倒する。

ジョーン・エンライト、ジェームス・モートン、庭山英雄・豊川正明訳『陪審裁判の将来』成文堂、一九九一年

著者はイギリスのバリスター（法廷弁護士）とソリシター（事務弁護士）。「九〇年代のイギリスの刑事陪審」（副題）を論じたもの。

鯰越溢弘編『陪審制度を巡る諸問題』現代人文社、一九九七年

一九九五年にブリストル大学で催された「イングランドおよびウェールズにおける刑事司法への素人の関与」という新潟大法学部・ブリストル大法学部共催のシンポジウムの論稿を訳出・編集したもの。

《資料》

復刻版『陪審手引』現代人文社、一九九九年

昭和六年に大日本陪審協会が発行した陪審案内書を復刻したもの。四宮啓弁護士の解説と、陪審年表、文献案内付き。

映画・ビデオ案内

『十二人の怒れる男』（一九五七年米、五九年日本公開）

陪審劇の古典的名作。少年の父親殺し事件で、無罪を主張する一人の陪審員が一一人を説得する密室劇。シドニー・ルメット監督、ヘンリー・フォンダ主演。同名の原作脚本はレジナルド・ローズ、額田やえ子訳、一九七九年劇書房。ビデオ／ワーナー・ホーム・ビデオ、LD／パイオニアLDC

『一二人の優しい日本人』（一九九一年）

「十二人の怒れる男」をベースにした和製陪審映画の傑作。事件は前妻の前夫殺し。復活・再導入された陪審裁判の評議室で優しく穏やかに議論が行われた結果、全員一致で無罪の評決に至る。日米文化の差を巧みに描く。脚本は三谷幸喜と東京サンシャインボーイズ。監督中原俊、陪審員は林美智子ら女性三人、豊川悦史ら男性九人。ビデオ／現在リリースなし。

『情婦』（一九五七年米、五八年日本公開）

イギリスの陪審法廷を舞台にしたミステリー映画の傑作。ビリー・ワイルダー監督、マレーネ・ディートリヒ、タイロン・パワー、チャールズ・ロートン主演。原作はアガサ・クリスティーの短編『検察側の証人』（厚木淳訳、創元推理文庫）を自身で劇化した同名戯曲（加藤恭平訳、ハヤカワミステリー文庫）。ビデオ／ワーナー・ホーム・ビデオ（但し現在リリースなし）、LD／パイオニアLDC

『或る殺人』（一九五九年米）

妻（リー・レミック）をレイプした男を射殺した陸軍中尉（ベン・ギャザラ）から弁護を依頼された弁護士（ジェームズ・スチュアート）が検察官（ジョージ・C・スコット）とやり合う陪審法廷劇の傑作。監督はオットー・プレミンジャー。原作はロバート・トレイヴァー『裁判／ある殺人事件の解剖』上下（井上勇訳・創元推理文庫）。ビデオ／RCAコロンビア（但し現在リリースなし）。

『推定無罪』（一九九一年米）

検察官が同僚の美人検察官を殺害したかどで陪審裁判にかかるミステリー物。アラン・J・パクラ監督、ハリソン・フォード、グレタ・スカッキ、ボニー・ベデリア、ラウル・ジュリア主演。同名の原作はスコット・トゥロー、植田公子訳、文春文庫上下。ビデオ／ワーナー・ホーム・ビ

デオ、ＬＤ、ＤＶＤ／パイオニアＬＤＣ

『評決のとき』（一九九六年米）

アメリカ南部のある街で二人の白人青年が黒人少女をレイプする。強いショックを受けた父親が犯人達を裁判所で射殺して陪審裁判を受ける。ジョエル・シュマッカー監督、サミュエル・Ｌ・ジャクソン、マシュー・マコノヒー、サンドラ・ブロック主演。同名の原作はジョン・グリシャムの処女長編（白石朗訳・新潮文庫上下）。ビデオ・ＬＤ／日本ヘラルド映画、ポニーキャニオン、ＤＶＤ／日本ヘラルド映画

（下村幸雄）

あとがきにかえて――素人と玄人の陪審裁判にかけるもの

上口達夫（会社員）

今日は皆さんご参加頂きありがとうございます。「陪審制度を復活する会」も五年目に入り、今日までの活動の一応の集大成として本を出版することになり準備を進めてきました。その原稿がほぼ出来上がるというところまで来たんですが、いわゆる「玄人」の人の文章ばかりで「素人」の参加がない。いつも月例会に来て頂いているのに本の中には一切出て頂いてないという状況ではまずいのではないかということと、佐伯先生の、ふだん論文にお書きにならない色々なお話を載せる場がないということで、座談会の形で載せたらどうかということになりました。佐伯先生、中川先生、下村先生と樺島先生は玄人ですので、なるべく素人の方に話して頂こうと思っています。ざっくばらんに日頃考えていらっしゃることをお話し下されればと思います。

今数えましたら参加者が奇しくも一二人いらっしゃいますので、陪審の人数と一緒という含みも出てくるかと思いますが、最初に当会への入会の動機とか、なぜ陪審に興味があるかというようなところから、お話し頂きたいと思います。

松本慶恒（地方公務員）

私はもともと冤罪事件に関わって、特に狭山事件を中心にやってきてたんですけども、途中から甲山事件にもかかわるようになりました。狭山裁判にはずっと負け続けてきて、私ら素人が見ても、無実であることが分かるのになぜ負けるのだと、もう裁判に絶望していました。そのときに陪審裁判というのがあることを聞いて、「ええっ、そんないい制度があるのか」ということを知り、本を読んだり、大阪弁護士会主催の模擬陪審の陪審員になったりしました。

当会の視察でアメリカにも一度行かしてもらいまして、「やっぱりいいな」と思いました。実際に陪審員のあの真剣な顔を見たときに、私はもし自分が起訴されたときは、陪審裁判でやってほしいなというふうに思いました。

それから、甲山事件にしても狭山事件にしても、何でこれだけ時間がかかるのだろうと思うのです。甲山だったらこんな簡単な事件が何故こうなるのかわからない。事故を事件として二五年間引きずってきたということがある。初期の段階で事故を事件として見てしまったということです。今回三度目の無罪判決が出て、一〇月一三日には無罪が確定すると思いますけれども、山田さんは「今度は私も一市民としてあなた方と一緒に生活したい」という話もしてますけれども、まだ狭山事件があと多分二〇年はかかる。二〇年だったら、陪審制度を復活させてそれにかけるしかないんじゃないかと思います。そうじゃなかったら、今の裁判制度では狭山は多分勝てないだろうと思うのです。やっぱり一審でずっと自白を維持していることが一番大きい問題で、裁判所としては有罪判決を出し続けていくのではないかと思いますので、二〇年かかってもいいから、とにかく陪審裁判を復活させて、石川さんを無罪にして本当の意味で社会人として復帰してもらいたいと思っています。

佐田季男（会社役員）

私が陪審に関わりましたのは、ひょんなことでこの会の発足の案内を頂いて、佐伯先生が中心になっておられるということで参加しております。私は佐伯先生に接するたびに、学問的にもすごい方だなと思いますが、人間的に非常に尊敬できるお方だなと思い、とにかく佐伯先生のお役に立つことであれば参加しようと考えました。

陪審については全くの素人で何の発言もできませんけれども、僕らみたいな門外漢が出席しているということに一つの意味があるんじゃなかろうかと思っています。

山中美代子（主婦）

樺島先生と中学校の同級生で、ある日突然この会の発足の御案内を頂きましたので、電話で聞きましたら、「素人でもお出でになってください」と言って頂きましたんで、ただ裁判に関心があるというだけで参加しています。

毎日のようにテレビや新聞で裁判のニュースが報道されておりますのに、その中身は全然私たちに知らされてなくて、新聞を読んだりテレビなんかだったらスケッチされたのを見ているだけで、全然分からないんです。この会に出席して、もっとみんなが参加できるような裁判があるべきなんじゃないかなと痛切に感じましたので、これからも勉強していきたいと思っています。

宮本暢子（事務員）

私は阪神・淡路大震災の前に、たまたま岩波ブックレットの「陪審制度を考える」という本を買ったんです。私は勉強が苦手なんですけれども、社会人になってから、自分の知らないトピックスを結構岩波ブックレットの中から選択して読んでたんですね。その中にたまたま「陪審制度を考える」という本がありまして、そのときに「陪審制度」って何かなぁと結構興味を持ったんです。それですぐ地震が起こって大阪に引っ越したんですが、それで偶然郵便物で転送されてきたのが樺島先生の事務所からの「陪審制度を復活する会」の案内だったんです。これも何かの御縁じゃないかと思いまして、準備会に初めて出席したのがきっかけです。

陪審制度について自分なりにいろいろ考えてみたんですけれども、日本でも昔は陪審制度で裁判がされていたということなんですけれども、日本人の気質として、一人一人が自分の個性を主張する民族じゃないような感じがして、全体の雰囲気で判決が出てしまいそうな部分もある。だから無罪の人をかえって有罪にしてしまったりとか、その逆の危険性もあるんじゃないかなと思って、陪審制度が正しいって言い切れなくて本格的に活動できずにちょっと欠席していました。長い間来てなかったんですけれども、もともと犯罪の真実は神のみぞ知るという部分があると思います。人間が人間を裁くということは、もともと冤罪も起こり得るので、裁判官が判断するのも陪審員が判断するのも、人間が人間を裁くという点において同じだと思うのです。

そういう意味で、陪審制度が実現されれば市民の参加ができる裁判の機会が増えるのでいいんではないかと思うんですけれども、私自身が素人ですので本当に何が正しいのかは言い切れないと思っている、そういう段階です。

上口

大変興味深いお話で、この話は後から皆さんで議論したいと思います。

岡本光二（無職）

一九四六（昭和二一）年に京大に入学し、そこで初めて佐伯先生にお目にかかりまして非常に感激したことと、もう一つは最初は自分でも気づかなかったんですが、法律は非常に面白いと感じたということがあります。さらに「一二人の怒れる男」を読みまして、陪審というのは非常にいいものだということを考えておりまして、たまたま五年前に佐伯先生から陪審の会を作ると言われて、参加させて頂きました。

この会に出るだけでも非常に面白く、法律というものにひかれていくので、どうしてもやめることができません。

田中惟允（地方議会議員）

私は一九四三（昭和一八）年に生まれました。学校は小学校から戦後教育でございましたから、少なくとも民主教育の中で育ったなという思いはあるんです。しかし、学校を出てからやりました仕事が国会議員の秘書でありました。いろんなことを頼まれまして、なかには、裁判に至らないようにする陳情のことですとか、減刑に関することですとか、いろんな陳情がありました。そういうことを見てましたら、司法制度というものは教科書に載っている部分と現実の部分との差があるなという思いと同時に、裁判官そのものが生活の規律がきちんとできあがっていて孤高であり、絶対に他人には左右されないという感じに見えるんですけれども、それが逆にちょっとおかしいんのではないかと感じたのです。もっと、屋台の酒を飲んだりカラオケも歌ったりという、そういう庶民性というか「普通の人間」と同じような生き方ができたり、同じようなことをやれるような社会であってもいいんじゃないかなと思いました。

いわゆる裁判官による裁判ということよりも、民主主義なんですから、裁判も「普通の人」と同じ考えのもとであるべきではないか。それを広げるとしたら、「普通の人」が裁判官となってあげる制度がよい。それが陪審制度じゃないかなと思って、この会で一緒に勉強させて頂いているのです。

私は無所属で民主党の推薦によって議員にならせていただいたんですが、この間からの民主党の機関誌を読んでいますと、参審制を進めるんだということを書いてありました。そこで、党所属の参議院議員の方に「民主党はなぜ参審制ということをお決めになったんですか、どこで決められたんですか」と問いただしたんですが、「いやいや、ちょっとよく分からん」とのことでしたので、「私は陪審制を進めているんですが」という話をしましたら、「そしたら資料をくれ」というふうにおっしゃっておられました。

私自身は陪審制度を復活しようとする社会運動の一部分にいるわけで、ずっと今日までの論議を聞いていますと、確かに一行一項目、すべてきちんとできてなければ世に問うことはいかがかという部分も当然理解はできます。しかしながら、それよりもある程度のところで、どんどん走っていくという部分もあってもいいんじゃないかなと思っています。そうでないと参審制派の人達が社会的に「参審制、参審制」ということで運動していきますと、陪審に関してせっかくいい論議をしていても、出遅れになってしまうのではないかという思いを抱いているんです。そういう意味で、とにかく世に問うというか、働きかけをするということを進めて頂きたいと思っています。

上口

私は会社員でして、大学時代も含め法律は全くの門外漢なんですが、一〇年ほど前に大阪弁護士会の方々がアメリカに陪審の視察旅行に行かれる前後からそのお話を聞いてまして、漠然とした興味をもっておりました。

その時にも、先ほど宮本さんもおっしゃった、日本人の民族性・国民性とか、素人誤判論とか、いろいろな議論がかわされました。陪審制度の再導入に対する反対論で、「日本人には向かない」という主張もありましたが、「日本人はそんなに特殊か。日本のシステムが特殊なのだ」という意識がありました。

私としては、国民主権というか司法・立法・行政の三権すべてに国民が基本的にアクセスして、自分たちのことは自分たちで決めるんだというルールが戦後五〇数年、世界の民主主義の潮流として当然であるにも関わらず、「日本の特殊性」という曖昧な根拠による危険な言い方で、本質から逃げるような議論が行われ、結論づけられてきたことに対する疑問があります。何が真実かとか、日本人とは何者かという大きな話になってしまうのですが、先ほど田中さんもおっしゃった戦後教育の中で培われてくるべきであったはずのものが培われてないのは、実はだれの責任なのか。自分たち自身の責任ではあるんだろうけれども、日本人は特殊だと思わせてきた何かの力、それが実は戦後の陪審制度を復活させてこなかった勢力と同じ源と言いますか、同根のものがあるのではないかという思いがあります。

今日は、事務局ということで司会の大任をおおせつかったんですが、「素人」の方の発言が一応終わりましたので、この「素人論議」を聞かれて、専門家と言いますか、法曹人はどういうふうに思われたか、何かお感じになったことがあれば是非お聞かせ頂きたいと思います。

佐伯千仭（弁護士）

年寄りは何でも先走ってしまうので、先にしゃべるとどうもよくない。この年になると口が非常に多くなるくせがあって、最初は黙っておるほうがいいと思うんですが、皆さんのお話をいろいろ承っていると、日本人に陪審というのは向くか向かんかという御心配もあるようでした。そこのところだけちょっと私の考えを申しますと、日本人は決して陪審に向かんことはないと思います。

戦後の日本人、特に今日の日本人は、非常にすべてに優れた国民だと思います。戦前は、自分の考えはこうだということを言う機会がなかなかなかったし、そういうことは封じられておった。戦後の日本は、一人一人がわたしはこう思うということを言えるし、言わなければ済まないような社会になってきました。これが戦前と戦後の日本の非常に違うところだと思います。若い人も、「あんたはそうでも、わしはこう思う」とはっきり言い切るようになってきており、その点、今の日本人はずっと個性的になってきています。

陪審というものは、やっぱり陪審員一人一人がしっかりした自分を持っている、個性を持った人間であるということが大事なんですね。人がどう言おうと「自分の思いはこういうことだ」ということをしっかり持っている国民でないとやりにくいということです。私は戦前も決してそうでなかったとは思いませんけれども、戦後の日本人はそういう意味で変わったと思います。

陪審制度は証拠に基づく裁判と言いますか、証拠で有罪か無罪かを判断するという制度ですけれども、法廷で、検察官と弁護人・被告側がお互いに有罪無罪を争って立証していき、陪審員は一人一人がそれを静かに聞いていて、後で陪審員のみが集まって、法廷の証拠だけで有罪か無罪かを話し合う。リーダーがいて統率するんじゃありませんから、全く対等平等で、各人は一人一人が自分の意見を述べるということになっており、「右にならえ」ではないわけです。評議室には裁判官も検察官も裁判所の事務員も、陪審員以外はだれもおりませんから、陪審長を選出して必ず自分の意見を述べることになっています。そういうようなことは今の日本国民には非常に適しているんじゃないか、やれると思います。

陪審裁判は大正時代に既にやっていたんですね。今日、平野先生やいろんな人たちが、大正時代の陪審は失敗だったと言いますけれども、失敗だとは言えないんです。大正陪審というのは、それ自体として効果を上げていましたが、役人やいろんな人たちが邪魔して、何とかして陪審をつぶそうとしていたのです。結局、戦時中は一時やめておこうということになって停止したのが一九四三(昭和一八)年でしたね。そのときは戦争が終わったらすぐまた再開するという約束がちゃんと法律上あるんです。だから、私どもは戦争が終わったから陪審裁判は復活すべきだと思うんだけれども、政府はさっぱり動かんのです。結局、学者さんたちも一般に大正陪は、この法律が生きているという証拠だとおっしゃったのを思い出しましたので、そのあたりのお話をお聞かせください。

樺島正法（弁護士）

陪審法は戦争末期の混乱で停止になったときに、戦後すぐ復活することになっていました。「陪審法ノ停止ニ関スル法律」の第二条に、「陪審法ハ大東亜戦争終了後再施行スルモノトシ其ノ期日ハ各条ニ付勅令ヲ以テコレヲ定ム」と規定されていたんですが、敗戦後の一九四六（昭和二一）年になって、「大東亜戦争終了後」というのを「今次ノ戦争終了後」に改めました。

それと憲法と同じころに公布された裁判所法第三条第三項に、「刑事について別に法律で陪審の制度を設けることを妨げない」という規定を設けており、当時の政府あるいは国会は、陪審法の復活を前提に法的な整備をしていたわけです。

佐伯

今の樺島先生のお話で大体よかったんですけれども、「停止ニ関スル法律」にあるように、陪審法は復活しなければならないという法律です。先ほど言われたように、陪審法を停止した際の法律の用語が「大東亜戦争終了後」となっていたんですが、それが占領軍当局のお気に召さぬとでも思ったん審は失敗だったということを言って、復活に積極的に動いた刑事訴訟法学者の人はほとんどおりません。私は、民衆は最後まで陪審を支持してくれたと思っています。けれども役人や学者さんたちに、「人民どもが裁判に関与するのはけしからん」という気持ちを持っていて何とか陪審をつぶしたいという底意があって、戦争で停止されたのをいい機会に、これで死んだことにしようとしているのです。しかし、法律的にはそういうことはできないのです。法律上は戦争が終わったら必ず再開するということになっているのであり、再開すべきだと思います。

さっき申したように、戦後日本国民は成長して戦前の国民よりずっと個性的であるし、自分の考えを持つことができるようになって、陪審が復活したら必ず見事な陪審裁判を行うだろうと思います。

佐田

今の先生のお話で思い出したんですけど、大分前に先生が、陪審法は一時停止であって陪審法は生きており、その証拠に戦後法律の文章表現を進駐軍の手前か何か知らんけども変えている。陪審法が廃止されたものであればそういうことをしなくてもいいのだが、そういうことをやっているということでしょうか、降服後間もなくそれを「今次ノ戦争終了後」と、わざわざ用語だけを変えるために勅令を出しているのですよ。ですから、戦後の政府も決して陪審法はもう廃止されたと考えたんじゃなくて、生きとって復活しなきゃならないんだということで、それについて使っている用語がアメリカに気に入らんかもしれんから、その用語まで変えるほど神経質になりながら、やっぱり陪審法を守っていたわけです。

　当時の国会では、陪審法を復活せよという議論が非常に強かったんであって、参審制度を行えという議論はなかった。それから当時の政府の上に枢密院という、政府が国会に法律を出すときは必ず議論しなくてはいけない非常に有力な保守的な機関がありましたが、この保守的な枢密院でも、陪審法を復活しないといけないのではないか、政府はその点について不熱心であるとして、時の司法大臣が枢密院議員にしかられたという状況もあった。決して敗戦後の日本の国会あるいは枢密院の中でも陪審法はもうやめたんだ、死んだものとして扱うのだということはなかったわけです。しかし敗戦直後の司法省には既に陪審ではなく参審制にしようという動きが始まっていました。

　ですから、平野先生の昨年の大阪弁護士会主催のシンポジウムでの陪審法の死滅についての議論は、全く歴史的事実を踏まえない自分勝手な独断・独説というほかないもの、暴論だと私は思っています。

下村幸雄（弁護士）

　どなたか「十二人の怒れる男」の話をしてましたが、「十二人の怒れる男」というのは、どうも女性に陪審員の資格がなかった時代の話ですね。題名が「怒れる男」で、けんかみたいな評議をするんです。主演のヘンリー・フォンダが無罪説を出して一人ずつ説得していき、不良息子を持った父親との対決みたいなのがあって、最後に全員一致で無罪になるというアメリカ民主主義の謳歌みたいな映画ですが、日本にも陪審制度の実験映画みたいなのがありまして、三谷幸喜氏原作の「一二人の優しい日本人」という映画です。

　この映画を見た感想を申しあげたいと思いますが、今ここに一二人がそろってまして女性が三人いらっしゃるんですけれども、その映画も陪審員一二名のうち林美智子さん他、女性は三人なんです。アメリカと日本の国民性の違いというのは確かにあるに違いない話なんですけど、この映画の脚本の核になる見方というのが、議論の仕方が違うだろうということなんですね。非常に優しい雰囲気の議論の中で無罪の結論に達するんです。みんながしゃべっていくんですけれども、アメリカ的な議論の仕方と全然違うんですね。林さん扮する主婦は、かなり後のほうになってやっと恐る恐る自分の感想を持ち出すというようなストーリー仕立てです。

我々も時々模擬陪審というのをやるわけですけども、初めはどうも皆さん非常に自信がないんです。日本人というのは、一時すごく傲慢な時期があったわけですけれども、本質的にはやっぱり謙虚な民族なんじゃないかと思います。自信がないんだけれども、やってみるとちゃんとできる。佐伯先生が言われるように、戦後の日本人というのはもちろん昔の陪審時代と非常に違ってきていて、自分の意見を持っているというように思います。それをどういうふうに表現するかという持ち出し方、議論の仕方、そういうものがやはりアメリカとは全く違ってくるだろうと思います。

それから、これはかなり普遍的な人間性の問題じゃないかと思うんですけども、男ばかり一二人いると殺伐としてけんかになるんです。女性ばかりでも本当はよくないようですね。しかし、これからの陪審というのは男女――女性のほうが多くなるかもしれませんけど――が一緒にやっていくことになります。裁判、あるいは法律の解釈でもそうですが、事実や物の見方というものには男性的な見方と女性的な見方というものがあって、法律家はずっと男性の独占的な職業でしたから、見方についての偏りというのがやっぱりあるだろうと思います。今、日本でも女性の法律家が多少はでてきたんですけど、先進諸国でも女性の法律家がまだまだ少ないそうです。陪審ということになると、裁判の中に女性原理というか、女性らしさと言いましょうか、そういうものが入り込んでくると思います。そのことで裁判の厳しさというものがいい方向に柔らかくなるんじゃないかという期待を私は持っています。

中川祐夫（研究者）

陪審制の勉強をしていて一つ非常に特徴的に感じたことなんですけれども、「陪審か参審か」、どこへ行ってもそういう言い方しかしていない、二つ並べてどうなのかということで議論されているということです。停止はされてますけど、日本には現行法として陪審法があるにも関わらず、それを差し置いて「陪審か参審か」という議論は、これは成り立たないと思います。

最近、陪審か参審が実現したらどうなるのかというテーマで弁護士グループの会合があったのですが、日本に停止されている現行法としての陪審法が存在していることが殆ど問題意識にない議論がなされており、部分的に聞いてると、アメリカなりスウェーデンなりの外国の法律の勉強に終始しているという感じでした。日本法のことがあまり話題にならないのが記憶に残っています。

その話はさておいて、日本の陪審制の歴史といいますか沿革というものをあとづけてみると、一言で言って参審制というのは陪審法が成立しないように、成立させたくない人たちの根拠になっていたということが言えると思います。一九四三（昭和一八）年に陪審法は停止になりますが、敗戦後にも復活・再施行という動きが国会を中心にしてありました。非常に積極的な復活の議論が行われテンションが高くなってきたところで、出てきたのが参審という話で、陪審制をつぶそうとする中心になるのが戦後すぐの司法省その後の法務省、あるいは最高裁であるということが言えるんじゃないかと思います。その究極の姿が、九八年一〇月一日の平野名誉教授の参審論と下村先生の陪審論との討論（本書四四頁以下）でした。これはもう聞く人をして「平野龍一先生は何と情けないことを言ってくれるのか」ということを天下白日の下にさらした議論だったわけですけれども、しかしその実態というか政治的な動きというのは、背景に法務省あるいは最高裁があって、平野龍一先生をして、かく言わしめているという日本の風土あるいは政治状況というものが、奇異ではありますけれども、非常に恐ろしいと感じました。

戦後五〇年、陪審制についての法曹の一つの大きな流れに対して、法務省・最高裁はいかに陪審制を葬り去るかという方向で動いてきたわけですが、それでは国際社会で通用しないということで、装いを新らたに参審制が出てきてるんじゃないかと思います。

「陪審制度を復活する会」で陪審法の改正法案について勉強させて頂いたことで、問題提起の仕方、陪審法の沿革、運用の実態、それから戦後復活・再施行するについて陪審法のどの点を直せば立派に通用するかといったことを、「国民の司法参加と陪審裁判の復活——大正陪審法の速かな再実施を」というテーマで、一般の人の目に触れるような総合雑誌に寄稿しました。その中でも、陪審制を成立させないための参審制論議、陪審制の復活・再施行を阻止する形での参審制の主張ということを肝に銘じておく必要があるということを強調しています。これは我々の中だけの議論じゃなくて、もっと一般の人に議論してほしいと思わずにはいられなかったのです。

ところで矢口洪一・元最高裁長官が陪審制についての発言を始め、裁判にも民意の反映が求められるとして陪審制度を施行しなくてはいけないと話した伝えられています。しかし矢口氏は大正陪審法という数十年も前の司法制度なり裁判制度なりのもとで作られた法律を、今の司法制度あるいは訴訟法のもとでの法律として、どう整合性を持たせるかという形では問題提起をされていません。むしろ、その点については非常に曖昧にするような方向に与するかのような言い方であり、最高裁の元長官であれば相当影響力があるのですから、問題をはっきりさせる言い方をすべきじゃないのかと思うのです。中途半端な発言がかえって問題をぼやかし、あるいは逆行させるといったような役割を果たしているのじゃないかということを最近感じている次第です。

樺島　僕は、青木英五郎さんが陪審論を遺言のようにして残され、それで佐伯先生が陪審論者になられて積極的に主張されていかれる経過などをお聞きしたい。また随分昔から陪審を勉強され、主張してこられた下村先生にも、どうして、陪審論を採るに至ったかということをお話し頂けたらと思うんです。

僕自身は、簡単にいいますと、佐伯先生がおっしゃるのでそれについてきたというのが正直なところです。弁護士になりまして、もう既に三〇年になるんですけれども、現在でこそ、ほとんど民事事件をやっておりますが、弁護士になりたてのころはほとんど刑事事件ばかりを扱っており、四〇〇人くらいの刑事被告人を抱えるというような状況だったんじゃないかと思うんですね。全部学園紛争関係で、一大学当たり三〇人から四〇人とかいう単位で被告人がいるわけですけれども、彼らが「荒れる法廷」を形成して、非常に暴れる。弁護士が止めておったんですけれども、それでも被告人たちは書記官の机の上に乗ったりしていました。

そういう事件の裁判が開かれる法廷は少し構造が変わっておりました。だいたいどの裁判所にもあって、例えば神戸地裁でしたら別館二三号法廷、大阪でも京都地裁も特別な法廷で、それが実は昔の陪審法廷だったわけです。京都地裁の陪審法廷は今は立命館大学に保存されてるんですけど、私は法廷に行きましたときに、両方にたくさん人が座っていて「なんじゃ、こりゃ」と思いました。聞いてみると「昔は陪審裁判というものが行われておって、なんかその法廷らしい」ということで、「ほっー」という感じがしただけだったんです。

ただ刑事裁判をやっていく中で、佐伯先生などがよく言っておられることですけど、証拠能力つまり証拠として採用するべきかどうかということを審理する人と、証明力即ち採用された証拠がはたして有罪を立証しているのかどうかを判断する人とが別々でなければ全然意味がないということが、だんだん分かってまいりました。

そのころ、青木先生が陪審制度を強く考えておられるということを知りました。その後、佐伯先生も東京の「陪審裁判を考える会」によく行かれるということで、私も一緒に付き従ってきたということでございます。

上口　今、樺島先生から、佐伯先生、下村先生が、青木先生も含めてなんですけれども、どうして陪審を主張されるに至ったのかというあたりの事情が知りたいというご提案がありました。それは結局、国民の司法参加というテーマにつながっていくのではないかと思うんですけども、そこら辺をお話し頂ければと思います。

それから、さっき松本さんがおっしゃられた冤罪ですね、再審無罪の判決が連続して出てきたという状況があって陪審復活の運動が盛んになってきたと思うんですが、「それでは陪審や参審に参加する素人に判断ができるのか、真実が発見できるのか」っていう、宮本さんの疑問について考えてみたいと思うのです。判事がやっても判断を誤るということがある。だけど、だれか判断しなくてはならない。判断をしてより真実に近づくために、どうすればいいのか。

陪審制の現代的な意味といいますか、今、司法制度改革審議会が動いており、国民の司法参加という視点で陪審なり参審なりの議論が行われているという現実の動きの中で、この座談会が一人一人がどうしていくかを考えるきっかけになればと思いますので、佐伯先生からお願いいたします。

佐伯　青木先生が、どうして陪審論者になったかという経緯ですよね。青木先生は元裁判官であり、非常な勉強家で、アメリカの陪審についても、サッコ・ヴァンゼッティ事件など、陪審が間違うような事件もいろいろあったのをちゃんと見とるんですね。それで、当初はどうも陪審には反対で、陪審反対の論文を書いたこともあるんです。

その青木さんがどうして陪審主義者に変わったかというと、裁判官として仕事をしてきたけれども、八海事件の差し戻しの控訴審で不当に有罪にされたということで、同じ裁判官として許しがたいというような気持ちになられたんです。そこで、青木さんは私と親しかったもんですから、私の事務所にやって来て、「事件の弁護人になってもう少し頑張れ」と、僕ともう一人の方に対して注文された。私はその時、正木さんが非常によくやっておられるから、もういいじゃないかと思っていたが、青木さんは「正木さんが、『実は、私がいると目の敵にされて被告人までとばっちりを受ける恐れがあるから、おれはこの段階で引くからあとは佐伯にやらせろ』というようなことを言われた」と、こうなんです。私は「とんでもないことだ。正木さんのあとを俺はできない」と、どうしてもきかなかったんです。そしたら青木さんが非常に怒ってね、「こんなことを断るとは思わなかった」と憤慨して帰っちゃった。そして、そのあとで裁判官を辞めて、彼自身が弁護人になったんです。僕もびっくりしてね、これほど思い詰めていたんだと。僕は正木さんと親しいけれど、彼の代わりは僕にはできないという、この自信のなさというのは、それもやむを得ないと思いました。

青木さんは裁判官を辞めて弁護人になったが、結局そのとき、すぐには無罪にできなかった。しかし最後に無罪をたたかい取った。それから、いろんな事件で随分たくさん無罪を勝ち取られたんですね。狭山事件の弁護人になって、青木さんは固く無罪を信じていました。当時の裁判長は彼の、友人で、それまでいい裁判をする人だったから、無罪になるだろうと青木さんは信頼しとった。ところが、逆転してそうじゃなかった。それで、すっかり職業裁判官の裁判というものに絶望したのです。そのころから、「やっぱり職業裁判官だけの裁判ではいかん。職業裁判官に任しておいては、本当に無実の人間が有罪にされてしまって救いようがない」というような考え方になっていった。それで最後には陪審でなければいかんと、本当に身にしみて感じたのですね。

お互いにとらわれない市民が証拠に基づいて有罪無罪の判断をする陪審に委ねなければ、日本の裁判の闇は取れんという思いを非常に強く持った。それで陪審に関するすばらしい本をいろいろ書いた。最後は、どうも持論のように陪審のことを言っておった。私は彼の葬儀委員長をやりましたが、どうも青木君に「陪審のことを、あと頼む」と言われているような感じだったんです。青木君のお葬式のときの私の挨拶が『法律時報』に載ってますけど、それには「最後には、青木君が我々に、陪審の復活を頼むと言うて逝ったような気がする。陪審の復活ということは青木君の遺言だと私は受け取った」ということを書いておると思います。

青木君の遺言に引きずられて、私は陪審というものを本当に真剣に考えるようになった。これが経過です。

下村　私は京都の司法修習生のときに、裁判官であった青木さんの所属する部につきまして、それ以来、青木さんの弟子ということです。当時はまだ青木さんは陪審は反対だったんでしょうね。なんていうんでしょうか、青木さんという人はリベラリストでして、裁判官を辞めたきっかけというのが今もお話のありました八海事件なんですね。佐伯先生に断られたんで（笑い）、おれがやるということでした。もっともその前に、佐々木哲蔵夫妻が正木さんから引き継いで弁護をやるということになっていました。それで青木さんと私と、もう一人の裁判官が佐々木哲蔵夫妻に呼ばれて、「だれを弁護人にしたらいいんだ」ということを聞かれまして、もちろんそのときには佐伯先生が筆頭であるわけなんですけど、しかし、その席で既に青木さんは「おれは辞めてもいいよ」ということは言っておられました。だから、それの実行だったんでしょうね。

大変な人、すごい人物だったんですけど、やっぱり弁護士をやってみないと本当の法律家にはなれないという思いがずっとあったようでして、八海事件はきっかけだったんじゃないかと私は思ってるんです。八海事件は最後、最高裁へいって無罪になりました。つまり、彼の弁護は成功したわけです。青木さんだけじゃなく、佐々木哲蔵夫妻とか、大阪の深田和之さんとか、いろんな素晴らしい人たちが頑張って、この無罪を勝ち取ったんです。その次にやった大きい事件が仁保事件という、これも広島県の事件ですけど、これも上告中に弁護を頼まれて無罪になったんです。

最後の一番大きいのが狭山事件なんです。被告人が一審の間中、全部認めてるんですから、これも引き受けるのに随分迷っていました。私と同期の中田直人っていう人が弁護人で、彼がどうしてもおかしいというので、争ってたんですね。それでそんなもの一体、控訴して何とかなるもんだろうかと、青木さんは随分悩んで、部落問題のことと随分勉強された上で、差別されてる青年の置かれてる知的状況というものがだんだん分かってきたということで、とうとう引き受けたんです。ところが御承知のとおり、結局駄目だったんですね。しかも、寺尾という非常に良心的な裁判官と言われてた人、苦労人で苦学もされた方のようなんですけど、その人のところで、また有罪になったわけです。青木さんから見たら明々白々たる冤罪なもんだから、参ってしまったんですね。その前ごろから、多分陪審のことを考えてたんだと思うんですけど、これで決定的に陪審論者になりました。つまり職業裁判官というのは、いくら言っても分からないという壁にぶつかったわけですね。陪審しか仕方がないという転換点になったのです。

ところで今度一五人の裁判官が、意を決して「日本裁判官ネットワーク」というものを作って『裁判官は訴える！私たちの大疑問』（講談社）という本を出しましたが、この中に井垣康弘という人が法曹一元に賛成だということを書いていますが、その井垣君が裁判官になって二年目くらいから陪審の話をしてたんですよね。私が二回目の大阪地裁勤務で、仲田隆明先生とか樺島先生とかが法廷で元気一杯だったころの話なんですけど、当時私たちは青法協という団体に属していて、裁判所の中で勉強会のようなことをやっていたんですが、裁判官二年目にして陪審に賛成というのは実にすごいことだという気がするんです。私は陪審に対してはずっと大反対で来てたんですけど、青木さんと常に接触があって、彼の書いた原稿は大体全部読ましてもらってましたし、それにつれて私の考えも変わっていくんです。私は青木さんの弟子ですから、私の考えも要するに青木さんにくっついていて、裁判官になった頃はもちろん、ずっと長い間、陪審なんてとんでもないって思ってました。裁判官を三〇年やりましたけど、二〇年目くらいから、だんだん陪審をしなくてはいかんのじゃないかなというように、考えが変わってきました。

一三年前に裁判官を辞めて弁護士になって、幾つかの刑事弁護をやるわけですけど、自分が刑事弁護をやってみて「ああ、駄目だな」っていう官僚司法の壁というものを感じました。つまり、平野先生が刑事裁判は絶望的であるということをかなり前に発表されたんですけど、刑事裁判が絶望的であるということは、つまり刑事弁護も絶望的なんですよね。絶望的を通り越して絶望になってしまって、無罪判決が出るのは無罪が証明された事件だけというようになるんです。しかも、証拠関係で証明されてるのに、無罪にならない事件もある。たまに無罪事件があっても、甲山事件なんてのは三度目の無罪なんですけど、それでも中間で、「幼児証言の信用性はある」という、そういうあほな判決が出て、あんな明々白々な無罪事件なのになかなか無罪というわけにはいかないということを、日頃、痛感させられるのです。自分が、これは冤罪だと思ってる事件が無罪として通らない。しかし、陪審だったら、わかってくれるだろうと思って、現在では陪審信仰者になっている次第です。

上口

お二人の陪審論者になられていった経緯として、職業裁判官は結局信用できないし、刑事弁護も絶望的状況にあるということを言われましたが、そういう現状で素人の市民に判断ができるのかということには非常な不安がある、負担が重いと考える人も多いと思います。

さきほど宮本さんが真実は神のみぞ知るとおっしゃられたことが頭に残っているのですが、いかかですか。

宮本

先ほど佐伯先生が「最近の日本人は個性的になってきており、以前よりずっと民主的になってきているし、自分の考えを言えるようになった」とおっしゃられて、そうかなぁとも思う反面、社会人となり社会に組み込まれると、まだまだ日本人は周囲の考えや意見に合わせる風潮があるようにも思えます。

特に大多数の日本企業の体質そのものが個性を求めないし、個人がオリジナリティを持っていてもそれを生かせる機会が少ないと思います。現代の若者が個性を尊重し、以前より民主的であることが当然という意識になってきているならば、社会そのものの体制も変えてゆかなければ彼らが発信しているメッセージの受け皿がないと思うのです。

「ジベタリアン」と呼ばれている現代の一部の若者達はファッションこそ個性的になってきているが、ケイタイ電話片手にけだるそうにしているのは何故だろう？あらゆる世代の中で最も疲れていてヤル気を失っているように見えてしまいます。

ただ佐伯先生のお話を拝聴して、真の民主化の第一歩として陪審制が実現すれば、少しは若者達の意識も社会も変わってくるかもしれないという期待を持ちました。陪審制の大切な点は被告が望めば陪審制による裁判が行われるというところで、確かに閉鎖的なイメージの裁判所から、国民とつながる橋がかけられている裁判所へと、国民の裁判所に対する意識も変わってくるだろうと思いました。

山中経子（ＯＬ）

今の高校生の人達を見ていると、私と五歳くらいしか離れていないのに、考えていることがよくわからないと思うことがあります。だけど、一人一人に話をしてよく聞いてみると、私とそんなに違ったことを考えているのではないとわかることがあります。

社会に出る前にも新聞などを読んで世間で起こっていることを知り、法律のことなども勉強すればよいと思いますし、学校で法律を身近に感じるような授業をとり入れれば、興味が湧くのではないかとも思うのですが。

田中　陪審制度の導入が難しいというようなことが言われる場合、弁護士の方々が今の自分たちの特権的な状況や権威がなくなるから困るというような意識があって、消極的であるということはないのでしょうか。

また、いくらよいことを言っても実際の世に問う、動いていくということがないと、先ほど言ったように参審制の運動に負けてしまうのではないかと強く思います。

松本　具体的な大阪での陪審制復活のための動きとしては、大阪弁護士会と司法改革大阪各界懇談会共催のシンポが一〇月七日にありますので、これが具体的な大規模な活動の初めの一歩となると思います。

樺島　弁護士について言えば、少なくとも刑事弁護で苦しんでいる人は、もっと勉強して専門家以外にもわかりやすいように説明していこう、活動しようという気持ちがあると思います。

佐伯　先程から出ている専門的なこと、ややこしいことは今までどおり専門家がお膳立てをするのであって、陪審員の方には解りやすく調理された事実について判断をするということだけをやって頂くということであるので、心配は不要です。陪審とは、そう難しいことを要求するんじゃないということを、僕はこの際申し上げておく必要があると思いました。

上口　今の日本の状況に対して「ジベタリアン」の話もありましたけど、九八年一〇月の大阪弁護士会主催のシンポジウムの時に、関西学院大学の丸田隆教授から「日本の政府が変わらせてくれなかった」（本書五八頁下段）という話もあったんですけど、もしも陪審制が復活すれば、この制度に乗っかって市民も勉強して、順番的には先に制度ができることによって民主主義の新しいスタイルが後から出来上がっていくのではないかという期待を持っています。

今まで、例えばテレビゲームに熱中していた若い人たちも、陪審制に参加することで司法というものに否応なく引き込まれ、その「面白さ」が分かってきて、「自分たちが決められる」あるいは「決めなきゃいけない」っていうところに気づいていくのではないか。そのためにも、私自身は陪審制度が復活してほしいと思います。

市民に裁判なんかできっこないじゃないかというスタートじゃなくて、陪審裁判は市民たち自身のための制度なんだというところからのスタートであるべきです。陪審制度は被告人が自分と同じ立場であるという視点にたった制度ですので、まず制度をスタートさせ、それを使い運営していくことで徐々に自分の掌中のものにしていくことができると思うのです。そこに私は光明を見出したいと考えるのですが、どうでしょうか。

佐田　下村先生にお尋ねしたいんですけどね、さっきお話にあった三谷幸喜氏の映画「一二人の優しい日本人たち」ですが、面白いと言ったら語弊がありますが、私も興味深く観たんです。あれは専門家からご覧になってちょっと脚色されてる、歪曲されてる点があるなとか、あれを全て陪審制度と承知したらいけないのではないかとか、ちょっとその点お伺いしたいんですけど。

下村　佐田さんのお感じになった面白さというのと、私も全く同じ面白さを感じました。特に何かおかしいというようなことは全くなかったと思います。それで、あれは全員一致制でしたね。全員一致制であるということが一つの重要なコンセプトになってたみたいです。

我々が話しをするときは説明しやすいもんだから「黒か白か」とか、「真実」というような言葉が出がちなんですけど、陪審、少なくとも刑事陪審の場合は、真実を見出すとか黒か白かを確定するというような仕事じゃなくて、「無罪の発見」という言葉があるんですけど、要するに無罪じゃないかっていう疑問があるかないかということを決めるんですね。そういう点でも、「一二人の優しい日本人」っていう作品は非常によくできてたと思います。

陪審というものは、いろんな方向から一二人のそれぞれが持っている生い立ち、経験、物の考え方によって違った視点から疑問が投げかけられる。それが解消され、疑問がないということになってはじめて、無罪が発見されないから有罪なんだという構造なんですね。平野先生のお話では、日本人は自信がないと言われたのかな、有罪・無罪というようにはっきりと結論が出ないという意味だったと思うんですけども、その辺は、一般的に言えば無罪の方向に働くということじゃないでしょうか。

イギリスの諺に「一人の無辜を罰するよりは一〇人の犯人を逃した方がいい」というのがありまして、裁判官の最後の説示のときには、リーゾナブルダウツ――合理的な疑問というふうに訳しています――つまり、合理的な疑問があれば無罪にしなさい、合理的な疑問の余地なく有罪と確信するなら有罪の答申をしなさいということを言うんです。合理的な疑問の発見ということを、刑事陪審の場合の陪審員の使命であると考えると、結論が出ないという心配があるはずがない、そんな大変な仕事であるはずがないと思うんです。

佐田　あの映画で、各人の意見がころころ変わりましたね。無罪だと言ってたかと思うと有罪だと言って、またしばらく議論してたら、ああやっぱり無罪だと言う。私は実際の陪審裁判の場合にも、ああいうふうになるのか、あるいは映画だから面白く脚色されているのかなと思いまして先生にお伺いしたわけです。

下村　有罪かもしれないし無罪かもしれないといって、裁判官がどっちか分からずに非常に悩む事件というのはあると思うんですけど――少なくとも悩んでいるというように我々は考えたいですがね――その場合に有罪の方向に決断するか、無罪の方に決断するかという問題なんですね。

今の職業的裁判官は悩んだ挙げ句、有罪の方に決断を下すだろうというように、少なくとも私なんかは考えてるんです。しかし陪審員はそうでなくて、非常に単純な図式化なのかもしれません、単純化しすぎているかもしれないけども、迷う場合には無罪の方に決断するであろうと考えます。陪審裁判と職業裁判官の裁判というものの分かれ目っていうのは、そこじゃないかって思います。

じゃあ、裁判官がなんでそう判断するのかということにはいろんな原因があると思うんですけども、裁判官には自分が世の中の秩序とか治安というものを守る国家機関であり、そうでなければいけないという意識が非常に強いからじゃないでしょうかね。

佐田　二、三日前に甲山事件の判決が出ましたね。この判決に対するコメントで井戸田という弁護士が、検察官が権力によって無罪である事件を無理に有罪に持っていこうとした権力の横暴であり、絶対やめなければいかんというふうに言ってましたが、なかなか良いことを言っているなと思いました。

松本　甲山事件が起こって最初の無罪判決が出てから一〇何年がたちますけども、そのときから、「山田さんが犯人ではないのなら、じゃあ犯人はだれや、山田さん以外いないんじゃないか」とずっと言われた。免田さんの無罪が確定した時も、彼は「一〇年間私は辛抱したんです。で、一〇年たっても人吉という自分の地元には絶対住むなと言われて、大牟田に住んでるんですけども、そういう仕置きも、またあるんです。」と言ってました。山田さんの無実が確定して、荒木さんが確定して、そのときに、こういう社会の意識をどういうふうに僕たち自身が変えていくのかということを考えていく必要があるのではないかと思ってます。

樺島　本書でもいろいろ書いていますが、陪審制度を採用することには四つの意義があると考えています。第一に国民の司法における政治参加という意義です。日本は明治維新以来、官僚主導で進められてきた事態を改めなきゃいけない、これに最大の意義がある。二つ目は、今日も出てきましたけど、証拠能力に対する判断と有罪か無罪かの判断を裁判官と陪審員とに分けることが証拠の正しい扱いや事実認定にとって不可欠である。三番目が、有罪か無罪かに対する陪審員の評決の方が、職業的拘束と予断にとらわれた裁判官より優れているということ。四つ目は迅速な裁判ができるという点。陪審裁判は集中審理の典型ともいうべき審理方式であり、事実審理は第一審だけであって、無罪判決に対する検察官の上訴制度がない。だから迅速な無罪判決ができる一方で、有罪判決も迅速に出る。大体こういう四つにまとめています。

上口　議論も深まってきたんですが、陪審復活の現代的意義というものを四つにまとめて頂きましたので、今後、皆さんが日常的に考えるための材料として問題提起をお願いできたらと思います。

樺島　先ほど、若い宮本さんが有意義な発言をされましたが、この会の参加者は比較的高齢なんです。若い人の参加が割と少ない。一般に模擬陪審なんかをやったら若い人達が集まるんですけども、やっぱり若い人々の動向が非常に気になるところですね。

若い人々が活躍する場合、昔は大体、左翼系というイメージがありましたが、今は新・新興宗教に入って活動するようなパターンもあるし、多様な形で活動している。今の若者たちも、やっぱり「体制」から外れて物を考える人たちも多いという話も聞く。しかし他方で彼らに対して「民主主義」ということを言っても、ピンとこないようになってるという状況をどう考えたらいいんだろうか。

陪審制度というのは、突き詰めて言えば結局、日本における民主主義を本当のものにしていくための手段なんですけど、最近の若い人々にそれがちゃんと分かるように、分かってもらえるようにすることが一つの課題だというふうに考えてます。

上口

田中さんが先ほどおっしゃったように、できるだけ多くの市民に分かってもらいたいことが沢山あるので未熟ながらも世に問いたい。陪審法が実は眠ったままであるということを知らない人も多いし、他方で司法制度改革審議会というものが動いているという現実があるからです。

二一世紀に向けて、自分たちの問題は自分たち自身で決めるということが基本にあり、そのためには住民投票など、いろいろな方法があると思いますが、現時点では壁にぶつかっていることも多く、例えば何十万人の署名があっても、わずか何十人かの議会にはばまれてるというのが立法機関の現状です。じゃあ、司法の砦として何があるかと考えたときには、やはり陪審制度によって自分たちが裁判に直接参加をして事実の認定を行う。そこで、下村先生がおっしゃいました「無罪の発見」に関わりたいと思うのです。

私がもし陪審員になったら、罰することには悩み恐れおののく。一人の人間として一人の人の運命を定めるということを義務づけられた場合、やはり悩む。「一二人の優しい日本人」の中では、有罪か無罪か悩んで「ムーザイ」と言った人物がいるんです。この「ムーザイ」というのは、無罪ともとれるし有罪ともとれるんだけども、悩みながら、しかし自分の考えを述べる。言わなくちゃいけない。悩みながら自分達で決めるというのが、この制度の一番いいところで、結論が出ないときは、やっぱり有罪にはできないということなのだと思う。そのことを、あの映画は底流で語っていたと思うのです。様々な理由のために自分の思っていることを言葉でうまく言えない、文字に書けない「素人」はたくさんいますので、あの原作者に市民の声、つまり陪審の本質を代弁してもらったなと私は思いました。

この座談会では明確な結論といったものは出ていませんが、方向性への示唆なり、同題提起はできたのではないかと思っています。時間が来てしまいましたので、この場はこれで終了したいと思います。本当に今日は皆さん長時間ありがとうございました。

（一九九九年一〇月二日京都プリンスホテル）

〔追記〕

この本をここまで読んで頂いた方、ありがとうございました。陪審制度のことについて少しでも関心をもち、理解を深めてもらえたとしたら、とても嬉しいです。

今、司法制度改革についての議論が一三人の審議会委員によって行われています。二一世紀のグローバル・スタンダードにふさわしい結論が出てくるのか、一三人の有識者の能力と数千万人の有権者の意識や感覚とのどちらが日本の将来を決めるべきなのか、などということを考えて頂くきっかけも提供できたとしたら、出版を企画したものとしてはそれこそ「望外の幸せ」です。

皆さんのそれぞれの立場でのご活躍を祈念して本書をしめくくることにしたいと思います。本当にありがとうございました。

事務局　上口達夫

〈陪審制度を復活する会代表紹介〉

佐伯千仭（さえき・ちひろ）

立命館大学名誉教授・弁護士

下村幸雄（しもむら・さちお）

弁護士

丸田　隆（まるた・たかし）

関西学院大学法学部教授

陪審制の復興——市民による刑事裁判——

2000年（平成12年）7月10日　初版第1刷発行

編　著　陪審制度を復活する会
（代表　佐伯千仭・下村幸雄・丸田隆）
事務局　大阪市北区西天満3-8-13-401
樺島法律事務所内
電話06（6365）1847
e-mail mkabashima@msn. com

発行者　今井　貴
　　　　渡辺左近

発行所　信山社出版株式会社
〔〒113-0033〕東京都文京区本郷6-2-9-102
電話　03（3818）1019
FAX　03（3818）0344

Printed in Japan.

印刷・製本／松澤印刷・大三製本

ISBN4-7972-2168-2　C3332

脳死と臓器移植〔第3版〕　町野朔・秋葉悦子編　本体三、〇〇〇円

安楽死・尊厳死・終末医療　町野朔・西村秀二・山本輝之編　本体三、〇〇〇円

ライフズ・ドミニオン　ドゥオーキン著〔水谷英夫・小島妙子訳〕　本体六、四〇〇円

犯罪学のエピステモロジー　竹村典良著　本体八、〇〇〇円

刑事弁護・捜査の理論　椎橋隆幸著　本体三、八八四円

刑法解釈の展開　大越義久著　本体八、〇〇〇円

刑事再審理由の判断方法　田中輝和著　本体一四、〇〇〇円

現代社会における没収・追徴　町野朔・林幹人編　本体五、三四〇円

新刑法教室Ⅰ　植松正著・日高義博補訂　本体三、三〇〇円

刑事法辞典　三井誠・町野朔・曽根威彦・中森喜彦・吉岡一男・西田典之編集　近刊